El Pastor

Como Consejero

Pablo Hoff

La misión de Editorial Vida es ser la compañía líder en comunicación cristiana que satisfaga las necesidades de las personas, con recursos cuyo contenido glorifique a Jesucristo y promueva principios bíblicos.

EL PASTOR COMO CONSEJERO
Edición en español publicada por
Editorial Vida – 1981
Miami, Florida

Diseño interior: *Good Idea Productions, Inc.*
Diseño de cubierta: *Sarah Wenger*

ISBN: 978-0-8297-0640-6

CATEGORÍA: Ministerio cristiano / Consejería

IMPRESO EN ESTADOS UNIDOS DE AMÉRICA
PRINTED IN THE UNITED STATES OF AMERICA

09 10 11 12 ❖ 41 40 39 38 37

CONTENIDO

PRÓLOGO

Si las palabras de Thoreau, «Multitud de personas llevan vidas de silenciosa desesperación», fueron acertadas en su época, cuánto más lo son hoy. Tensiones, inseguridad, falta de armonía matrimonial y muchos otros problemas agudos que azotan al hombre del siglo XX, han aumentado la responsabilidad del pastor en cuanto a aliviar la tragedia humana. Ya no puede depender solo del púlpito para ministrar a los angustiados oyentes. Es imprescindible que asesore personalmente y con destreza a los que buscan sus consejos; de otro modo pueden producirse funestas consecuencias. Si los orienta bien, habrá resultados muy útiles, tanto en la esfera emocional como en la espiritual. La medida de su éxito estará en proporción con su entendimiento de la naturaleza humana, su conocimiento de las técnicas de aconsejar, y la ayuda del Espíritu Santo.

Este libro fue escrito para lograr tres finalidades: (1) Dar al pastor una introducción elemental de algunos conceptos de sicología práctica; (2) Presentar las principales técnicas de consejería pastoral; y (3) Proporcionar un estudio sobre los grandes problemas de la sociedad, a fin de que el lector comprenda su naturaleza y dé los pasos necesarios, tanto para prevenirlos como para solucionarlos.

El propósito principal del estudio no es tanto recalcar la pecaminosidad de ciertos problemas, sino ayudar a la persona a salir de ellos. El hombre hundido en el fango necesita, más que discursos sobre lo sucio del barro, una mano compasiva a la cual aferrarse. Este libro trata de contestar las preguntas: ¿Cuál es la solución cristiana en cuanto a esos problemas? ¿Cómo debe actuar el pastor en su papel de consejero?

Quedo profundamente agradecido al Programa de Educación Cristiana para América Latina y las Antillas, y en particular a su coordinador, M. David Grams, por haberme invitado a escribir este libro. Debo mucho a Floyd D. Woodworth, redactor de materiales educativos de la misma organización, por haber leído los originales y por hacer valiosas sugerencias para mejorarlos. Agradezco también a Hugo Miranda por haber corregido la gramática, y a mi esposa, Betty, por haber pasado a máquina el manuscrito.

Oro fervientemente para que los pastores y obreros espirituales encuentren, en las páginas de este libro, la luz que los guíe en su magna obra de aconsejar a los que necesitan orientación.

Capítulo I

CONSIDERACIONES BÁSICAS

—*P*astor, me siento muy nerviosa; no duermo ni como bien —dijo la joven de veintiún años.

El pastor le respondió:

—¿Se preocupa usted mucho por algo, Susana? Por supuesto que tiene mucho en que pensar, pues le quedan menos de tres semanas para casarse con Carlos.

Susana vació su corazón durante la conversación. Le contó al pastor que tenía dudas de que le conviniera casarse con Carlos. Al comenzar a cortejarla, Carlos había consagrado su vida para ser pastor. Se matriculó en el instituto bíblico al cual ella asístía, pronto ganó el amor de Susana y se comprometieron para casarse.

Luego Susana comenzó a notar que la espiritualidad de Carlos carecía de profundidad. Se le ocurrió la siguiente pregunta: «¿Hizo Carlos una consagración solamente para casarse conmigo?» También le parecía que era poco maduro; no permanecía en ningún puesto de trabajo por más de dos meses. Sin embargo, ella pasaba por alto estas observaciones y se decía a sí misma: «Él cambiará». Cuatro semanas antes de la fecha de la boda, Carlos gastó todo su dinero comprando un viejo automóvil; además, tendría que pagar pesadas cuotas mensuales hasta cancelar la deuda.

—No tenemos dónde vivir, ni artefactos ni muebles, y parece que tendremos que vivir de lo que gano yo —dijo Susana—. ¡Qué error cometí prometiendo casarme con él!

—Pero Susana, aún le queda tiempo para rectificar lo que le parece ser un error.

—He pensado en eso pero ya hemos enviado las invitaciones para la boda. ¿Qué pensarían nuestros amigos?

—Bueno, el matrimonio cristiano es algo permanente. Si usted comete un error ahora, tendrá que sufrirlo el resto de su vida. ¿No es su futuro más importante que lo que pensarán sus amigos?

—Así es, pastor. Debo romper con Carlos, pero yo no podría soportar la vergüenza y el chisme. ¿No hay algún camino menos mortificante? No sé qué hacer.

—¿No le convendría expresarle sus dudas a Carlos y tal vez postergar indefinidamente la fecha de la boda? Luego enviaría una nota a los invitados informándoles de su decisión. No es necesario explicar la razón. Así usted tendría tiempo de llegar a una decisión.

—Eso es lo que haré. Gracias, pastor.

Susana habló con su novio y los dos decidieron postergar la boda. Al pasar seis semanas, rompieron el noviazgo. Carlos dejó de estudiar para el ministerio, y Susana le escribió a su pastor. Le agradeció por haberla animado a llevar a cabo lo que ella sabía que era conveniente. Este es un ejemplo del asesoramiento pastoral, aunque los nombres son ficticios.

Analicemos el proceso de asesoramiento que fue puesto en marcha cuando Susana acudió a su pastor y pidió oración. El pastor se dio cuenta inmediatamente de que el nerviosismo de la joven tenía sus raíces en un problema. Sabía que la ansiedad era algo insólito en la vida de la señorita, ya que ella tenía una personalidad serena y alegre. Razonó de la siguiente manera: «Si yo orara a Dios para que sane su nerviosismo sin ser solucionado el problema primero, sería tan inútil como pedirle al médico que quite el síntoma sin curar primero la enfermedad».

El pastor tuvo la intuición de que el problema de Susana tenía algo que ver con el venidero enlace matrimonial. Sin embargo, no formuló una pregunta directa sobre lo que pensaba intuitivamente. Más bien le abrió la puerta a la joven para que ella hablara espontáneamente del problema.

Al comenzar a contar el problema, Susana tuvo dudas en cuanto a la conveniencia de casarse con Carlos, pero todavía estaba indecisa. Su optimismo femenino que la alentaba a creer que su novio cambiaría, fue rudamente sacudido cuando Carlos compró un vehículo en el último mes antes del matrimonio. En este punto comenzó seriamente el conflicto interno de la joven.

Hablando con el pastor, Susana vio claramente su problema, y no le cupo duda alguna de que sería un error funesto casarse con Carlos. Pero vacilaba todavía en tomar una decisión firme y anular la boda. Pensó en la vergüenza que sentiría cuando se enteraran sus amigos. El pastor no dijo mucho, sino que dio a la señorita la oportunidad de hablar de todo corazón. El oído atento del pastor y su comprensión estimularon a Susana a traer a la luz los temores que había tratado de pasar por alto, y ver objetivamente su propio dilema. Al pastor le quedaba solamente afirmarla en su conclusión y sugerir el modo menos penoso de llevar a cabo lo que ella quería hacer.

1. **El asesorar es una parte del ministerio**: Muchos piensan que el asesoramiento pastoral es algo nuevo, una nueva dimensión del ministerio. En el sentido sicológico moderno, tienen razón, pero este asesoramiento pastoral ha existido desde mucho tiempo antes de los descubrimientos de Freud y James. Los pastores se han preocupado siempre de los problemas de los creyentes. Ricardo Baxter, predicador inglés de gran influencia en el siglo XVII, observó acertadamente: «El ministro no debe ser solamente un predicador público, sino que debe ser conocido también como consejero del alma, así como el médico lo es para el cuerpo». Washington Gladden escribió en su libro *El pastor cristiano*, en 1896: «Si el ministro es el tipo de hombre que debiera ser, muchos relatos de dudas, perplejidad, tristeza, vergüenza y desesperación serán probablemente vertidos en sus oídos».

Dios mismo nos da la pauta al decir que él «como pastor apacentará su rebaño; en su brazo llevará los corderos, y en su seno los llevará; pastoreará suavemente a las recién paridas» (Isaías 40:11). «Yo buscaré la pérdida, y haré volver al redil la descarriada, vendaré la perniquebrada, y fortaleceré la débil» (Ezequiel 34:16).

El Señor Jesús nos enseña en la parábola del buen samaritano que nuestro prójimo es aquel que necesita nuestra ayuda. Cuántas personas en nuestro derredor son heridas y despojadas de la paz y del gozo que debieran tener como herencia en Cristo. Tensiones, inseguridad, ansiedad, desviaciones morales, infelicidad matrimonial y problemas de adolescentes caracterizan a nuestra sociedad. Pero desgraciadamente, muchos pastores son como el sacerdote y levita de la parábola. Están tan ocupados en sus tareas eclesiásticas, que no atienden a los que son heridos por problemas abrumadores.

Algunos pastores no aconsejan a sus miembros por varias razones. James Hamilton, escritor evangélico, nota que algunos pastores estiman que «si los feligreses tuvieran una experiencia adecuada, el consejero no sería necesario...» Piensan que los problemas de sus miembros pueden ser solucionados si oran. Sin embargo, muchos creyentes «cuyo arrepentimiento es real, cuya consagración es definitiva y cuyo servicio y testimonio son indubitables», todavía necesitan tomar decisiones apoyados por un consejero.[1]

Algunos predicadores desconfían de sí mismos en este ministerio. No se sienten aptos, seguros para asesorar. Tienen miedo de meterse en la relación íntima de aconsejar, o temen «las crudas realidades de la vida», que posiblemente descubran así, y por eso titubean en abocarse a la tarea de aconsejar de manera formal.[2] Se encuentran también ministros evangélicos que no ven la importancia de visitar y de aconsejar. Piensan que con solo predicar, se cumple su ministerio.

El verdadero pastor se encuentra donde están las ovejas. Se compadece de sus debilidades, las ama de corazón, las consuela y las sana. Vive cerca de sus feligreses y piensa con la mente de ellos, ve con los ojos de ellos, siente con el corazón de ellos, sufre las congojas de ellos, sobrelleva las cargas de ellos, y así cumple la ley de Cristo.

El pastor tiene un lugar importantísimo en la vida de su congregación. Desempeña un papel único en las ocasiones significantes, tales como el nacimiento, la conversión, el enlace matrimonial, la enfermedad y la muerte. Es natural que sus miembros acudan a él cuando los hijos causan problemas. El pastor tiene la gran responsabilidad de aconsejar bien; de otro modo habrá consecuencias funestas. El asesorar no es fácil, es agotador, consume tiempo, y a veces no logra los resultados apetecidos. Pero vale la pena cumplir este ministerio tan necesario para el bien de los demás. Todo esto debemos hacer en el nombre de aquel que «no vino para ser servido, sino para servir».

El asesorar también tiene un gran valor para el pastor. Conocer a sus miembros y sus problemas, le da la oportunidad de preparar sermones más comprensibles, prácticos y profundos. Los miembros recibirán más ayuda de los mensajes para enfrentarse con sus problemas y se sentirán más cerca de su pastor. Se dijo acerca de un pastor que no quería involucrarse en la vida de sus miembros: «Durante la semana es invisible y el día domingo, incomprensible». Además de enriquecer el ministerio, el aconsejar proporciona muchas oportunidades de llevar a almas angustiadas a los pies de Cristo.

2. **Los dos métodos principales para asesorar**: Una forma de asesorar que los pastores han empleado a través de los siglos se denomina *la técnica directiva*. En esta técnica el papel del pastor es semejante al del médico. El miembro describe su problema y el pastor formula preguntas, reúne información, hace el diagnóstico y le ofrece el remedio. La única responsabilidad del asesorado es cooperar con el pastor y llevar a cabo su consejo.

Aunque este método a veces da buenos resultados, presenta muchas debilidades y peligros. El pastor puede equivocarse en su diagnóstico y perder la oportunidad de ayudar al asesorado. En tal caso, el consejo sería más perjudicial que beneficioso. Este método priva al asesorado de la oportunidad de ver por sí mismo su problema y comprenderse a sí mismo. También puede quitarle al asesorado la oportunidad de sanarse emocionalmente. El proceso de asesorar no es simplemente un proceso intelectual, sino que involucra tanto la mente como las emociones. Muchos de los problemas no se encuentran en la mente sino en el área de las necesidades personales, de las relaciones emocionales que tienen que ver con la satisfacción de los deseos básicos y con las frustraciones que resultan cuando estos no se satisfacen. El método directivo no da lugar a la libre expresión de emociones, sentimientos y actitudes, pues la dirección que da el pastor tiende a inhibir a la persona, haciendo que las emociones se interioricen, en vez de permitir que el asesorado las desahogue. Finalmente, la persona que es aconsejada puede acostumbrarse a depender del pastor en vez de resolver sus propios problemas.

La técnica directiva puede presentar al pastor la tentación de satisfacer su propio «yo», la de posar como una autoridad que sabe todas las respuestas. Trataría al asesorado con condescendencia en vez de situarse en un plano de igualdad. Hamilton comenta acerca del método directivo:

> Muchos pastores encontrarán fácil, casi natural, participar en esta forma de consejería, debido a que la posición del ministro es vista por muchas personas como una figura de autoridad. Los pastores que están inseguros encontrarán un gran refugio en esta posición de autoridad. Les será más fácil hablar condescendientemente a sus feligreses que trabajar con ellos. Cuando un pastor habla así a su gente... quiere decir que en realidad no experimenta lo que ellos experimentan y no entienden completamente lo que ellos sienten.[3]

Por regla general, no conviene usar la técnica directiva. Pero en la experiencia pastoral, a veces se hacen combinaciones de este método con el indirecto, especialmente después de comenzar con el no directivo y de encontrar el problema.

La segunda forma de asesorar se llama *técnica no directiva*. Es el método que ha desarrollado Sigmund Freud, el padre de la sicoterapia. Aunque tanto el creyente como la mayoría de los sicólogos modernos rechazan muchas de las ideas freudianas, el pastor puede emplear algunos conocimientos comprobados y la técnica de los sicólogos. La aplicación de la sicología, sin embargo, no ha de negar la realidad del pecado, ni la importancia de la responsabilidad personal, ni el papel de las Escrituras en el proceso de asesorar. Más bien, el pastor aprende del analista la importancia de escuchar, de comprender a la persona que tiene problemas, de sentir su angustia, de aceptarla tal como es, de apoyarla, de animarla, de disminuir su aislamiento y soledad, y de aliarse con ella en la lucha con su problema.

En la técnica no directiva, el asesorado es la figura central; habla libremente de su problema y de sus sentimientos. El asesor le escucha, reflexiona y responde. No es juez ni consejero con todas las respuestas. El asesorar es «una relación interpersonal en la cual dos personas se concentran en esclarecer los sentimientos y problemas de una, y se ponen de acuerdo en que eso es lo que tratan de hacer».[4] El consejero ayuda al asesorado a comprenderse a sí mismo, a encontrar el problema, a ver las alternativas, a tomar su propia decisión, y a llevarla a cabo. No trata de manipular la entrevista haciendo preguntas directas, ofreciendo interpretaciones y respuestas de cliché, e imponiéndole sus soluciones. Más bien, ayuda al asesorado a ayudarse a sí mismo.

La técnica puramente no directiva puede tener algunas desventajas. A veces, el consejero se mantiene demasiado pasivo y no le proporciona al asesorado las reflexiones, información, sugerencias y alternativas necesarias para que este pueda llegar a decisiones razonadas y basadas en la verdad bíblica. También esta técnica puede «ocupar mucho tiempo en el laborioso proceso de conducir ... a un consultante, para llegar a conocer su problema y pensar en las alternativas que tiene». No todos los pastores cuentan con suficiente tiempo para usar este método.[5]

Sin embargo, la técnica no directiva, cuando es modificada y adaptada para el uso del pastor-consejero, presenta mayores posibilidades de ayudar profunda y permanentemente al asesorado, en muchos de los casos. Hay otras técnicas, además de las dos que hemos considerado, y la elección de la técnica debe depender de la clase de problema o dificultad con que se trate. Consideraremos más adelante algunas otras técnicas.

3. **Épocas de crisis en la vida**: Hay cuatro etapas en que los cambios físicos y sociales producen, por regla general, tensión extraordinaria. Son: la adolescencia, la maternidad, la menopausia y la vejez. (Puesto que la adolescencia se trata más adelante, no se mencionará aquí.) Conviene que el pastor comprenda lo difícil y complejo de estas etapas a fin de que sirva como orientador en las épocas de crisis y pueda prepararse a sí mismo para enfrentar problemas en su propio hogar.

Son conocidos los problemas físicos y emocionales del período de la maternidad. Pero el ministro del evangelio debe tenerlo presente si quiere comprender a su esposa y a las otras damas de la congregación.

Entre los cuarenta y cincuenta años de edad, la mayoría de las mujeres experimentan la menopausia o «cambio de vida». Esta implica un atraso en el cíclo menstrual, hasta que finalmente este cesa, con lo cual termina la capacidad reproductiva de la mujer. Para muchas mujeres es una época de tensión emocional y de trastornos físicos. «Los síntomas más comunes son: tensión nerviosa, irritabilidad, depresión, insomnio, ira, transpiración repentina, desvanecimientos, dolores de cabeza, picazón y un hormigueo de la piel».[6] Algunos de estos síntomas resultan de los cambios biológicos, pero hay otros factores sicológicos, relacionados con la edad madura. Debido al hecho de que muchas mujeres ponen énfasis en su atracción física, la merma de su belleza hace que muchas veces disminuya su autoestima. También a esta altura, los hijos, por regla general, han dejado el hogar y la mujer pierde su papel de madre. No se siente tan necesaria como antes. El consejero debe mostrar paciencia con las mujeres que atraviesan por esta crisis.

Muchos olvidan que al hombre, también, puede presentársele una crisis entre los cuarenta y los sesenta años. Disminuyen sus capacidades físicas. Algunos hombres se preocupan por su pérdida de virilidad, y buscan aventuras románticas para convencerse de que aún atraen al sexo bello. Es una edad en la que muchos caen ante tentaciones sexuales. El rey David ilustra muy bien el caso. Otros reconocen que ya no son tan atractivos ni tan fuertes como antes, y se ajustan a su condición. Algunos ceden a la tentación de caer en períodos de desilusión y depresión. La pérdida de su capacidad reproductora generalmente se produce entre los sesenta y los ochenta años de edad, y es mucho más lenta que la menopausia femenina. La mayoría de los hombres no experimentan síntomas físicos ni sicológicos en esta etapa, pero parece que algunos, al igual que las mujeres, experimentan «nerviosismo, ira y desvanecimientos».[7]

La ancianidad también puede presentar una crisis en la vida. Floyd Woodworth comenta:

Tenemos que ponernos en el lugar de los ancianos y tratar de sentir nosotros mismos lo que significa estar en el ocaso de la vida, cuando ya los seres queridos no dependen de uno como antes. Las fuerzas físicas se van. Muchos son los achaques que lo afligen. En el caso del ministro anciano, los hermanos van a buscar la orientación y dirección de personas más jóvenes y lo abandonan al olvido. La tentación es de dejarse caer en la melancolía, quejarse, refunfuñar, irritarse. Bendito el ministro que puede inspirar a los ancianos a mantenerse alerta, a mantener actitudes positivas, a seguir en actividades creadoras.[8]

NOTAS

1. James Hamilton, *El ministerio del pastor consejero*, 1975, pp. 47,48.
2. *Ibíd.*, p. 47.
3. *Ibíd.*, p. 58.
4. Seward Holtner, *The counselor in counseling*, 1952, p. 10.
5. Floyd Woodworth, «Sicología pastoral», estudio mimeografiado para el Instituto de Superación Ministerial, s.f., p. 11.
6. Gary Collins, *Hombre en transición*, 1978, p. 150.
7. *Ibíd.*, p. 151.
8. Woodworth, *op. cit.*,, pp. 9,10.

Capítulo 2

CONSIDERACIONES BÁSICAS
(CONTINUACIÓN)

4. **Presuposiciones sicológicas acerca de la conducta y las necesidades humanas**: El pastor debe conocer algo en cuanto a lo que motiva o impulsa la conducta. La mayoría de los sicólogos consideran válidas ciertas presuposiciones. Algunas son:[1]

a. Todas las personas tienen necesidades sociales, físicas y sicológicas que deben ser satisfechas para que gocen de buena salud mental. Entre las principales necesidades sociales se encuentran la necesidad de seguridad social, de aprobación, de tener amigos, de obtener éxito o de hacer algo útil, y de estar libre del menosprecio social. La persona necesita también sentirse segura en cuanto a las provisiones materiales, tales como el medio de ganarse la vida, el lugar donde vivir y la previsión para el futuro.

Todo el mundo necesita que alguien o algún grupo respete su individualidad y le reciba por lo que es. El individuo desea pertenecer al grupo. Tiene necesidad de ser reconocido y de recibir atención como una persona digna. Es decir, necesita amor. Floyd Woodworth observa:

> Lo peor que le puede pasar a una persona es llegar al momento en que nadie la quiera. Los niños tienen suma necesidad de que sus padres los amen. Los adolescentes hacen cualquier cosa para conseguir el afecto y la admiración de sus amigos. Ningún creyente permanecerá en una iglesia si los demás le dan la impresión de que no lo quieren.[2]

Además, la persona tiene necesidades físicas, tales como la de alimentación, comodidad corporal y satisfacción sexual. Tiene también necesidades sicológicas, necesidad de divertirse, de tener libertad de acción y de poder luchar por la consecución de sus objetivos personales, aspiraciones e ideales.

En su busca de la satisfacción de estas necesidades, el hombre a menudo se ve arrojado a un estado de tensión o desequilibrio. Este estado exige de él una cantidad determinada de soluciones, tendientes a la realización de sus deseos, para mantener la integridad de su personalidad. El que la persona no se adapte a la tarea de satisfacer tales necesidades, así como la no satisfacción frecuente, puede producir en ella problemas sicológicos. Sin embargo, conviene señalar que la mayoría de las personas soportan una gran cantidad de frustraciones en sus deseos, sin sufrir graves consecuencias sicológicas. Aprenden a adaptarse a sus circunstancias.

Es interesante notar que una necesidad no satisfecha tiende a aumentar el deseo, y llega a ocupar el pensamiento y la actividad de la persona de forma constante. También puede traer actividades exageradas en otras esferas. Por ejemplo, una persona que no recibe el amor que necesita de sus familiares y amigos, posiblemente coma demasiado y llegue a ser muy obesa. También muchas necesidades tienen que ser satisfechas en relación con otras personas. El famoso sicólogo Harry Stack Sullivan, ha dicho: «Se necesita gente para enfermar a la gente, y se necesita gente para sanar a la gente».

b. Cada persona es un ser único. En un sentido, todas las personas tienen rasgos en común y por lo tanto pueden ser estudiadas. Pero cada persona es algo diferente, y para entenderla cabalmente es necesario conocer sus capacidades especiales, su fondo y sus experiencias.

c. Todo proceder o conducta humana tiene un propósito o meta. Los móviles del proceder son múltiples, complejos y relacionados los unos con los otros. Hay conducta motivada inconscientemente, otra motivada por experiencias pasadas, y otra por la esperanza del futuro. Entenderemos a la persona en la medida en que entendamos sus móviles y metas.

d. Los sentimientos nos dan indicios en cuanto a los problemas humanos y a la naturaleza e intensidad de las necesidades. No todas las personas sienten lo mismo acerca de la misma experiencia. Algunas se conforman, otras reaccionan negativamente, etc. Podemos entender a una persona en su unicidad solamente cuando entendemos cómo se siente en una situación particular.

e. La vida y la personalidad de una persona constan de todos sus componentes. No se puede separar ni aislar una experiencia o una parte de su vida, de las otras áreas de su experiencia. Lo que experimenta sicológicamente, le afecta físicamente. Por ejemplo, cuando se interiorizan los conflictos emocionales, pueden expresarse en síntomas físicos tales como colitis, úlceras, asma, alta presión sanguínea, fatiga y alergias. Lo que sucede en la casa puede afectar su trabajo. El pastor tiene que considerar todos los aspectos de la persona, es decir, a la persona como una unidad.

f. Cada persona es una parte de su medio ambiente. Su condición económica y cultural, las costumbres y normas de su cultura así como sus compañeros, todo esto afecta sus actitudes y su proceder.

g. La vida de una persona consta de progresivas etapas de desarrollo. Todas las etapas (tales como la niñez y la adolescencia) tienen sus características de desarrollo. Por ejemplo, la niñez es una etapa en que la persona crece físicamente, aprende a leer y a llevarse bien con los demás. El niño necesita poder identificarse con personas del sexo masculino y la niña con personas del sexo femenino. De esta manera evitan la posibilidad de una confusión que podría resultar en la homosexualidad en el futuro. Si la persona se desarrolla bien en una etapa, está preparada para la siguiente etapa. Pero si no se desarrolla normalmente, quedará frustrada y limitada.

h. El concepto que una persona tenga de sí misma es importantísimo en cuanto a adaptarse a su situación y a otras personas, y para mantener la salud mental. Si su concepto de sí misma es realista y sano, estará libre de mucha tensión y frustración. Pero si tiene un concepto deficiente de sí misma, se sentirá inadecuada, inútil, y probablemente llevará una carga de culpa.

i. Puesto que la mayor parte de la conducta y de las actitudes se aprenden, también se pueden «desaprender», es decir, es posible el reaprendizaje de las actitudes y del proceder en una persona.

j. El verdadero amor tiene poder transformador. La necesidad más básica de la humanidad es amar y ser amado.

El pastor-consejero añade a estas presuposiciones sicológicas los conceptos acerca del hombre que se encuentran en la Biblia. Creado a la imagen de Dios, el hombre es tanto físico como espiritual: «No solo de pan vivirá el hombre». En las palabras de San Agustín: «Oh Dios, tú nos has hecho para ti, y nuestro corazón está inquieto hasta que descanse en ti». También la Biblia nos enseña que el hombre ha caído y está propenso a pecar. Muchos de los problemas de la persona tienen sus raíces en la naturaleza caída del hombre. Es débil moralmente e incapaz de vencer a fondo su maldad, a menos que sea transformado espiritual y moralmente. Necesita el perdón de Dios, el poder santificador del Espíritu Santo y la fe en un Dios personal que le ayuda en los problemas del diario vivir.

5. Metas al asesorar: Las metas al asesorar varían según la necesidad de la persona que busca ayuda. Lo que es una meta para un caso, tal vez no sea la meta para otro. También el grado de éxito que se obtenga en alcanzar las metas depende en gran medida de la naturaleza y complejidad del problema, del grado de motivación del asesorado, y de la habilidad, preparación y experiencia del pastor. No es de extrañarse si no se alcanzan las metas completamente: son fines que procuramos alcanzar por lo menos en alguna medida.

Algunas de las metas son:

a. Disminuir las emociones destructivas, tales como ansiedad, hostilidad, enojo o angustia, de modo que la persona pueda dirigir su energía hacia la solución del problema en vez de malgastarla para alimentar la emoción. Las personas excitadas o con los nervios en tensión no pueden pensar con lucidez ni están en condiciones de ver su situación y hallar maneras de enfrentar sus problemas.

b. Hacer que el asesorado vea con objetividad su problema y utilice sus propias fuerzas juntamente con los recursos espirituales que Dios le da para enfrentarse con el problema.

c. Lograr que la persona se entienda a sí misma de manera creciente y se valore. El asesorado debe darse cuenta de sus propios móviles, de sus puntos fuertes y débiles, y luego aceptar su situación sin orgullo ni autoconmiseración.

d. Desarrollar en el asesorado la disposición de aceptar responsabilidades sin excusas ni quejas.

e. Mejorar las relaciones interpersonales del asesorado enseñándole a enfrentarse a su culpa, a dominar su hostilidad, a perdonar y aceptar las faltas de otros. Ha de aprender a amar y a ser amado, y a llevarse bien con los demás.

f. Ayudar a la persona a cambiar su actitud o su norma de valores, y luego a cambiar su conducta. Sin embargo, el asesoramiento pastoral no procura lograr el cambio radical que intenta la sicoterapia.

g. Apoyar al asesorado en momentos de crisis o de angustia. Cuando en la familia hay una desgracia, una enfermedad grave o el fallecimiento de un ser amado, puede ser que se necesite el apoyo del pastor.

h. Ayudar al asesorado a utilizar sus recursos interiores y a echar mano de los de Dios, en los momentos de crisis. No debe acostumbrarse a depender del pastor. Tiene que aprender a vivir su propia vida. Es contraproducente que el pastor tome las decisiones y proteja innecesariamente al asesorado.

i. Desarrollar en el asesorado la perspectiva realista de la vida para que se dé cuenta de que todo el mundo tiene problemas, ansiedades y desilusiones. Son cosas de la vida y uno no debe ser abrumado por ellas.

j. Desarrollar en la persona una creciente confianza en Dios y en sí misma para enfrentar el futuro.

k. Ayudar a la persona en sus problemas espirituales, tales como dudas en cuanto a la solicitud divina o la eficacia de la oración, y enseñarle la manera en que Dios obra. En casos de tratar con personas inconversas, llevarlas a una experiencia de salvación. El pastor debe darse cuenta de que la conversión es el factor más importante, pero probablemente quede la necesidad de asesorar a la persona en cuanto a su problema particular.

l. Hacer crecer al asesorado en el conocimiento de Dios, en la madurez de su personalidad, y en el servicio divino.

6. La madurez: Muchos problemas sociales y sicológicos resultan de la falta de madurez de carácter. Se nota que esta falta contribuye en gran parte a las tensiones matrimoniales. Floyd Woodworth describe acertadamente las características de la persona inmadura y los rasgos de la verdadera madurez:[3]

Tener madurez de carácter y personalidad es gozar de una buena salud mental. La edad madura no siempre equivale a la madurez sicológica. Algunos ancianos se portan como niños. Hay pastores que llevan muchos años predicando, pero siguen mostrando rasgos de inmadurez. Para lograr el verdadero crecimiento espiritual y sicológico, hay que hacer el esfuerzo de pasar por un proceso lento y difícil para subsanar los problemas del carácter. Eliminar una deficiencia de madurez es superarse.

a. Indicios de la falta de madurez. ¿Cómo puedo saber si no he alcanzado todavía un buen nivel de madurez? Veamos algunos de los indicios.

1) Un carácter explosivo. El inmaduro tiene dificultad en dominar las emociones. Se enfada fácilmente y hasta por motivos insignificantes. Es intolerante en cuanto a las pequeñas molestias. Demanda una atención inmediata a sus dificultades, sin importarle los problemas que ello podría ocasionar a los demás.

2) Autoconmiseración. Aquel que se queja porque «nadie me quiere» o porque «yo sufro más de la cuenta», revela que no sabe enfrentarse a la realidad. Se cree merecedor de mejor suerte. Dirige toda su atención a sí mismo y a sus problemas. Se vuelve deprimido y pesimista.

3) Necesidad constante de consuelo. Hay quienes tienen que correr a alguna persona para encontrar alivio. Se acostumbran a esperar que alguien les aplique un poco de ungüento en sus heridas y les asegure con tonos dulces que todo va a salir bien. Hasta que no oyen tales frases, no pueden desempeñar sus responsabilidades.

b. Indicios de una verdadera madurez. Los ministros evangélicos tenemos la necesidad de crecer, de alcanzar más madurez, de ser ejemplo para los demás. Hemos dado un vistazo a algunas indicaciones de la falta de crecimiento para saber si padecemos de alguna. Ahora veamos algunas características de un carácter firme y maduro, para decidir si las hemos alcanzado en la práctica.

1) La autosuficiencia. El niño debe aprender a hacer sus tareas sin que sus padres le acosen y le tengan que recordar veinte veces que tiene que sentarse a preparar sus estudios. Se supone que la esposa del ministro va a hacerle frente a la necesidad de organizar sus actividades domésticas sin que otro le tenga que indicar cómo hacerlo. Da gusto ver a un pastor que sabe marchar adelante confiando en el Señor. Sin acudir a los hermanos ejecutivos periódicamente con lloro y lamentos. Cuando se habla de la autosuficiencia, no se pretende proyectar la idea de alguien que todo lo puede hacer solo sin contar con Dios ni con la colaboración de nadie. Pero el ministro maduro sabe encontrar su suficiencia y su propia fe en Dios, sin esperar que los demás le resuelvan sus problemas ni que el Concilio le supla lo que necesita.

El buen pastor procura inculcar la autosuficiencia en sus propios hijos. No les prestará ayuda innecesaria en el desempeño de sus labores cotidianas, aunque tampoco los hará sentirse desamparados cuando verdaderamente necesitan una orientación. El pastor tendrá la misma visión para con los creyentes que él orienta. Buscará cultivar en ellos la capacidad de dirigirse a Dios por su propia cuenta y de resolver sus problemas, sin depender siempre del apoyo moral y espiritual de los demás.

2) Llevarse bien con sus semejantes. Quien pelea siempre con todo el mundo, muestra una seria falta de madurez. El hombre de buena salud mental sabe adaptarse a la sociedad, a la cultura y al ambiente en que Dios lo coloca para llevar a cabo su misión. Sin hacerse esclavo de las costumbres de la sociedad, sabe restringirse en el ejercicio de sus propios derechos para promover una armonía entre el grupo. En el hogar, pensará en el bienestar de la esposa antes que en su propia comodidad. Sacrificará sus propios derechos legítimos si así los hijos reciben algún beneficio. No hay lugar para el egoísmo en la vida del ministro maduro.

3) El autodominio. El hombre maduro sabe gobernarse en todo tiempo, aun cuando las emociones se alteren. Mantiene un equilibrio ante el éxito lo mismo que ante el peligro o el fracaso. Nunca da rienda suelta a sus impulsos. El gobierno de la lengua es una hermosa evidencia de la madurez de una persona. «No nos ha dado Dios espíritu de cobardía, sino de poder, de amor y de dominio propio» (2 Timoteo 1:7).

4) La aceptación del sufrimiento. La vida abarca muchos sufrimientos y por ellos tiene que pasar el ministro. Algunos obreros del Señor dan la impresión de que no saben esto. No pueden resistir dolores físicos ni morales. Pero el que ha alcanzado un grado de madurez, soporta el sufrimiento con valor, resignación y esperanza.

5) Una perspectiva de largo alcance. La persona madura no se impacienta al ver que no ha alcanzado todavía sus objetivos. No se incomoda al sufrir reveses momentáneos. Está bien dispuesta a esperar mucho tiempo su merecida recompensa.

6) Interés en el bienestar de los demás. El ministro que tiene madurez se alegra sinceramente con el éxito de otros. En vez de monopolizar una conversación hablando de sí, escucha con atención lo que le sucede a otra persona. Se interesa en la vida de los demás con toda sinceridad.

7. **Requisitos para ser un buen asesor**: ¿Por qué la gente acude a algunos pastores y no a otros en busca de asesoramiento? ¿Cuáles son las características de un buen consejero? Consideremos algunos requisitos indispensables para asesorar eficazmente.

a. El pastor-asesor debe ser tratable, social y accesible. Las personas acuden a alguien que las conozca, y a quien ellas a su vez conocen y aprecian. De otro modo, no se sentirían cómodas relatándole sus problemas y exponiéndole su corazón. Es necesario demostrar amigabilidad e interés en las personas. El ministro del evangelio puede conversar con los miembros de su congregación y conocerlos en visitas pastorales y en ocasiones sociales. Algunos pastores, sin embargo, se sienten inseguros conversando con la gente, e inconscientemente la alejan.

b. Debe reunir ciertos rasgos personales. Es importantísima la comprensión de los demás, es decir, la capacidad de ser sensible a sus necesidades y entender sus anhelos, problemas y frustraciones. El buen asesor escucha atentamente lo que dice el asesorado y trata de ver las cosas según la perspectiva de este. Respeta al asesorado y tiene interés en él como «persona» y no como si fuera solamente un «caso» para solucionar. Lleva una vida ejemplar, digna de respeto; se destaca por su cordura, discreción y optimismo. Se lleva bien con su esposa y con otras personas. Ha probado la fidelidad de Dios y ha salido victorioso de sus propios problemas. Sabe utilizar los recursos espirituales: la Biblia, las promesas de Dios, la oración y el perdón. Tiene fe en el poder redentor de Dios y en la solicitud divina que obra para el bien de cada creyente. Conoce el poder transformador del amor de Cristo y de sus hijos.

c. Debe entender los móviles de la naturaleza humana y los de su conducta. Se aprende observando a la gente, leyendo libros y por la experiencia.

d. Debe entenderse a sí mismo y darse cuenta de sus imperfecciones y su condición de ser humano. Si no se entiende bien a sí mismo, no podrá comprender a otros.

e. Debe dominar sus propios deseos, sus sentimientos de culpa, su ansiedad, sus resentimientos, su sexualidad y sus frustraciones. De otro modo, sería como un ciego que guía a otro ciego. No podría ayudar a otros. «Médico, cúrate a tí mismo», y luego podrás curar a los demás.

f. Debe saber las técnicas del asesoramiento.

g. Debe estar dispuesto a dedicarle tiempo al ministerio de aconsejar. El proceso de asesorar requiere tiempo; perjudica apurarlo.

h. Debe saber guardar secretos. Algunos creyentes que tienen problemas no acuden a ciertos ministros porque sus problemas serían divulgados en la congregación, o peor, serían usados como ilustraciones en el sermón del próximo domingo. Aunque el pastor no mencione el nombre de la persona, los otros miembros adivinarían pronto quién es el hermano que tiene esos problemas. *Es imprescindible que el pastor nunca viole revelaciones, de ninguna manera ni a ninguna persona, ni siquiera a su esposa.* El pastor indiscreto es indigno de su vocación.

Las personas que tienen problemas no acuden al predicador cuyos mensajes hacen énfasis en la censura y exigen duramente el perfeccionamiento de «los santos». Los oyentes se darán cuenta de que él no es la clase de consejero a quien ellos pueden comunicarle los aspectos más íntimos de su vida. Quieren ser animados y ayudados, y no censurados. El espíritu criticón puede ser síntoma de inseguridad y frustraciones.

8. Condiciones para asesorar: La condición primera e indispensable para aconsejar es que la persona sienta la necesidad de buscar ayuda. Si no la siente, es poco probable que esté dispuesta a ser asesorada. También si la persona no quiere cooperar con el pastor o tiene poco interés en cambiar su conducta, no queda esperanza de ayudarla, no obstante la pericia del consejero. Cuando los padres mandan a sus hijos rebeldes al pastor, por ejemplo, no se logra mucho en la mayoría de los casos.

Para tener buenos resultados es necesario que el asesorado desee cambiar, que respete y estime al pastor, que tenga expectativas de ser ayudado, y que esté dispuesto a enfrentarse a sí mismo en el proceso de ser asesorado. Si le faltan estas características, conviene hablar con él y estimularle a expresar sus sentimientos y actitudes antes de tratar de asesorarle.

La segunda condición es concertar un lugar y hora para reunirse. Muchas veces el pastor aconseja a uno o más miembros en la sala del templo después de un culto nocturno, especialmente si el problema no requiere mucho tiempo.

En los casos de un asesoramiento más extenso, el lugar para reunirse puede ser la casa del aconsejado, la oficina del pastor (si la tiene), la sala de la iglesia en una hora en que no haya otras personas presentes, un automóvil u otro lugar apropiado. Lo importante es encontrar un lugar donde el pastor y la persona que va a aconsejar puedan dialogar cómodamente y sin interrupciones ni distracciones.

Por regla general, conviene tener sillas cómodas, un ambiente limpio y ordenado, suficiente luz y una temperatura agradable. (A veces la oficina del pastor se encuentra desordenada: puede haber un montón de cajas en un rincón y pilas de papeles y libros sobre su escritorio.) Todo lo feo y desagradable distrae la atención del asesorado y perjudica el proceso de asesorar.

Hay ocasiones de emergencia en las cuales el pastor no puede elegir ni la hora ni el lugar. Los creyentes, cuando hay una situación de crisis, llaman al pastor: tal vez un hijo ha sido detenido por la policía, ha ocurrido un siniestro, o un miembro de la familia agoniza o ha fallecido.

Si las circunstancias son normales, es preciso que se elija una hora en que el consejero pueda estar completamente libre de otras actividades y distracciones para dar toda su atención al asesorado. Debe llegar puntualmente al lugar, pues si hace esperar al aconsejado, este puede pensar que al pastor no le importa mucho su problema. Debe también evitar dar la impresión de estar apurado o tener muchas otras cosas que hacer. Si la persona piensa que toma el tiempo precioso de un pastor muy ocupado, puede sentirse culpable, incómoda y apurada. Así puede encontrar dificultad en comunicarse, y luego acortar la sesión sin llegar a su verdadero problema.

En algunos casos, conviene que el asesorado se reúna varias veces con el pastor, pues su problema puede ser complicado o de solución paulatina. Por regla general, el período de asesoramiento dura desde media hora hasta una hora. Sin embargo, el pastor no se debe sentir atado en cuanto al tiempo. Si le conviene acortar la hora o alargarla, lo hará según el desarrollo del proceso.

La última condición que consideramos en esta sección es la preparación espiritual del pastor para asesorar. Como el médico antes de hacer una operación se lava y se viste con ropa limpia, así el pastor debe limpiar su corazón de todo pensamiento negativo y vestirse con la presencia de Cristo. No es sicólogo sino ministro del Señor. Orará para que Dios le haga sensible a las necesidades y sentimientos del asesorado, y el Espíritu Santo obre en el proceso de aconsejar, revelando las raíces del problema y las soluciones, tanto al pastor como al aconsejado. Ambas personas deben creer con todo su corazón en la promesa de que Dios da sabiduría abundante a aquel que la pide «con fe, no dudando nada» (Santiago 1:5,6). Luego, cuando Dios le dé éxito en el proceso, conviene recordar que a él le corresponde toda la gloria.

9. **La ética al asesorar**: El pastor-consejero es responsable por lo que hace, primero ante Dios, luego ante el asesorado y finalmente ante la sociedad en que vive. Debe pensar siempre en el bien del aconsejado. Por ejemplo, procurará que el asesorado no se dañe a sí mismo ni dañe a otros. Si la persona quiere suicidarse, el asesor hará todo lo posible para impedir que lo haga.

Algunos principios de la ética que debe regir en el ministerio son:

a. Guardar confidencias. Lo que el asesorado le revela al pastor debe ser considerado inviolable y no debe ser divulgado a nadie sin el permiso de la persona. El pastor no debe contarle a un asesorado los problemas de otro ni debe usar sus experiencias habidas en su función de consejero como ilustraciones en sus sermones.

El buscar asesoramiento en cosas personales es el acto humano que muestra la mayor confianza posible en otra persona. Es como decir: «Confío en usted. Estoy seguro de que puedo abrirle mi corazón sin temer ser traicionado; puedo revelarle mis esperanzas, temores, debilidades y males con completa confianza».

b. Evitar el contacto físico. Aparte de saludar al asesorado con un apretón de manos o un abrazo, conviene no tocarlo. Debe evitar todo lo que pueda producir una situación seductiva o poner en marcha emociones malsanas. El hecho de que el asesor sea un hombre regenerado y llamado al ministerio del evangelio, no es salvaguardia de que no se sienta atraído por una mujer a la cual aconseja, o viceversa.

Rollo May, una autoridad sobre sicología pastoral, advierte que un consejero, que tenga un problema sexual no resuelto, puede tener un apego emocional con la asesorada, el cual perjudicará a dicha persona. Además, una de las responsabilidades más difíciles del consejero es impedir que la aconsejada se le apegue a él. Si el asesor está dispuesto a permitir tal cosa, la relación que debe existir entre los dos queda arruinada irreparablemente: no podrá aconsejarla más. En el momento en que el consejero se dé cuenta de que se complace emocionalmente ante la presencia de la asesorada, debe tener cuidado.[4]

El pastor prudente tendrá mucho cuidado en las situaciones relacionadas con el sexo opuesto, las cuales pueden alimentar las sospechas de los chismosos. «De más estima es el buen hombre que las muchas riquezas» (Proverbios 22:1). Tiene que protegerse a sí mismo también, de algunas mujeres que deliberadamente procuran arruinar al pastor. No irá solo a la casa de una mujer a quien no conoce, no aconsejará a una mujer en su automóvil, y dejará abierta la puerta de su oficina si esta no tiene ventana. Por regla general, los pastores prudentes asesoran a mujeres solamente cuando alguien está presente, y lógicamente es la esposa del ministro la que le suele acompañar.

c. No usar al asesorado para satisfacer sus propios deseos. La curiosidad del consejero, sus necesidades sexuales y el deseo de que otras personas dependan de él, son motivos inconscientes en algunos consejeros. El escuchar chismes o detalles muy íntimos de inmoralidad puede alimentar la curiosidad del asesor, pero no ayuda en absoluto en el proceso de aconsejar. Esta curiosidad puede desviar la atención del consejero de lo que es importante en la conversación y causar que el asesorado, al darse cuenta de lo que pasa, le pierda respeto y confianza. El asesor debe conocer sus propias debilidades y buscar la ayuda del Espíritu Santo para resistir tales tentaciones.

d. No esconder sus convicciones cristianas. La fe o creencias del asesor deben influir sobre todo lo que piense y haga, incluso en el aconsejar. Más vale ser fiel a Dios y a su Palabra que caer en gracia con el asesorado, si uno tiene que elegir entre las dos cosas. Por lo tanto, es responsable ante Dios de señalarle al asesorado la verdad bíblica que se relaciona con el asunto considerado. Naturalmente, no debe imponerle la norma cristiana, pero sí le corresponde presentársela. Por ejemplo, no debe aprobar un aborto en el caso de una soltera que ha tenido relaciones sexuales, y espera familia. Puede decirle: «La Biblia enseña... así, así... Le atañe a usted decidir lo que hará, pero ¿no le conviene cumplir con la Palabra de Dios y contar con su ayuda antes de hacer lo que está contra la Biblia, por más fácil que parezca, y llevar una carga de culpa?»

e. No tratar de persuadir al asesorado a seguir recibiendo consejo. Se le puede animar a continuar, pero si la persona no quiere cambiar, es inútil aconsejarla. Además, el pastor debe respetar los deseos del asesorado y no debe obligarlo a hacer ninguna cosa aun cuando piense que es para el bien de la persona.

f. Reconocer sus propias limitaciones. Ningún asesor puede ayudar a todos. Hay cosas muy difíciles, y a pesar de hacer lo posible puede ser que no dé ningún resultado. En algunos casos es mejor que el pastor no asesore.

Existe el peligro de que el pastor-consejero se considere sicólogo aficionado y trate de asesorar a personas que no son normales; es decir, a personas que están perdiendo o han perdido contacto con la realidad o se comportan de una manera extraña. Estas personas son a veces un peligro para ellas mismas y para otras. Por regla general, el pastor no tiene ni los conocimientos ni la preparación adecuada para aconsejar a dichas personas, y hasta puede perjudicarlas. Por ejemplo, un pastor trató de aconsejar a un hombre que tenía manía persecutoria. En un momento de demencia, el alienado pensó que su hermano quería matarlo y usó un hierro para estrellárselo contra el cráneo. La familia acusó al pastor por tratar de ser siquiatra y no haberles aconsejado que buscaran ayuda con un verdadero siquiatra o internaran al alienado en una clínica mental.

Hay casos en que algunas personas mentalmente enfermas han sido liberadas por medio de la oración. Sin embargo, no todos nosotros tenemos la fe necesaria para realizar un milagro tan grande. Las autoridades en la materia de la sicología pastoral concuerdan en que el pastor debe aconsejar a las personas que no son normales, o a sus familiares, a que busquen la ayuda profesional de una clínica de siquiatría o de un siquiatra.

Es imprescindible que el pastor-consejero reconozca las características de los que están mentalmente enfermos. Algunos de los rasgos fáciles de reconocer son: conversación irracional, expresión de fobias (temores morbosos y persistentes tales como tener miedo irracional de estar en una habitación estrecha o de caer de alturas), graves amenazas de hacerse daño a sí mismo o a otros, sospechas infundadas de que otros lo persiguen y procuran hacerle daño, acciones compulsivas tales como lavarse las manos a cada rato, retiro exagerado de la sociedad, y escuchar voces y ver seres que no existen. Las personas con estas características no responden, por regla general, al consejo de una persona que no está preparada en siquiatría.

También conviene que el pastor-asesor sepa lo suficiente acerca de la salud mental para distinguir entre las manifestaciones normales y las neuróticas de ansiedad, culpa, congoja, etc., y para distinguir entre los síntomas que indiquen la necesidad de tratamiento siquiátrico y los que puedan ser ayudados asesorando a la persona. Puede leer libros que describen la neurosis y otras enfermedades sicológicas.

Muchos pastores-consejeros ponen en tela de juicio el enviar a sicólogos o siquiatras no cristianos a personas cuyos problemas sicológicos no son graves, pues la mayoría de los sicólogos tienen algunos conceptos incompatibles con la verdad bíblica. Por ejemplo, un sicólogo le aconsejó a una soltera que tenía inhibiciones exageradas, que tuviera relaciones sexuales con el sexo opuesto para así expresar sus deseos reprimidos. Lo ideal es encontrar sicólogos y siquiatras que sean cristianos.

Existen casos de posesión demoníaca, especialmente en países donde hay mucho espiritismo o superstición. A veces es difícil distinguir entre un endemoniado y un alienado, pero en otros casos, el demonio habla a través de la persona o responde negativamente a la oración, ante la presencia de una persona de fe y de poder espiritual.

Notas

1. Las principales ideas de las presuposiciones sicológicas son de Charles F. Kemp, *Learning about pastoral care*, 1970, pp. 68,69.
2. Woodworth, *op. cit.*, p. 10.
3. Woodworth, *op. cit.*, pp. 7-9.
4. Rollo May, *The art of counseling*, 1967, pp. 172,173.

Capítulo 3

EL INCONSCIENTE Y LOS MECANISMOS DE DEFENSA

*S*igmund Freud (1856-1939), el fundador del sicoanálisis, elaboró una teoría del inconsciente. Aunque muchos sicólogos no aceptan todas sus ideas, le están inmensamente agradecidos por haberlos iluminado acerca de esa dimensión de la personalidad, que ejerce una influencia marcada sobre el comportamiento humano. Los mecanismos de defensa o de escape están relacionados con el inconsciente. Si el pastor quiere entender bien la naturaleza del hombre y sus móviles inconscientes, le conviene saber lo que Freud ha postulado en esta área.

En su práctica de medicina en Viena, Freud examinó a muchos pacientes, principalmente a mujeres neuróticas, algunas de ellas con síntomas de histeria (impedimentos físicos tales como ceguera, sordera o parálisis, los cuales no tienen causa orgánica, sino que se basan en la mente). Trató de descubrir las raíces de los síntomas. Notó que había una parte vaga y misteriosa en cada persona que parecía controlarla, a pesar de su propia voluntad. Esto convenció a Freud de que existe una zona abismal en la mente humana, la cual él denominó «el inconsciente».

Se compara a la mente humana a un inmenso témpano en el que seis séptimas partes están debajo del agua y no se ven. La séptima parte es la parte consciente de la mente, pero está sujeta a la influencia o poder de la parte más grande (el inconsciente) que está bajo la superficie.

Freud ilustra su concepto hablando de dos o tres habitaciones consecutivas de una casa. En el cuarto más pequeño, el del frente, está la parte consciente. *La consciencia* es aquella que se sabe con claridad, que se puede reconocer libremente. Detrás hay otro cuarto que se podría llamar el *preconsciente*. Contiene las cosas que la persona ha sabido, pero ha olvidado temporalmente . Con un poco de esfuerzo se las puede volver a recordar y así traerlas al campo de lo consciente. En la pieza más grande y retirada, *el inconsciente*, hay innumerables experiencias que vienen desde la niñez y que son imposibles de recordar. Están de forma de impulsos, impresiones, pensamientos incontrolados y recuerdos reprimidos: activos e impulsivos.

Nada se olvida, pues la mente es como una inmensa grabadora. Todo lo que hemos visto, hecho y experimentado, lo tenemos dentro; está vivo y tiene poder. Así se expresa, y a veces nos traiciona. Según Freud, hay una cortina entre el preconsciente y el inconsciente. Esta cortina funciona como censor, determinando lo que pasa del inconsciente al consciente. De vez en cuando la cortina se abre para permitir el paso de un recuerdo o de un impulso al nivel de lo consciente, pero otras veces no permite pasar tales impulsos. Incluye la consciencia y representa los controles que están en juego para censurar los impulsos y prevenir que lleguen a ser actos.

¿Qué enseña la Biblia referente al inconsciente? Ni afirma ni niega su existencia, pero hay indicios que parecen referirse al inconsciente. Jesús dijo: «De la abundancia del corazón habla la boca» (Mateo 12:34). Jeremías observó que «engañoso es el corazón más que todas las cosas, y perverso; ¿quién lo conocerá?» (17:9). ¿No es probable que el término bíblico «corazón» en estos casos tenga algo que ver con la idea moderna del inconsciente? Otra cita es Hebreos 12:15: «Mirad bien, no sea que alguno deje de alcanzar la gracia de Dios; que brotando alguna raíz de amargura, os estorbe...» Woodsworth observa: «La imagen de una raíz sugiere algo parecido al inconsciente: pensamientos y sentimientos en lo más profundo del ser, que a simple vista no se notan, pero que influyen sobre el comportamiento de la persona».[1] Es patente que hay una corriente de pensamientos, emociones y pasiones que están activos en una persona, sin que el consciente se dé cuenta; ejercen una influencia sobre su conducta, y muchas veces, hasta engañan.

Se sabe que en el nivel del subconsciente, la mente puede funcionar para encontrar soluciones a los problemas. Muchos de nosotros hemos experimentado que hemos pensado intensa y detenidamente para solucionar un problema, pero sin éxito. Luego hemos dejado el asunto para concentrarnos en otros. En un momento inesperado, la solución se nos ocurre, y eso sin pensar más en el problema. ¿Cómo puede el pastor-consejero utilizar este fenómeno? Woodworth lo explica:

> Si aprendemos a explorar detalladamente todas las posibilidades de un asunto y le entregamos a la mente los datos necesarios, podremos dejar de esforzar de forma consciente la mente y pasar al estudio de otros asuntos. No es que abandonemos el enfrentamiento con el problema como cobardes, sino que tenemos la convicción de que el subconsciente seguirá trabajando en el problema. Nos sorprenderá cómo más tarde aparecerá en el consciente una inspiración o una solución que satisfará los requisitos del asunto.[2]

Es obvio que la naturaleza pecaminosa del ser humano obra muchas veces a través de su inconsciente y que Satanás puede apoyarse en esta actividad para corromper la mente y llevar a cabo sus propósitos destructores. Cuando Dios le advirtió a Caín: «Si no hicieres bien, el pecado está a la puerta» (Génesis 4:7), tal vez se refería al pecado que había en su inconsciente.

¿Cómo puede la persona ser liberada? El pastor no está preparado para realizar un sicoanálisis. El trabajo de «buzo» en el inconsciente requiere mucho entrenamiento y es peligroso para los inexpertos. Sin embargo, el apóstol Pablo señala una defensa espiritual contra el mal que surge de adentro. Es más que luchar contra los malos impulsos; es saturar la mente y llenar la vida con lo bueno, lo lento y lo espiritual. Así como la naturaleza detesta el vacío, también la mente detesta la falta de algo en que ocuparse, sea bueno o malo. Sólo se extirpa una idea sustituyéndola con otra. El creyente debe consagrarse completamente a Dios para efectuar «la renovación» de su mente y «ocuparse de las cosas del Espíritu», es decir, pensar continuamente en ellas (Romanos 12:1,2; 8:5,6). Además, por la presencia y el poder del Espíritu, Jesucristo puede reinar en la mente, protegiéndola de los malos impulsos, si el creyente le entrega su inconsciente a él.

Hay conflictos dentro del hombre que surgen por el enfrentamiento entre sus deseos y la disciplina que le imponen su religión, su cultura y su sociedad. El hombre puede decidirse a resolver sus problemas huyendo de esa disciplina, luchando contra las fuerzas externas, o transigiendo consigo mismo. Hay también una fuerza dentro del hombre que conspira para llevar a cabo los deseos y a la vez aplacar la conciencia. Usa mecanismos que procuran aliviar el conflicto, negando, falsificando o tergiversando la realidad. En la mayoría de los casos, estos mecanismos defienden el autoconcepto de la persona, pero a la vez estorban el desarrollo de la personalidad. Son difíciles de controlar y «no son más que diversas manifestaciones de la dinámica del inconsciente»[3], que por un lado busca su complemento y por el otro se resiste a enfrentarse con la realidad.Se llaman mecanismos de defensa.

El pastor-consejero debe recordar que no es por falta de sinceridad por lo que la persona recurre a estos mecanismos, pues en la mayoría de los casos, los mecanismos funcionan inconscientemente. «El instinto innato de la autopreservación parece entrar en estos casos. La persona no logra lo que deseaba. No alcanza el nivel que cree que debe tener para que todos la tengan en algún concepto. Podría ser que no quiera tener un concepto bajo de sí misma. Para defender esta imagen que cree que debe existir de sí misma, se vale inconscientemente de un mecanismo de defensa para no ver la realidad o para que otro no la vea».[4]

Los mecanismos de defensa son varios. Consideremos los más importantes:

1. Represión: Olvidamos lo que no nos gusta o es desagradable, o aquello que está asociado con el desagrado. Por ejemplo, uno puede olvidar la hora de la cita con el dentista. De forma inconsciente la mente reprime la hora de la cita porque sabe que puede traer dolor. El nombre de una persona que humilla a otra es olvidado por la víctima, porque así la represión sirve para proteger a la persona de un doloroso recuerdo. En este sentido, es bueno, porque la persona difícilmente podría vivir con los recuerdos de las experiencias dolorosas del pasado.

También la represión impide que salga a la superficie un pensamiento que traería un sentido de culpa o ansiedad. Por ejemplo, la mente de forma automática reprime el deseo de cometer incesto, pues tal pensamiento produciría una fuerte reacción de la conciencia y también disminuiría la autoestima de la persona.

La represión es necesaria para desarrollar normalmente la personalidad y todos nosotros la empleamos, por lo menos hasta cierto punto. Sin embargo puede ser dañina. Puede prevenir que una persona vea algo que contradiría lo que ella quiere creer. Por ejemplo, el deseo de casarse con su pretendiente puede ser tan fuerte en una señorita, que reprima todo lo negativo que observe en él. También una persona puede depender excesivamente de la represión para resolver sus problemas y por no encontrar otros medios de ajustarse a amenazas.

A veces la represión impide funciones normales. Puede reprimir el impulso sexual, al punto de que la persona llega a ser impotente o frígida. También la represión a veces produce histeria, y se convierte en manifestaciones orgánicas. Por ejemplo, durante la primera guerra mundial, un soldado que marchaba al lado de su compañero durante un ataque, presenció la decapitación de su compañero por una granada lanzada por el enemigo. Se quedó ciego aunque no le había alcanzado la metralla. Se ha relacionado la parálisis de la mano con el impulso de atacar violentamente o de masturbarse, la ceguera con el impulso de mirar cosas prohibidas o amenazantes: «Quiero mirar y verla, pero no debo hacerlo. Por lo tanto, me hago ciego».

Se cree que el mecanismo de represión contribuye a males físicos tales como la artritis, el asma y las úlceras. A veces la artritis resulta de la inhibición de la hostilidad. Esa inhibición puede extenderse a la musculatura, por la cual se expresa la agresión, y producir una dolencia crónica. De igual manera, el asma resulta de la extensión de la represión a los órganos de la respiración.

A veces hay reacciones negativas a la represión. Por ejemplo, una persona que ha reprimido sus impulsos agresivos se puede volver violenta cuando la provocan fuertemente. Al romperse el dique de la represión, suele ser que se libera mucha energía, semejante a la reacción de un niño cuando terminan las horas de la escuela.

A menudo los sentimientos reprimidos se expresan de manera disfrazada. Un niño que ha reprimido su hostilidad contra su padre, puede expresar su emoción cuando llega ser adulto rebelándose contra las leyes de la sociedad. Con frecuencia los deseos reprimidos se expresan simbólicamente en sueños. La represión del deseo de castigarse a sí mismo puede hacer que la persona se castigue de formas indirectas, tales como tener accidentes, perder cosas y cometer errores insensatos. La represión a veces se expresa de forma de negar verbalmente que existe el deseo. «No lo deseo», significa quizás que en realidad lo desea. Cuando la persona protesta: «Nunca se me ha ocurrido pensar en semejante cosa», quiere decir en muchos casos que en verdad ha pensado mucho en ella.

las represiones se alivian cuando desaparece la amenaza, pues ya no es necesario reprimir un pensamiento, temor o deseo. Sin embargo, el alivio no viene automáticamente; es necesario que la persona se dé cuenta de que ya no existe la amenaza. Y esto lo descubre cuando pone a prueba la evidencia de que no hay amenaza o peligro. Por lo tanto, muchas personas acarrean consigo temores que habían adquirido en su niñez, pues nunca han tenido la oportunidad de saber que ya no existía la causa de su temor.

Para tener buena salud mental, el creyente tiene que darse cuenta de que Dios no lo culpa por tener malos impulsos. El escritor inspirado reconoció patéticamente que en su carne no moraba el bien, sino el mal. Pero aborrecía el pecado que llevaba adentro y esperaba de Cristo su liberación (Romanos 7:7-25). No debemos negar la existencia del mal en nosotros, sino luchar contra él y entregar los pecados al verdugo divino, el Espíritu Santo (Romanos 8:13). Pero no basta reprimir la hostilidad: debemos dar pasos constructivos para eliminarla, tales como confesarla a Dios y hablar con la persona que provoca la hostilidad y reconciliarnos con ella (Mateo 18:15). Muchos creyentes llevan sus temores ante Dios en oración y luego actúan para eliminarlos y así evitar la represión malsana.

2. Proyección: Este mecanismo se manifiesta en algunas personas cuando se sienten incómodas por tener algún defecto moral, o por cometer alguna falla. Alivian su sentido de culpa atribuyendo su mal a otra persona. Por ejemplo, en vez de admitir: «No me gusta Fulano de Tal», dicen: «Fulano de Tal no me quiere». O en vez de decir: «Mi conciencia me molesta», dicen: «Él me molesta». En el primer caso, la persona niega tener sentimientos hostiles contra Fulano de Tal; en el segundo le echa la culpa a Fulano de Tal por sus sentimientos, en vez de reconocer que es su propia conciencia la que le molesta. Jesús hablaba de este mecanismo cuando censuró a las personas que miran la paja en el ojo de su prójimo, pero no ven la viga en su propio ojo.

Las personas que le temen a su propia debilidad se sienten culpables, y experimentan algún alivio proyectando su pecado a otros. Por ejemplo, el mentiroso se siente mejor si puede convencerse de que todos los demás son mentirosos; el engañador sospecha que los demás lo son; el hombre inmoral piensa que toda mujer tiene su precio. Algunos predicadores que tienen grandes tentaciones de buscar aventuras con mujeres, tienden a acusar a los miembros de su congregación de cometer adulterio. La persona que condena continuamente un pecado en particular, debe examinarse para ver si ella misma no es culpable del mismo pecado.[5]

Otra clase de proyección se ve cuando una persona proyecta sus sentimientos a otros: la persona infeliz puede pensar que todo el mundo es infeliz o que el mundo es nada más que un valle de lágrimas. La persona interpreta la actitud o condición de otras por lo que ella misma siente.

El peor aspecto de la proyección es que resulta casi imposible ayudar a una persona que no está dispuesta a enfrentarse con la realidad. Es una forma de evasión, y si ella está convencida de que está libre de culpa y son los otros los que la perjudican o pecan, no escuchará al consejero. También, al experimentar la reacción negativa de las personas que son objeto de su condenación, puede desarrollar un complejo de persecución y sentirse como víctima de otros.

3. Racionalización: La racionalización consiste en formular razones aceptables pero no reales, para nuestra conducta o nuestra incapacidad de lograr algo. Todos nosotros racionalizamos nuestros actos, encontrando excusas a nuestro favor y explicando nuestras limitaciones en términos adecuados para librarnos de la culpa. Los sicólogos describen este mecanismo como un «camuflaje mental» que «cambia y adorna los motivos indignos de manera que parecen satisfactorios y hasta loables ante los demás, incluso ante nosotros mismos».

Se ven muchas ilustraciones de este mecanismo. El perezoso de Proverbios que prefiere descansar en casa en vez de salir a trabajar, justifica su pereza diciendo: «El león está fuera; seré muerto en la calle» (22:13). El alumno que no estudia bien y queda aplazado en el examen, explica que su mente no funcionaba bien o que el profesor no ha formulado bien las preguntas. El zorro de la fábula de Esopo, que no puede alcanzar las uvas por más alto que salte, se consuela diciendo que las uvas están agrias. El ladrón justifica su robo diciéndose a sí mismo que la víctima es rica y probablemente explote a los pobres. Un hombre da mucho dinero a una causa pensando que es muy generoso, pero quizás su verdadero motivo es que la gente lo alabe.

¿Qué ganamos con la racionalización? Hacer más tolerables las frustraciones de la vida, si no racionalizamos excesivamente. Sin embargo, nos impide enfrentar la realidad y tomar pasos para solucionar nuestros problemas o remediar nuestros errores. Finalmente, es un engaño. Comenta León: «A veces logramos, por medio de la racionalización, engañarnos a nosotros mismos y a los demás. Pero otras veces lo único que logramos es evitar que nos veamos tal como otros nos ven».[6]

4. Regresión: Con este mecanismo, la persona que se encuentra en dificultades o frustrada regresa a la conducta infantil, la cual le servía para resolver algunos problemas; pero ahora solo sirve para ponerla en ridículo. Se aísla de los demás, hace pucheritos, llora, grita o manifiesta de otras maneras su mal genio cuando las cosas no le agradan. Ninguna persona se escapa completamente de este mecanismo. En las personas de edad avanzada no es raro hallar la regresión de forma marcada, pues de esta manera reciben más atención de parte de los demás. Hay creyentes que siempre están dispuestos a renunciar a su puesto o dejar la iglesia cuando las cosas no marchen a su gusto. Si estos síntomas se presentan en el miembro de la iglesia que viene al pastor en busca de consejos, conviene que el consejero traiga a la luz esta línea de conducta. A nadie ayuda el satisfacer continuamente las necesidades de un adulto que rehúye su responsabilidad y se coloca en la posición de un niño.

5. Substitución: Este mecanismo funciona cuando la persona no tiene el valor o la oportunidad de descargar su enojo directamente contra la persona que lo provoca. Entonces transfiere su emoción contra otro. Por ejemplo, el empleado en la fábrica tiene miedo de reaccionar negativamente ante las represiones de su patrón. Pero cuando llega a su casa, descarga su frustración criticando a su esposa. Su señora no se defiende, pero sí le da un golpe a su hijito por una insignificancia; el niño a su vez maltrata al gato de la casa. Así el ciclo continúa; cada uno descargando su frustración sobre un substituto, inocente pero más débil.

6. Sublimación: Hay instintos e impulsos muy fuertes en algunas personas que no siempre pueden ser expresados en su forma directa. Sin embargo, existen maneras de utilizar las energías resultantes en otras actividades, y así la persona siente satisfacción. Por ejemplo, la soltera puede expresar su instinto maternal enseñando a niños en una escuela primaria; también se puede apaciguar la hostilidad participando en deportes. Los sicólogos atribuyen el arte de DaVinci, la música de Beethoven y la filosofía existencialista de Kierkegaard, a la sublimación de sus deseos frustrados o emociones tumultuosas. Muchas de la contribuciones a la cultura, el arte y la ciencia, han sido y son resultado de la expresión de impulsos destructivos en una forma positiva, pero indirecta.

7. Compensación: Por medio de este mecanismo, las personas tratan de compensar por sus deficiencias, ya sean físicas, sociales o intelectuales, desarrollando su capacidad positiva. Por ejemplo, algunas personas que tienen defectos físicos y que no pueden participar en deportes ni trabajar físicamente, compensan destacándose en el campo intelectual, científico o artístico. Mozart, Beethoven y Bruckner llegaron a ser grandes músicos no obstante sus defectos físicos. El doctor Nicolás Sanderson, quien perdió la vista a los doce años de edad, llegó a ser profesor de matemáticas y óptica en la Universidad de Cambridge.

En cambio, la compensación exagerada obra muchas veces en contra de la persona misma. Algunas personas que tienen complejo de inferioridad no solamente tratan de distinguirse en algo, sino también desarrollan un complejo de superioridad para compensar un sentido de inferioridad en otra esfera, pero resulta censurable exagerar la sociabilidad siendo muy ruidoso o jactancioso. ¿Quién no ha conocido a un hombre de poca capacidad, que se haya convertido en un bravucón o dictador al alcanzar un puesto de responsabilidad?

8. Identificación: Este mecanismo se manifiesta cuando una persona trata de incluir en su personalidad las características de otra persona. Si se identifica exitosamente con otra persona, será semejante a ella. ¿Por qué son los hijos semejantes a sus padres? Porque tienden a admirarlos y asimilar sus características. Al igual que los hijos se identifican con sus padres, las personas en las que funciona este mecanismo imitan a otros, los cuales son por regla general, poderosos, atrayentes, populares o exitosos.

También las personas se identifican con partidos políticos, con equipos deportivos y con grupos religiosos. Es una de las maneras de sentirse importantes o participar vicariamente en sus luchas, éxitos y prestigio.

Los adolescentes tienden a identificarse con un héroe o persona popular. Imitan al héroe en su forma de vestirse y comportarse. Los niños, en sus juegos, se identifican con el mundo de los adultos y actúan como deportistas, policías o vaqueros. Algunos predicadores tienden a imitar a ciertos predicadores famosos.

Hay varios motivos para identificarse, además del que ya hemos mencionado. Algunas personas se identifican con otras que tienen características similares, pues se aman a sí mismas. Esto se llama «identificación narcisista», por el mito acerca del joven Narciso, que se enamoró de su propia imagen al verse reflejado en el agua. Por ejemplo, los hombres se identifican con otros que tienen el mismo oficio, que tienen el mismo nivel de vida y otras cosas en común. Muchas veces un joven se casa con una joven de aspecto parecido, con los mismos intereses y de la misma clase, porque ve su propia imagen en la señorita.

Otro motivo de identificación viene de la frustración y la ansiedad. Por ejemplo, una señorita ve que sus compañeras se casan y se pregunta: «¿Por qué no tengo yo un pretendiente?» Imita a sus amigas con la esperanza de contraer matrimonio. Esto se denomina «identificación orientada hacia una meta». Se identifica con otra persona para realizar su deseo. Relacionada con la ansiedad está la identificación motivada para no ser rechazado o sufrir castigo. Por ejemplo, un niño que es rechazado por sus padres, intenta recuperar su afecto comportándose según la norma que ellos exigen. O sea, se identifica con la figura de autoridad para escapar al castigo, es decir, se somete a las reglas de sus padres y de la sociedad en que vive.

¿Es buena o mala la identificación? Por regla general contiene ambos aspectos. La persona que se identifica con otras asimila tanto las buenas como las malas características del objeto de su identificación, pues es casi imposible aislar los rasgos buenos. Esto impone a los pastores la necesidad de dar un buen ejemplo en todo, pues muchos de sus miembros están expuestos a imitar al ministro.

La identificación es un factor importante en el desarrollo de la personalidad, e imprescindible para la estabilidad de la sociedad. Si la nueva generación no se identifica con los ideales y prohibiciones de sus padres, es probable que se produzca una generación de rebeldes. Sin embargo, el punto de vista cristiano es que las personas deben identificarse con lo que eleva y mejora. También cada persona es un ser creado por Dios para realizar su propio destino. Debe ser lo que Dios quiera que sea, en vez de ser una simple imitación de otros. La excesiva imitación puede sofocar el desarrollo normal de la personalidad.

9. Fantasía: Un mecanismo muy conocido por todos es la fantasía. Algunas personas se escapan de sus frustraciones y limitaciones fantaseando que son ellas las que ganan, que son admiradas y que satisfacen sus deseos. Por ejemplo, por la mente de un niño débil pasan cuadros de episodios ficticios de sus hazañas; por la mente de la chica sin amigos, cuadros de experiencias románticas en las cuales ella tiene muchos pretendientes.

La fantasía alivia algo las frustraciones, pero es un escape a la realidad. Si la persona es muy dada a la fantasía, llega a ser abstraída, aislada de la realidad y de los demás, y no se adapta a las circunstancias de la vida. En su forma extrema, es uno de los factores que conducen a la esquizofrenia, en la cual la persona pierde contacto con la realidad.

10. Formación de reacción: Los instintos y sus derivados se pueden agrupar en pares de contrarios: Vida *frente a* muerte; amor *frente a* odio; positivo *frente a* negativo; acción *frente a* pasividad. Cuando un instinto produce ansiedad y así presiona a la persona, la mente puede disimular el impulso agresivo produciendo su expresión contraria. Por ejemplo, si la hostilidad hacia otro produce ansiedad en la persona, la mente puede facilitar la expresión de amor con el fin de ocultar la hostilidad. Sin embargo, la hostilidad queda; la expresión de cariño es nada más que una máscara que disimula la verdadera emoción. El amor producido como reacción protesta demasiado, es llamativo, artificial y fácilmente detectado. Se denomina «formación de reacción» cuando un instinto se disfraza de otro que es su contrario.

Hay muchos ejemplos de este mecanismo que se ven con facilidad. Una persona que le tiene miedo a otra, y actúa como si fuera su gran amiga; hombres con tendencias femeninas, que las disimulan poniéndose duros y muy masculinos; personas rebeldes que temen las sanciones de la sociedad, y cumplen exageradamente sus reglas; la madre a la que le disgusta su hija, se mete mucho en los asuntos de ella, o la protege excesivamente, con el pretexto de tener solicitud por su bien (su motivo inconsciente es castigar a la chica); la persona que se escandaliza demasiado por la inmoralidad de otra, ocultamente tiene el deseo de ser partícipe del mismo pecado.

Los mecanismos de defensa son maneras irracionales de aliviar la ansiedad, pues tergiversan, ocultan o niegan la realidad y así impiden el desarrollo sicológico de la persona. Cuando un mecanismo llega a ser muy fuerte, domina a la persona y obstaculiza su flexibilidad y adaptabilidad. Si las defensas fallan, la persona estará abrumada y puede sufrir una postración nerviosa.

¿Por qué existen mecanismos de defensa? La parte que gobierna al hombre no es suficientemente fuerte para integrar y sintetizar todas las exigencias que se le presentan. Los mecanismos mentales son medidas protectoras. Si la parte gobernante de la mente no puede reducir la ansiedad por medios racionales, recurre a los mecanismos. Estos persisten cuando la parte gobernante no se desarrolla. Se produce un círculo vicioso: no se pueden dejar de emplear los mecanismos mientras la parte gobernante esté inadecuada, y la parte gobernante quedará inadecuada mientras dependa de las defensas. ¿Cómo puede ser liberada la parte gobernante? Uno de los factores libertadores es la maduración. Cuando madura la persona, la parte gobernante de su mente también se desarrolla.[7]

Notas

1. Woodworth, *op. cit.*, p. 1.
2. *Ibíd.*, p. 2.
3. Jorge A. León, *Psicología pastoral para todos los cristianos*, 1971, p. 44.
4. Woodworth, *op. cit.*, p. 5.
5. James Giles, *La psicología y el ministerio cristiano*, 1976, p. 104.
6. León, *op. cit.*, p. 53.
7. Calvin S. Hall, *A primer of Freudian psychology*, 1954, pp. 96,97.

Capítulo 4

LA TÉCNICA NO DIRECTIVA

*S*egún una autoridad sobre sicología pastoral, la mayoría de las personas que acuden al pastor-consejero se sienten desorientadas, desanimadas, inadecuadas, aprensivas o llevan una carga de culpa.[1] Se pueden aliviar estos sentimientos en gran medida, aconsejándolas con la «técnica no directiva».

El primer paso para aconsejar a la persona que tiene problemas emocionales es dejarla expresar verbalmente sus emociones y sentimientos, especialmente en la primera parte de la entrevista. Así se le proporciona una válvula de escape para que se disipen las emociones. Esto permite también que la persona pueda entender la relación que existe entre ella y otras personas involucradas, y entenderse a sí misma. Las emociones intensas impiden que la persona vea objetivamente su problema y su propio papel en el mismo. Cuando habla libremente acerca de su problema, muchas veces encuentra las raíces de su dificultad.

En muchos casos, cuando la persona expresa sus sentimientos y ve su problema, sale la catarsis (purga de las emociones) o confesión, y los síntomas desaparecen. Sin embargo, no siempre es así. La percepción de sí misma puede ser superficial, y pasajero el alivio, y el problema puede volver pronto. En otros casos, la autopercepción es profunda y puede resultar en una acción por parte de la persona, acción que produce un cambio radical. Mucho depende de la persona asesorada. Algunos aconsejados ven claramente su problema y se entienden a sí mismos, pero les falta el deseo de cambiar. En ciertos problemas como la ansiedad y la homosexualidad, es difícil encontrar la solución. Puede ser necesario intentar varios procedimientos para encontrar el que logre la curación.

Hay casos en que no conviene examinar el problema, pues la percepción de sí mismo por parte del aconsejado puede ser demasiado penosa y tal vez no sea necesaria. Algunas personas solamente necesitan ser apoyadas o afirmadas en un curso de acción que ya es obvio. También, la persona a la que le falta inteligencia quizás no tenga la capacidad de comprenderse a sí misma, y resulte en vano la entrevista.

Según la teoría del «método no directivo», cada hombre tiene dentro de sí mismo la solución de sus problemas. Esto no quiere decir que no necesite la ayuda de Dios, sino que la solución de su problema comienza con la autopercepción y el entendimiento de su dificultad. Por lo tanto, el trabajo del asesor es primordialmente ayudar a la persona a que exprese sus sentimientos y saque a la luz los factores de su problema. Proporciona una atmósfera de comprensión en la que la persona puede hablar libremente; un diálogo en el que el consejero y el aconsejado exploran los propios sentimientos del aconsejado y los aspectos de su problema. El asesor le ayuda a interpretar el problema y a llegar a una solución. Jorge León, escritor de libros sobre sicología pastoral, denomina acertadamente al asesor «el compañero de diálogo».

Un pastor canadiense describe cómo empleó la técnica no directiva para asesorar a una joven viuda.[2]

El marido de Carol falleció en una tragedia y la viuda sufría intensamente. En aquel entonces, ella no estaba preparada para enfrentarse con la pérdida de su esposo y no tenía una relación firme ni con Dios ni con la iglesia.

Pasados diez meses, Carol vino para hablar conmigo. Se sentó al entrar a mi oficina. Estaba inquieta, y repentinamente me dijo que esperaba familia.

Expresó sus sentimientos: se avergonzaba, pues sus aventuras secretas ya estaban saliendo a la luz. Estaba resentida por el hecho de que ella, una mujer tan joven y con tres hijitos, hubiera quedado desprovista de su marido. Se compadecía de sí misma y sentía una carga de culpa. Había tratado de satisfacer el anhelo de ser querida y de tener compañía masculina. Resultó que quedó embarazada y se amargó.

La escuché y la asesoré en varias entrevistas, pero ella vacilaba semana tras semana, deseando cumplir con Dios y a la vez satisfacer sus necesidades sicológicas. Su punto de vista con respecto a la vida era bastante superficial, y su superficialidad se revelaba en que se decepcionaba a sí misma. Cuando se solucionaban sus problemas superficiales, tendía a volver a su vieja manera de vivir.

Por fin descubrió las cosas más profundas de la fe. Acudió a Cristo y experimentó el milagro de su amor redentor. Aunque fue restaurada paulatinamente, un día tuve el privilegio de ver un brillo espiritual en su rostro. Habíamos concluido la entrevista. Oramos y ella continuó orando en la presencia de Dios. Había experimentado la gracia perdonadora y el poder purificador de Cristo, aquel poder que vence las debilidades de la carne.

Esa experiencia con Carol me convenció de que los principios de asesoramiento son válidos. El primer principio es escuchar, escuchar y escuchar. He descubierto que la mayoría de la gente ya tiene la solución; y necesita que la apoyen y le den ánimo para poner por obra sus planes. En segundo lugar, observé que los temores de Carol solo podrían salir a la superficie cuando ella se diera cuenta de que yo no la juzgaba por su conducta. Sólo podía sacar a la luz la basura emocional que le causaba ansiedad y culpa cuando yo escuchaba con comprensión. En tercer lugar aprendí que yo no debía exagerar el papel de consejero. Me costaba no ofrecerle una solución ya fabricada. En cuarto lugar, esa experiencia me hizo darme cuenta de que todas las personas pueden experimentar el momento radiante en que entra el amor de Dios. Esto calienta el corazón y transforma la vida.

Los principios de asesoramiento son como llaves doradas que abren los candados y dejan salir de sus prisiones a las personas que tienen problemas. Considerémoslos:

1. **Ganar la confianza de la persona**: El primer paso para llevar a cabo el proceso de aconsejar, es establecer una relación de confianza mutua entre el pastor-consejero y el aconsejado. Ambos tienen que sentirse cómodos el uno con el otro. No se logra esta relación si el asesor trata con condescendencia al asesorado. La actitud de: «Pobrecito, ¿en qué puedo servirte?», da a entender al aconsejado que el pastor se considera a sí mismo superior a él.

Es preciso que el pastor respete a la persona y la trate como igual. Le conviene darse cuenta de que cada ser humano fue creado a la imagen divina, y tiene gran dignidad.

Por más que esa imagen fuera alterada en la caída, todavía algo queda de ella. Cada persona tiene valor infinito a la vista de Dios. Ahora el creyente es uno de los «pequeños» de Cristo; en el porvenir será puesto sobre los ángeles. Conviene respetarlo. El consejero demuestra su respeto dándole al asesorado la impresión de que su problema es el asunto más importante y el único en aquel momento.

La primera vez que una persona acude al pastor para ser asesorada, es probable que experimente varios sentimientos simultáneamente: preocupación por su problema, pero incertidumbre acerca de lo que le pueda pasar en la entrevista. Tal vez aún tiene reservas en cuanto a la posibilidad de ser ayudada, o quizás esté un poco resentida si otra persona la ha obligado a venir. Puede ser que la avergüence el hecho de que sea necesario acudir al pastor para ser aconsejada, o sienta vergüenza por su conducta. Algunas personas se mantienen a la defensiva en cuanto a hablar acerca de sí mismas y de su problema. Tienen terror de que el pastor las censure. Sin embargo, hay personas que esperan ser ayudadas y que tienen plena confianza para entenderse mutuamente. Si no llegan de inmediato al problema, no es tiempo perdido, pues el asesorado no abrirá su corazón y no hablará acerca de detalles íntimos, si primero no tiene confianza en el pastor como una persona que lo comprende. Por lo general, la atención y la sinceridad del pastor infunden confianza en el corazón del consultante.

Puesto que el asesorado tal vez no entienda lo que es el proceso de aconsejar, el pastor debe explicárselo. El asesorado debe saber que es necesario que él mismo vea su problema. Aunque el consejero le ayude a comprender las raíces de su problema y le haga sugerencias, le toca a él tomar las decisiones y llevar a cabo la solución.

2. **Aceptar incondicionalmente al asesorado**: Es importantísimo, en el proceso de consejería, aceptar al aconsejado tal como es. Esto no quiere decir que el pastor deba aprobar su conducta por mala que sea, sino que debe aceptar al asesorado como una persona con valor y dignidad. No juzgará a la persona ni le predicará un sermón. Jorge León comenta: «El juicio corresponde solo a Dios. No es la tarea del pastor ... "aprobar" o "desaprobar" a los hombres. Su responsabilidad es comprenderlos, escucharlos, y anunciarles el evangelio».[3] Le conviene aliarse con la persona en la lucha contra su debilidad. El apóstol Pablo nos aconseja restaurar al hermano que transgrede «con espíritu de mansedumbre, considerándote a ti mismo, no sea que tú también seas tentado» (Gálatas 6:1).

Algunos consejeros con poca experiencia piensan que es fácil aceptar incondicionalmente a las personas, pero no es así. Por el contrario, esto es muy difícil, pues uno tiene que aceptar a consultantes que tienen ideas, ideales y conductas muy diferentes a los nuestros. Nos pueden ser chocantes y ofensivos. Para desarrollar la capacidad de aceptar a otros, se necesitan dominio propio, preparación, experiencia y comprensión.[4]

El pastor-asesor no debe manifestar sorpresa alguna cuando escuche detalles sórdidos en la experiencia del aconsejado, ni sentirse ofendido por sus palabras e ideas. Si lo hace, la persona sentirá el rechazo del pastor y probablemente cortará pronto la entrevista. También aumentará el sentimiento de culpa que embarga al asesorado. Si la persona piensa que debe ganar el favor del consejero, es poco probable que saque a la luz lo malo de su actitud y comportamiento. Al contrario, con seguridad procurará ocultar su mal y defender su conducta. Así, se estaría perjudicando el proceso de consejería.

Un joven creyente le confesó a su pastor que había hurtado artículos de la tienda de su tío, que era donde estaba empleado. El pastor no manifestó sorpresa alguna, sino que le dijo con comprensión: «Hay perdón en Jesucristo». También lo animó a devolver lo robado.

Después de confesarle a Dios su pecado, el joven restituyó lo hurtado a su tío. Si el pastor le hubiera dicho con horror: «Walter, yo pensaba que usted era creyente. ¡Qué tremendo pecado es robar cosas de su propio tío!», entonces es probable que el joven hubiera salido sin arreglarse con Dios ni con su tío. Tal vez se habría alejado del pastor y de Dios. Ya sentía su culpa y fue al pastor para recibir ayuda y no censura. El hecho de que el pastor lo aceptara tal como era, y creyera en su sinceridad, le proporcionó a Walter ánimo para enfrentar su pecado y sus consecuencias.

Jesús usó esta técnica en el caso de Zaqueo. Mientras que otros censuraban al publicano por ser colaborador injusto de los odiados romanos, este se endurecía más y más. Pero cuando Jesús lo aceptó tal como era, eligiéndolo para ser su anfitrión aquel día, las defensas de Zaqueo fueron quitadas y pudo hacer frente a su propio pecado. Resultó que se arrepintió e hizo restitución (Lucas 19:1-10). El aceptar al asesorado tal como es, puede ser un poderoso factor para traerle la sanidad emocional y moral.

3. **Escuchar**: El papel del pastor como consejero es completamente diferente de su papel como predicador. Woodworth explica:

> Nosotros, los predicadores, tenemos la desventaja de estar tan acostumbrados a hablar, que nuestro primer impulso es decir algo. Pero la técnica para el asesoramiento es distinta a la que sirve en la predicación. Es cierto que a veces hay que hacer ciertas preguntas u observaciones para animar al consultante a seguir hablando hasta que exponga todo el problema, pero por lo general, debemos ser prontos para oír y lentos para hablar.[5]

Muchas autoridades de sicología pastoral están de acuerdo en que el escuchar atentamente al asesorado es el factor mas importante en la consejería. Russell Dicks, escritor de la materia, dijo: «Si tuviera que limitarme a una técnica, elegiría la de escuchar».

El escuchar atentamente al asesorado tiene gran valor para el consejero. Sólo cuando escucha, puede entender cuál es la situación del asesorado y cómo se siente este. Sólo cuando escucha, puede establecer la relación entre el pastor y el aconsejado, la cual es indispensable para llevar a cabo el proceso de asesorar. Sólo cuando escucha, puede comunicar al asesorado que lo acepta tal como es. Todos nosotros nos sentimos aceptados por los que nos escuchan, cualquiera que sea nuestra necesidad. Un pastor-consejero, Carrol Wise, observó: «Por regla general, hacemos tanto bien y tan poco mal cuando escuchamos ... Los problemas del asesorado se ven desde una nueva perspectiva. El hablarle a un pastor atento y comprensivo, es una experiencia que difiere totalmente de escudriñar su alma o hacer la represión de sí mismo en privado».[6] El escritor inspirado confirma lo que dice Wise: «Confesaos vuestras ofensas unos a otros» (Santiago 5:16).

4. **Escuchar con empatía**: No basta con escuchar al asesorado de manera pasiva. Es preciso escucharlo atentamente y concentrarse en lo que dice, sin permitir que los pensamientos divaguen. Sobre todo, se le debe escuchar con «empatía». La palabra abarca

un significado más amplio que el término «compasión». Quiere decir: «entrar en los sentimientos de la persona», sentir lo que ella siente, ver por sus ojos, «andar en sus zapatos» y, en cierto sentido, identificarse con ella. Pero a la vez es necesario mantener una actitud algo serena y objetiva. Tal actitud no nos dejará involucrarnos excesivamente en el problema. Un pastor advierte: «Si nos dejamos envolver, no podremos ayudar, pues perderemos la claridad mental al ser arrollados por la tensión emocional».[7] Es preciso encontrar un equilibrio entre la objetividad y el sentir las emociones de la persona.

Sin embargo, no basta sentir lo que siente el consultante, sino que es necesario comunicárselo a él. Se comunica la empatía escuchando atentamente, reflejando y respondiendo de tiempo en tiempo con palabras y gestos que indican comprensión.

5. **Reflejar y responder**: Con frecuencia los consejeros reflejan verbalmente lo que dice el aconsejado, para que él sepa que comprenden sus sentimientos. Así lo animan a seguir hablando acerca de su problema. El asesor trata de reflejar sus sentimientos parafraseando lo que el asesorado siente. Consideremos un ejemplo de esta técnica:

ASESORADO: Pastor, hace tiempo que deseo hablarle de mi problema, pero siempre me ha faltado valor para hacerlo.

PASTOR: ¿Le cuesta contar algunas experiencias?

ASESORADO: Así es, pero tengo que contárselo a alguien. Tuve una riña violenta con mi señora y luego volví a mi viejo vicio de beber. Me emborraché. ¡Cuánto lo siento!

PASTOR: Su caída le da mucha pena.

ASESORADO: El problema es que ella es inconversa y ya no tiene confianza en mí. Piensa que mi conversión era una farsa y que el evangelio carece de poder. Se ha puesto más dura que nunca.

PASTOR: Mmmmh. (Demuestra preocupación por la señora.)

Es de notarse que reflejar no es simplemente repetir lo que dice el consultante. Más bien lo que hay que reflejar son sus sentimientos. Es una técnica que puede resultar contraproducente en algunas personas si se la usa en exceso. Puede terminar por irritar al aconsejado e impedirle hablar libremente.

Hay otras maneras de responderle al asesorado sin estos inconvenientes. Gary Collins nos presenta una lista en la que hay seis métodos:

1) Sondeo: formular preguntas o comentarios para conseguir más información y estimular una conversación.

2) Comprensión: el consejero comunica su empatía.

3) Apoyo: mediante palabras sustentadoras, procurar reanimar y dar apoyo al que lo necesita.

4) Interpretación: señalarle al consultante lo que ocurre.

5) Evaluación: apreciar las ideas, actitudes y acciones del asesorado.

6) Consejos de acción: tratar de animar al orientado a hacer algo en particular para solucionar su problema.[8]

Las maneras de responderle al aconsejado se pueden entender por medio de los siguientes ejemplos:

a) Preguntas o comentarios para conseguir más información o estimular la conversación:

—Dígame más acerca de esto.

—¿Cómo reaccionó su esposa cuando usted le contestó «no»?

—Y luego, ¿qué pasó?

—¿Cómo le afectó su firmeza en cuanto a...?

b) Palabras de comprensión:

—Es bastante penoso.

—Entiendo lo que usted dice.

—Usted quiere decir que se desesperó.

c) Expresiones que apoyan al consultante:

—No es de extrañarse que usted se afligiera...

—Muchas personas luchan con la misma debilidad.

—Estoy seguro de que su señora comprenderá...

—Esta mala racha tiene que pasar pronto...

d) Interpretación:

—Usted se siente celoso cuando Jorge está cerca de su señora...

—Parece que se preocupa acerca de...

—Ha desarrollado usted la costumbre de depender de...

e) Evaluación:

—No era un buen paso, pero...

—La Biblia lo prohíbe terminantemente...

—Me parece que su plan puede dar buen resultado...

—Su reacción fue muy noble...

f) Consejo:

—Si yo fuera usted, haría...

—¿Por qué no volver a su marido?

—Tal vez no le convenga aceptar...

El consejero no responde siempre verbalmente. Un gesto, una sonrisa o aun un período de silencio pueden estimular al aconsejado a hablar más, y pueden comunicar su reacción.

6. **Formular preguntas**: Muchos de los problemas humanos tienen raíces escondidas bajo la superficie. Los consultantes a veces presentan solamente los síntomas y no se dan cuenta del problema verdadero. Algunos sicólogos creen que cada problema de alcoholismo, desarmonía matrimonial, desviación moral, conducta antisocial o flojedad espiritual, tiene su fondo. No basta en tales casos cortar solo el tronco del problema; es necesario cavar hasta las raíces y sacarlas. Por ejemplo, un drogadicto puede atribuir su problema a un sentido de inseguridad, algo que se relaciona con su situación en el hogar. Para solucionar su problema, conviene tratar su problema emocional, es decir, el problema que existe en el hogar.

Algunas personas se comportan mal porque así consiguen ciertos fines apetecidos. Por ejemplo, Jorge, de diez años, se enferma del estómago cuando se siente solitario. ¿Por qué? Porque sus padres lo atienden cuando está enfermo. Susana, que tiene quince años, amenaza con frecuencia con dejar su hogar, pues así obliga a sus padres a ceder a sus exigencias. El señor Rodríguez toma mucho vino, pues su señora se preocupa por él solo cuando él toma. De otro modo lo trata con indiferencia. Es necesario traer a la luz los motivos de tales personas y obrar para solucionar el problema que causa la mala conducta.

En tales casos conviene que el pastor y el aconsejado miren bajo la superficie y noten los móviles que surgen de experiencias conflictivas y de sucesos significativos habidos en la situación actual del asesorado y en su vida anterior. El pastor-consejero observa bien lo que dice el aconsejado y le ayuda a explorar los aspectos que contribuyen a su problema, formulando preguntas y haciendo sugerencias. Por ejemplo, el pastor puede preguntar: «¿Qué efecto tuvo en su marido el apego de usted a su madre?» A veces no es fácil encontrar el problema y es necesario hacer algunas sugerencias tentativas o preguntas, en la misma forma en que el pescador echa la red de lugar en lugar, hasta que encuentra los peces.

Sin embargo, si el consejero formula preguntas en demasía, perjudicará la solución del problema. Así frustraría el proceso de ayudar al asesorado a encontrar las raíces y a llegar a una solución propia. También, si el consejero convierte la entrevista en un interrogatorio, no hay que extrañarse si encuentra resistencia de parte del aconsejado.

Las características de las buenas preguntas son las siguientes:

a) Conviene formular preguntas que permitan que el consultante tenga amplia oportunidad de responder con sus opiniones o con más información. Por ejemplo, se puede preguntar así: «¿Cómo se sentía usted acerca de los cargos de su vecino?», o «¿Qué pasó luego?» En contraste, se deben evitar las preguntas que limitan la expresión del asesorado, tales como: «¿Se sentía usted frustrado porque perdió el negocio?» «¿Ha dejado de pensar en ella?» Tales preguntas se contestan con un simple «Sí» o «No», y así puede terminar muchas veces la conversación de parte del aconsejado. Se debe evitar que se presenten dos alternativas, que limitan la exploración de un asunto o su desarrollo más amplio.

b) No conviene formular preguntas directas que le den al consultante la impresión de que el asesor lo somete a un interrogatorio. Por ejemplo, es mejor comentar: «No se cómo se sentirá una persona que tiene un hijo rebelde», que preguntar: «¿Cómo se siente usted en cuanto a su hijo rebelde?» Ambas expresiones muestran el interés del pastor, pero la primera no chocaría tanto como la segunda.

c) No conviene formular una serie de preguntas a la vez. Más bien, debe inquirir acerca de una sola cosa, con una pregunta simple. Por ejemplo, no debe preguntar de esta manera: «¿Cuándo comenzó su señora a sospechar que usted le era infiel?» «¿Le habló acerca de sus sospechas?» «¿Cómo reaccionó usted?» Si el consejero hace una pregunta tras otra, el aconsejado no sabrá a cuál pregunta debe contestar y quedará confundido.

d) No conviene preguntar «¿por qué?» a menos que la pregunta sea positiva. Si el pastor pregunta al consultante: «Por qué no disciplinó usted a los niños?», puede indicar que desaprueba la conducta del asesorado, y así el aconsejado probablemente se pondrá a la defensiva.

El consejero debe preguntarse lo siguiente: «¿Formulo preguntas que no tienen sentido en cuanto a comprender el problema? ¿Mortifican mis preguntas al consultante? ¿Hago yo preguntas a las cuales él no puede contestar? ¿Pido que el asesorado aclare lo que yo no entiendo? ¿Permito que el aconsejado cuente su historia a su propia manera?

¿Contribuyen mis preguntas a traer a la luz las raíces del problema, o distraen al consultante de su tema? ¿Interrumpen o ayudan al consultante a ventilar su problema?»

7. **Encontrar soluciones**: El pastor-consejero escucha, formula preguntas cuando sea necesario para estimular al asesorado a hablar acerca de sus sentimientos, y explora las facetas significativas del problema. Aclara a veces lo que expresa el consultante, interpreta, y juntos llegan a entender el problema. Luego ambos colaboran en encontrar una solución.

Floyd Woodworth aconseja acertadamente respecto a considerar posibles soluciones:

Este paso provee una gran oportunidad para que el consultante aprenda a formular diferentes alternativas con toda objetividad. Es una forma de analizar un asunto sistemáticamente. Sirve como lección y enseña a mirar las cosas con la razón en vez de obedecer el primer impulso que se sienta. Recomiendo enérgicamente que en este paso los dos vayan escribiendo en una hoja de papel qué soluciones parece haber para el caso. He visto que esto ayuda apreciablemente al consultante a considerar las ventajas y desventajas de cada posibilidad. Hay que ayudarlo en esto, preguntando si la solución que se está estudiando estaría dentro del marco que Dios expone en su Palabra. ¿Cómo afectaría a sus seres queridos? ¿Solucionaría el problema de verdad, o no? El consejero, por supuesto, puede prestar mucha ayuda en este paso haciendo uso de su propia experiencia y de lo que revela la Biblia.[9]

Hay casos en que el pastor señala alternativas en las cuales no ha pensado el asesorado. Las presenta solamente como posibilidades y no trata de imponerlas, pues al consultante le toca decidir qué hacer. Si el aconsejado no está dispuesto a obedecer la Palabra de Dios o le falta voluntad para dar los pasos necesarios a fin de remediar su situación, el pastor no gana nada con presionarlo. Además, «hay decisiones tan delicadas, que ningún consejero debe contraer la responsabilidad por las consecuencias que pudiera sufrir el consultante».[10]

Por supuesto, el aconsejado debe poner por obra la solución. Si no da buen resultado, debe adoptar otra solución. Si esa tampoco da el fin apetecido, quizás le convenga reunirse con el pastor para evaluar las soluciones y buscar otra más factible.

El consejero experimentado tiene mucho cuidado de no permitir que el aconsejado dependa de él. Si esto acontece, ha fracasado. Una de las metas de la consejería es ayudar a la persona a ayudarse a sí misma, a llegar a ser autosuficiente con la ayuda de Dios. Por supuesto, hay excepciones a esta regla. Por ejemplo, la mujer cuyo marido ha muerto repentinamente, necesita tal vez apoyo del pastor en su hora de crisis.

En los casos en que el aconsejado y el pastor tienen varios diálogos orientadores y le parece al consejero que no conviene seguir aconsejándolo, este debe dar por terminadas la sesiones. El pastor puede observar con tino: «Me parece que hemos llegado al punto en que usted ya no me necesita. Creo que puede llevar a cabo la solución con la ayuda divina». Conviene que los dos decidan de común acuerdo terminar con las entrevistas.

8. **Evaluación de la técnica no directiva**: La posición del autor de este estudio es que la teoría no directiva puede servir en muchos casos, especialmente en los de pro-

blemas emocionales. Naturalmente tiene que ser adaptada para incluir principios cristianos. Sin embargo, no es la única técnica que el pastor debe usar, ni siempre surte efecto. A veces el consejero empleará una variedad de técnicas, o mejor dicho, el método ecléctico. Se considerarán otras técnicas en la lección siguiente.

Ya hemos mencionado en la lección 1, que el método no directivo requiere mucho tiempo en la mayoría de los casos, pero probablemente ofrece más posibilidad de encontrar tiempo disponible para aconsejar a sus miembros con este método. Sin embargo, pueden utilizar algunos de los principios de la teoría, respetando al consultante y dándole la oportunidad de expresarse libremente, y no imponiéndole sus ideas.

Algunos consejeros evangélicos quedan desilusionados con los resultados de esta técnica, en especial cuando se la usa sin convicciones cristianas. Es obvio que si el consejero no tiene normas morales, puede animar al asesorado a aceptar su pecado como una mera enfermedad, o aun como algo normal; y así lleva al consultante a la permisividad o autoindulgencia. Como consecuencia, hay consejeros evangélicos que rechazan de plano este método. Argumentan que no da lugar a la ayuda de un experto (el pastor), a la receta de la Biblia ni a la ayuda divina. Ciertos consejeros, de fuerte convicción agustiniana, también creen que el hombre es tan rebelde contra Dios y tan afectado por el pecado, que no está en condiciones de comprender su situación ni de tomar decisiones correctas. Algunos escritores dirigen su ataque contra Carl Rogers, el exponente principal de la teoría.

Tendrían razón, si el consejero cristiano empleara la técnica *puramente* no directiva de Rogers; pero la mayoría de los consejeros evangélicos que usan el método que se centra en el asesorado, lo adaptan. Rechazan las ideas netamente humanísticas de la escuela de Rogers y aplican los principios cristianos. Aceptan la doctrina del sacerdocio del creyente; aprecian al aconsejado como un ser hecho a la imagen de Dios, pero reconocen a la vez que el pecado ha desfigurado algo de dicha semejanza. No se consideran como expertos que tienen todas las soluciones, sino como compañeros en el camino, sujetos a pasiones semejantes a las del consultante. Escuchan con empatía a la persona y le dan la oportunidad de explorar su problema. Sin embargo, no son tan pasivos como exigiría la técnica puramente no directiva. No se limitan siempre a decir «sí» y a reflejar lo que cuenta el asesorado. Preguntarán a veces para obtener más información, expresarán su comprensión, señalarán cosas contradictorias, contestarán preguntas, evaluarán las actitudes y comportamiento del consultante, lo confrontarán con algunas de sus inconsecuencias, o le indicarán las enseñanzas bíblicas y lo ayudarán a encontrar una solución.

En casos de pecado por parte del aconsejado, desean llevar a la persona al arrepentimiento, pero creen que, si el asesorado ve por sí mismo su propia responsabilidad, tomará pasos más firmes para remediar su situación. Se ponen al lado de la persona en su lucha contra su debilidad. Siempre recuerdan que no son abogados acusadores y respetan la autonomía de la persona en cuanto a tomar su propia decisión. Dependen del Espíritu Santo para redargüirla de pecado o guiarla a una solución. Sin embargo, hay casos en que conviene que el consejero confronte al consultante con su responsabilidad, pues la técnica no directiva no surte efecto con todos los asesorados.

¿Hay una técnica bíblica para aconsejar? No cabe duda de que en la Biblia se encuentran muchos casos de uso del método directivo, especialmente en asuntos espirituales y morales. Pero ¿es esto evidencia de que debemos rechazar otros métodos? Algunos consejeros evangélicos señalan que la Biblia se interesa más en las cosas teológicas que en los problemas sicológicos del hombre. Aunque las Escrituras describen situaciones sicológicas y dan ciertas soluciones, no imponen ninguna técnica. Lo que vale, dicen ellos, es que los principios bíblicos sean la base de las convicciones del consejero. Se puede variar el método según el caso particular.

El problema de los que abogan por una teoría es que piensan que su idea abarca toda la verdad, y no hay lugar para otro planteamiento. También algunos consejeros evangélicos tienden a rechazar todo lo que enseñan ciertos sicólogos, pues dichos sicólogos son humanistas o tienen algunos conceptos anticristianos. Por ejemplo, algunos evangélicos rechazan casi todo lo que enseñó Freud porque era ateo y exageró el papel del instinto sexual. Pero, ¿es necesario rechazar una herramienta eficaz en la construcción de un templo porque haya sido inventada por un incrédulo? Aunque su teología sea mala, su herramienta puede ser muy buena. De modo que ¿no conviene extraer lo útil y rechazar lo que perjudique en las teorías de la sicología? ¿No se pueden adaptar ciertas técnicas de los sicólogos dándoles un enfoque cristiano? ¿Acaso todos los asesorados son iguales y responden al mismo trato? Valdría la pena reflexionar bien antes de llegar a conclusiones definitivas.

Notas

1. Charles F. Kemp, *A pastoral counseling guidebook*, 1971, p. 55.
2. Traducido y adaptado del artículo escrito por Newton C. Stacey, «What I have learned in counselling... an unwed mother», en la revista *Christianity Today*, 5 de junio de 1967, p. 5.
3. León, *Ibíd.*, p. 120.
4. Kemp, *A pastoral counseling guidebook*, *op. cit.*, p. 30.
5. Woodworth, *op. cit.*, p. 12.
6. Citado en Kemp., *Learning about pastoral care*, *op. cit.*, pp, 103,104.
7. León, *op. cit.*, p. 95.
8. Gary Collins, *Orientación sicológica eficaz*, s.f., pp. 28,29.
9. Woodworth, *op. cit.*, p. 14.
10. *Ibíd.*, p. 15.

Capítulo 5

ELECCIÓN DEL MÉTODO PARA ACONSEJAR

Ya hemos considerado minuciosamente la técnica no directiva, tratando de adaptarla a la verdad bíblica. Pero este es solamente un método entre los varios que el pastor-consejero puede utilizar. Hamilton observa que no hay una sola teoría que haya resultado ser eficaz en todas las situaciones, ni siquiera en tipos específicos de situación. «Es por eso que no hay un método 'correcto' para aconsejar».[1] Conviene que el pastor aprenda los distintos métodos y elija la técnica más apropiada para el caso que enfrenta.

Consideremos algunos métodos de aconsejar, los cuales nosotros, como evangélicos, podemos utilizar.

1. **Consejería de apoyo**: En momentos de crisis, puede ser que la persona necesite ser apoyada y fortalecida. La crisis puede ser precipitada por muchas cosas: la pérdida de la casa por un siniestro o por un problema financiero, desilusiones románticas, la separación de los esposos, la pérdida del empleo o el rechazo por una persona a la cual admire el consultante. A veces, en el período de la crisis, el modo normal de la persona para enfrentar la tensión no es el adecuado; se siente sola y a punto de hundirse; necesita ser apoyada y afirmada.

La meta de esta técnica no es desarrollar en la persona la costumbre de depender del pastor, sino prestarle temporalmente apoyo, consuelo o aliento, a fin de que supere la crisis. También el consejero procurará ayudarle a fortalecerse, a desarrollar su propia perspectiva, y a emplear sus propios recursos sicológicos para enfrentar sus problemas. Hará lo posible para evitar que el asesorado recurra a salidas perjudiciales, tales como negar que existe el problema, escaparse del problema mediante la fantasía, usar alcohol y drogas, rehusar ayuda o no buscarla, negar que se tengan sentimientos negativos tales como enojo, odio, ansiedad o culpa, culpar a otros, depender de otros para solucionar su problema o aislarse de sus parientes y amigos.

El pastor es la persona más idónea para prestarle apoyo a un creyente que sufre una crisis, pues representa la ayuda divina. En muchos casos, su sola presencia infunde aliento y fortaleza. Proporcionará un oído atento y comprensivo a la persona que necesita desahogarse. Ayudará al asesorado a entender su problema y a encararlo con realismo, a expresar sus sentimientos, tales como pesar, terror, frustración, resentimiento y culpa; a aceptar algo de la responsabildad para solucionar el problema; a encontrar soluciones; a aceptar las cosas que no pueden ser cambiadas, tales como la pérdida de un ser querido; y a dar pasos constructivos para avanzar en la solución del problema.[2]

Se considera que las crisis pueden proporcionar oportunidades para el desarrollo personal del individuo. Por ejemplo, la mujer cuyo marido tiene que servir en la fuerzas armadas, se ve obligada a bastarse a sí misma, o el hombre cuyas faltas precipitan una crisis, tiene que encarar su debilidad y reorganizar su vida. También, todas las crisis son oportunidades para acercarse a Dios y experimentar su gracia y generosidad.

Los recursos espirituales, tales como las Escrituras, las promesas de Dios y la oración, son muy útiles en los períodos de crisis. Sin embargo, el consultante puede reaccionar mal si el pastor trata de alentarlo excesivamente con un optimismo superficial que no concuerda con la realidad: «No se preocupe; todo va a salir bien. No es tan grave como usted piensa». La actitud del pastor vale más que sus palabras. Si está nervioso, preocupado o abrumado de pesar, comunicará estas emociones. Sin embargo, si está tranquilo, sereno, solícito y tiene plena confianza en Dios, su misma presencia apoyará a la persona en su hora de crisis.

Hay otro aspecto en el consejo de apoyo al asesorado. Las personas tímidas o vacilantes en decidirse a hacer lo que ya saben que es correcto, necesitan que se les dé firmeza. Otras dudan de que hayan actuado bien y necesitan ser alentadas para seguir llevando a cabo la solución o mantener la conducta que produzca el fin apetecido.

2. **La técnica directiva**: Es el método en el que el consejero es la figura central y domina el proceso. A él le corresponde recoger los datos, analizarlos e interpretarlos; le corresponde hacer un diagnóstico y un pronóstico en cuanto a una solución tentativa. El asesor es muy activo, y al aconsejado le toca cooperar con él.

Las metas de este método son casi idénticas a las de la técnica no directiva: el asesorado ha de verse a sí mismo y ver su problema más claramente, ha de descubrir sus potencialidades y debilidades, ha de adaptarse a las circunstancias adversas, ha de elegir la solución a sus problemas y aprender a asumir su responsabilidad. Sin embargo, es el consejero quien procura llevarle a tales fines.

Los sicólogos profesionales que emplean esta técnica, por regla general comienzan la entrevista recogiendo datos. A veces le presentan al consultante cuestionarios en los cuales hay preguntas acerca de la personalidad, situación e intereses del asesorado. Luego recogen antecedentes de su problema formulando preguntas (ver la primera sección de la lección 6). Así hacen un análisis del caso.

El segundo paso es organizar, evaluar e interpretar los datos para proporcionar un historial de la vida del aconsejado. Entonces se trata de diagnosticar el problema, llegando a una conclusión respecto a sus características y causas. Por fin el consejero presenta una solución o soluciones tentativas y pronostica cómo pueden desarrollarse en el futuro. Ayudará a la persona a tomar su propia decisión. Por regla general, no impondrá su solución.

Los consejeros profesionales que emplean la técnica no directiva, a menudo critican el método directivo. Dicen que no ayuda al asesorado a utilizar sus propios recursos y a tomar sus propias decisiones. Socava su sentido de responsabilidad y de confianza en su propia competencia para enfrentar y solucionar sus problemas. Además, señalan que algunas personas se niegan a que el consejero les dé consejos directos como si fueran incapaces de pensar por sí mismas. Hacen la comparación describiendo al consejero como un padre autoritario y al orientado como un hijo dependiente.

Sin embargo, tales objeciones no son válidas para muchos casos de consejería pastoral. El pastor a menudo se ve obligado a emplear esa técnica en su forma más sencilla, pues le falta tiempo para usar el método no directivo modificado, o el problema es relativamente fácil de reconocer y solucionar. Si el consultante no es capaz de verse a sí mismo y de comprender su problema hablando libremente con el pastor, no le queda otra alternativa al pastor que utilizar la técnica directiva. También algunos asesorados no son lo suficiente maduros o no están emocionalmente en condiciones de pensar con lucidez y tomar decisiones de manera inteligente. Otros prefieren recibir consejos directos, porque esto produce menos ansiedad y les da una autoridad en la cual pueden apoyarse para su conducta. Sin embargo, en la mayoría de estos casos, una vez que haya pasado la emergencia, conviene que el asesorado aprenda a tomar más responsabilidad para solucionar sus problemas.

En la práctica de asesoramiento, pocos consejeros peritos emplean solamente la técnica directiva o la no directiva, pues mucho depende de las circunstancias y de la condición del orientado. Generalmente se emplean elementos de ambos métodos en la misma consulta. En casos de problemas profundos y complicados, es preciso que el consejero tenga mucha destreza para encontrar las raíces y su verdadera naturaleza. Probablemente comenzará la consulta empleando la técnica no directiva y obrará con mucho tino y objetividad. Se dará cuenta de que un diagnóstico incorrecto y la proposición de unas soluciones superficiales, repercuten tanto contra el bien del consultante como contra la reputación del pastor.

3. **Consejería por confrontación**: Algunos siquiatras modernos han notado que la terapia puramente sicológica no da buenos resultados en muchos casos. Un famoso sicólogo, Karl Menninger, escribió un libro sobre el tema: «¿Qué le ha pasado al concepto del pecado?» (*Whatever became of sin?*), y lamenta que la sociedad pase por alto la responsabilidad moral del hombre. Como resultado de esta inquietud, ha surgido un nuevo movimiento que pone el énfasis en la responsabilidad del individuo. Este enseña que cada persona ha de hacer frente a la realidad por más desagradable que esta sea. Señala que nadie puede ayudar a la persona que no está dispuesta a hacerle frente a su situación, a confesar su pecado y a tomar pasos para cambiar.

«La terapia de integridad», formulada por O. Hobart Mowrer, es un ejemplo de la nueva teoría desarrollada por este movimiento. Se describe la salud mental en términos de conducta personal, sea moral o inmoral. Los postulados son sintetizados por John W, Drakeford:

a) La teoría de la integridad rechaza todas las teorías que enseñan que el hombre es víctima de su herencia, de su medio ambiente o de cualquier otro factor. Por ejemplo, niega que un trauma síquico sufrido en la niñez sea la causa de su actual problema moral. Cada persona es responsable por su comportamiento y ejerce su responsabilidad tomando decisiones.

b) Cada persona tiene una conciencia que produce un sentido de culpa. Este sentido de culpa no es resultado de que esté mentalmente enferma, sino de que no se comporta bien o no acepta la responsabilidad por su conducta.

c) La reacción típica y autoderrotista a su mal comportamiento se manifiesta encubriendo su pecado. Sin embargo, la culpa produce síntomas que varían en grado de severidad, desde la inquietud vaga hasta la parálisis total.

d) Cómo esconder su mal es lo que produce el problema de la persona y la aleja de otros seres humanos. Franquearse y estar dispuesto a confesar sus faltas a personas a las cuales aprecia, es el primer paso para encaminarse a la normalidad.

e) El proceso de llegar a ser sociable, o sea, de llevarse bien con otros, involucra un grupo, el cual se puede llamar un microcosmos o pequeño mundo. Este grupo funciona tanto para apoyar como para corregir a la persona, y sus actividades son necesarias para su crecimiento. Se ve un paralelo entre el papel del grupo y el de la congregación de una iglesia.

f) Estar dispuesto a quitarse la máscara y ser sociable no basta. Es preciso que la persona emprenda una actividad que sirva como una especie de restitución adecuada a su fracaso. También debe comunicarles la teoría de la integridad a otros, para que puedan ser liberados.[3]

En síntesis, Mowrer cree que la culpa tiene que ser resuelta por la confesión, pues cada individuo es responsable por su conducta. La persona se desenreda de sus problemas y se desarrolla como una persona responsable por medio de la franqueza en el diálogo y por la acción positiva; es decir, su problema se soluciona por medio de la confesión y la restitución.

Aunque la teoría de Mowrer no es totalmente cristiana, ha sido alterada y puesta dentro del marco evangélico por John W. Drakeford.

Otra teoría similar a la de la integridad es la «terapia de realidad» ideada por William Glasser. En muchos aspectos es contraria a la del sicoanálisis. El consejero entabla una relación amigable con el consultante y lo anima a dialogar. No da importancia ni a las experiencias de la niñez ni a las motivaciones o emociones del asesorado. La teoría tiene que ver con la realidad del presente y pone el énfasis en una conducta de responsabilidad. El consultante no debe justificar su conducta culpando a los traumas del pasado, pues su conducta es originada por las decisiones del presente. La misión del consejero es ayudar al orientado a un constante enfrentamiento con las actuales consecuencias de su conducta y con la vida tal como es.

Jay Adams, profesor de Teología Práctica del Westminster Theological Seminary, Filadelfia, EE. UU., emplea una variante de esta terapia: se interesa casi exclusivamente en la conducta actual de la persona, en especial la conducta inútil y pecaminosa. Es decir, no se interesa en descubrir las raíces viejas de un pecado.

Hay casos en que el consejero debe confrontar al consultante con sus pecados. Tanto el Antiguo como el Nuevo Testamento colocan la responsabilidad de su conducta sobre el individuo. Jesús confrontó a la mujer samaritana con su inmoralidad (Juan 4:17,18), a los fariseos con su hipocresía (Mateo 23), y a sus discípulos con su falta de fe (Mateo 8:26). La Biblia dice: «El que encubre sus pecados no prosperará; más el que los confiesa y se aparta alcanzará misericordia» (Proverbios 28:13). Muchos sicólogos confirman lo que dicen las Escrituras, observando que la persona que trata de encubrir su mal, sufrirá tarde o temprano de sentimientos de culpa, frustración y ansiedad neurótica.

Sin embargo, le parece al escritor de este libro que es simplista y contraproducente atribuirle *todos* los problemas al pecado. No cabe duda alguna de que el pecado es un factor importante en muchos problemas, pero no debemos pasar por alto el hecho de que hay otros factores que también producen problemas. Al igual que el médico se vale de diferentes técnicas para diagnosticar la enfermedad, y selecciona de entre varias la medicina que corresponde mejor, el consejero experimentado no se limitará a un solo diagnóstico y no prescribirá la misma solución a todos los asesorados.

Además, es interesante notar que Jesús no les señaló siempre el pecado a las personas a las cuales trataba. Por ejemplo, no dijo nada en cuanto a los pecados de Zaqueo. Logró su confesión tratándolo con aprecio. Al igual que el caso de Zaqueo, muchos casos no necesitan ser confrontados directamente con sus debilidades; tal técnica puede ser contraproducente, y a veces haría que algunos consultantes se pusieran a la defensiva, sintiéndose rechazados. Probablemente resistirían al pastor y no aceptarían su consejo. Tales personas deben ver su pecado por su propia cuenta. Muchas veces la ruta indirecta surte más efecto y produce resultados más duraderos. El pastor necesita emplear su sabiduría y sentir la dirección del Espíritu Santo para elegir la técnica adecuada para cada persona.

La terapia de realidad escasamente toma en cuenta que a veces la Biblia atribuye el pecado a la ignorancia o al poder enceguecedor de Satanás (Romanos 3:11; 2 Corintios 4:4). Carlos Erdman comenta sobre Romanos 3:10,11 («No hay justo, ni aun uno; no hay quien entienda»): «Esta carencia total de justicia se atribuye al hecho de una ausencia total de inteligencia moral». La Biblia enseña también que el hombre es esclavo de su propio pecado (Romanos 7:14-23), y no basta reconocer su responsabilidad. Se necesita la obra del Espíritu Santo para cambiar radicalmente la conducta humana, y a veces la transformación espiritual es paulatina; cada paso adelante debe ser motivo de aliento y agradecimiento. Además, el consejero, al igual que Jesús, debe reconocer tanto las emociones y motivaciones como la conducta del consultante.

Los pasos para aconsejar empleando el método de la confrontación son los siguientes:

a) El consejero recogerá información acerca del problema, averiguando los antecedentes del mismo. Formulará muchas preguntas para tener un concepto claro de la situación y para ayudar al consultante a ver su responsabilidad. Debe dar toda oportunidad a la persona para que descubra y reconozca por su propia cuenta su responsabilidad y culpa. Si el asesorado cierra los ojos a su responsabilidad echándole la culpa a otros o dando excusas, el consejero se verá obligado a tomar un paso más directo.

b) Confrontar al consultante con la evidencia de su mal comportamiento; es decir, hacerle ver que ha pecado y que tiene que enfrentarse a la realidad. Debe recordar siempre que el propósito es restaurar a la persona a la comunión con Dios y con sus semejantes (Gálatas 6:1). El pastor sabio se dará cuenta de que no es Dios, sino un pecador perdonado, y que todavía está lejos de la perfección. Sobre todo, el pastor debe ser sensible a la dirección del Espíritu Santo, cuya obra es convencer al mundo de pecado (Juan 16:8).

c) Seguir aceptando al asesorado aun en los casos en que este no quiera reconocer su falta. El consejero se dará cuenta de que Dios rechaza el pecado pero ama al pecador. No discutirá con el aconsejado tratando de convencerlo de que es responsable. En algunos casos el asesorado rechaza la evidencia de su culpa durante el diálogo, pero después recapacita. Las palabras del pastor pueden servir como semilla, que necesita tiempo para nacer.

d) Guiar a la persona a confesar su pecado a Dios y a confiar en su amor perdonador (1 Juan 1:9). En casos de aconsejar a incrédulos, puede ser que el consejero tenga que contentarse con que la persona confiese su falta, pues tal vez no está preparada todavía para recurrir a Dios.

e) Ayudar al aconsejado a arreglar las cuentas habidas por su mala conducta con las personas perjudicadas, o sea, hacer restitución cuando sea posible. Luego lo ayudará a llevar una vida digna de su arrepentimiento.

Muchas veces conviene que el pastor emplee la técnica de confrontación yendo a ver a un miembro de la iglesia cuando este se comporta mal. Es mucho mejor hablar con él en privado acerca de su irregularidad, que pararse tras el púlpito y descargar su artillería sobre toda la congregación. A veces los predicadores abusan así del púlpito porque les falta el valor de confrontar personalmente con su pecado al creyente inconsecuente, pero tal procedimiento puede producir resentimiento, tanto de parte del miembro, como de la congregación.

4. **Información y dirección**: Hay personas que necesitan consejo para elegir una vocación; otras piden información acerca del noviazgo y el matrimonio, de los asuntos de conducta, de cómo resolver problemas espirituales, de cómo vencer una debilidad moral, o sobre la doctrina cristiana. Para servir a dichas personas, el pastor hace el papel de maestro, aunque utilizará también la técnica de aconsejar.

El pastor puede sentirse halagado cuando las personas buscan su opinión sobre las decisiones importantes de su vida. Sin embargo, le conviene reconocer que no es experto en todas las materias y debe admitir con humildad su ignorancia en ciertos asuntos. En cambio, conviene indicarle a las personas dónde pueden encontrar la información que necesitan o cómo pueden hallar la dirección divina.

La mayoría de los evangélicos creen que Dios tiene un plan para la vida de cada persona. Pero, ¿cómo se puede saber su voluntad? El primer paso es entregarse completamente al Señor y desear hacer su voluntad (Romanos 12:1,2).

Entonces, es necesario reconocer que Dios guía por medio de varias cosas: hablando, por las Escrituras y los consejos de amigos espirituales dando impresiones mientras las personas oran, y abriendo puertas o cerrándolas según las circunstancias. También los talentos y deseos de la persona muchas veces son indicios muy importantes. Dios no nos llamaría a hacer algo sin darnos también la capacidad de realizarlo. El Señor produce en la persona los deseos de hacer su voluntad; tanto «el querer como el hacer, por su buena voluntad» (Filipenses 2:13).

El pastor sabio ayudará a la persona a reunir la información necesaria y a explorar las posibilidades. Por ejemplo, si un joven tiene interés en ser ingeniero, conviene indagar en cuanto a su aptitud en la materia, las posibilidades de prepararse en la universidad, y la demanda para tal profesión. El consejero debe tener mucho cuidado de no imponerle su opinión; al asesorado es a quien le toca encontrar la dirección divina.

En algunos casos, convendrá que el pastor indique que muchas veces Dios nos guía paso a paso. Hay casos, como el del apóstol Pablo, en que la persona recibe la dirección divina en un momento, pero la mayoría de nosotros recibimos la dirección del Señor como Abraham, el cual recibió el mandato de marcharse, pero «salió sin saber a dónde iba».

Las personas que vienen al pastor con problemas intelectuales, tales como dudas acerca de la Biblia o porque no entienden ciertas enseñanzas, deben ser aceptadas plenamente. El consejero animará a la persona a expresar sus problemas, dudas y desilusiones. Evitará ser dogmático. Por ejemplo, el pastor debe comprender la lucha que tiene el universitario que estudia la teoría de la evolución y comienza a dudar del relato bíblico de la creación. No conviene decirle: «Tiene que creer en Génesis 1 y 2, o si no, será un incrédulo». Sería mejor recomendarle leer un libro evangélico sobre la ciencia y la Biblia, o señalarle las distintas interpretaciones evangélicas acerca de los días de la creación. El hacer burla de la doctrina de la evolución será contraproducente. Por regla general, al universitario se lo convence solamente con datos y argumentos basados en hechos comprobados. Conviene que el pastor-consejero se ponga al día en su estudio sobre la apologética.

El asesor debe evitar también un ataque emocional contra doctrinas falsas o contra las falsas sectas, cuando una persona viene con problemas doctrinales; tal proceder puede ser contraproducente. Usará la Biblia de manera inteligente y tratará de ser positivo. Estará alerta para discernir si el problema que presenta el asesorado es su verdadero problema. Muchas personas emplean preguntas doctrinales para ocultar problemas más profundos.

A veces algunos jóvenes vienen con preguntas acerca del noviazgo y del matrimonio. Otros tienen problemas de tentaciones o de debilidades morales como la masturbación. Gary Collins sugiere la técnica para aconsejar en tales casos. El pastor debe animar al consultante a preguntar acerca del asunto. Si la persona tiene vergüenza, es importante hacerla sentirse cómoda, observando que muchos jóvenes tienen el mismo problema o haciendo otra observación con la cual se pueda identificar el joven. Hay ocasiones en que el consejero puede darle información o recomendarle que lea un libro acerca del problema. Debe proporcionarle la oportunidad de charlar acerca de la información. Entonces, animará al asesorado para poner en acción los consejos que ha recibido. Al ver que la persona ha aprendido y ha aprovechado la información y los consejos, el pastor debe expresarle su aprobación y elogios. Así lo animará a seguir tomando pasos constructivos.[4]

Otro aspecto de la técnica de aconsejar dando información es lo que se denomina «orientación preventiva». No tiene el propósito de ayudar a las personas que tienen problemas, sino el de ayudarlas para evitar que los tengan. Por ejemplo, el pastor se dirige a los jóvenes para hablarles sobre temas tales como el control de sus impulsos sexuales, los factores a considerar al elegir a su futuro cónyuge, o cómo conservar su fe sirviendo en las fuerzas armadas. Algunos pastores no casan a parejas a menos que hayan tenido algunas sesiones en las que el pastor les haya dado consejos sobre los factores para el éxito en el matrimonio. También se emplea esta técnica para preparar a personas que tienen que enfrentar crisis tales como una intervención quirúrgica que pueda ser grave.

Se puede aconsejar a las personas en grupo, o individualmente en privado. El consejero debe emplear tino; no debe presentarse como un «sabelotodo» ni dramatizar excesivamente los peligros potenciales. Dejará abierta la puerta para que las personas puedan formular preguntas y charlar acerca del tema. Estará bien informado de antemano acerca de la materia y presentará maneras de evitar posibles problemas. Conviene también emplear pasajes de las Escrituras apropiados, para que los consultantes basen sus enseñanzas sobre el fundamento sólido.

5. **Envío del consultante a un especialista**: En la lección 2 hemos notado brevemente los limites del pastor-consejero y la necesidad de aconsejar al consultante a que busque la ayuda de personas mejor adiestradas, especialmente en casos de neurosis y demencia. Se pueden añadir otros casos a la lista de los que deben ser dirigidos a

expertos profesionales: personas gravemente perturbadas, individuos profundamente deprimidos o a punto de suicidarse, aquellos que necesitan ser aconsejados durante un largo tiempo, enfermos que necesitan atención médica y personas a las cuales el pastor no es capaz de aconsejar.

Conviene que el pastor tenga los nombres y direcciones de siquiatras, médicos, abogados y otras personas claves, las cuales puedan asistir a los consultantes necesitados. Por supuesto, serán personas de confianza y preferiblemente creyentes. Luego, puede sugerir que los asesorados busquen la ayuda de ellos, cuando no es aconsejable que el pastor mismo los asesore.

¿Cuáles son los principios en cuanto a recomendarles a los consultantes otra persona u organización más capaz para atenderlos? En primer lugar, el consejero debe pensar siempre en el máximo bien del asesorado. En segundo lugar, conviene aconsejarlo de manera que la persona no se sienta rechazada por el pastor. El aconsejado ha venido con alguna confianza en el pastor, y puede desanimarse si piensa que su ministro no quiere o no puede ayudarlo. Tan pronto como el consejero vea que es necesario aconsejarlo a recurrir a otra persona, debe comenzar a prepararlo para este paso. Por ejemplo, puede decir: «Hermano García, tal vez el doctor Hugo Miranda lo pueda ayudar más que yo». También debe señalarle las razones por las cuales le conviene buscar ayuda en otro lado. Dialogarán acerca del asunto. El asesor debe respetar siempre las decisiones del consultante y no tratar de imponerle sus opiniones. Luego, el pastor averiguará los resultados de la ayuda prestada por la otra persona.

Collins señala tres peligros en esta técnica: (a) el aconsejado puede sentirse rechazado; (b) el pastor puede apresurarse demasiado a aconsejarlo que recurra a otra persona, no dándose cuenta de que él mismo lo puede ayudar; (c) el consejero a veces intenta aconsejar a personas cuyos problemas van más allá de su capacidad o adiestramiento para solucionar.[5]

6. **Consejería en grupo**: Los creyentes a través de los siglos se han reunido para realizar sus cultos, sus estudios y tener comunión. Comenzó la costumbre con los doce discípulos. En muchas partes del Nuevo Mundo se forman actualmente pequeños grupos, llamados células, para realizar actividades religiosas y sociales. Se redescubrió que hay posibilidades de crecer espiritualmente en grupos pequeños que estudian, oran, trabajan juntos y sobrellevan los unos las cargas de los otros. Algunos consejeros han empleado la idea de reunirse con un grupo pequeño con el propósito de aconsejar a varias personas a la vez. Han tenido, a veces, un éxito extraordinario en aconsejar a matrimonios con esta técnica. La organización «Alcohólicos Anónimos» también utiliza ese sistema con resultados alentadores.

El grupo terapéutico constará, por regla general, de seis a nueve personas como número ideal. Todos los integrantes tendrán problemas y objetivos comunes, tales como solucionar asuntos relacionados con la educación de sus hijos o la mejora de su vida matrimonial. No se reunirán para escuchar un mensaje del pastor, sino para promover una interacción libre acerca de sus problemas.

Todos podrán participar relatando sus experiencias, escuchando e interpretando. El espíritu de hermandad y aceptación entre los miembros proporciona a cada uno la oportunidad de ser lo que en realidad es y de expresar lo que verdaderamente siente. En la situación de aconsejar a un individuo, el pastor no es el único consejero; en el grupo terapéutico hay tantos consejeros como miembros. Cada persona, en momentos dados, puede llegar a asesorar a otra persona. Los miembros escuchan, aceptan, apoyan, aclaran, confrontan y aconsejan. Por regla general, los miembros dirigen sus comentarios el uno al otro y no al líder. Dependen el uno del otro para ser apoyados, interpretados y hasta suavemente censurados. El individuo, al escuchar los problemas de otros, se dará cuenta de que no es la única persona que tiene conflictos o ciertas debilidades. Estará más dispuesto a abrir su corazón. Verá su problema desde una nueva perspectiva: la de sus compañeros del grupo.

El pastor servirá como líder del grupo participando, observando y estimulando la conversación. Evitará que los participantes se desvíen del tema. Escuchará y aclarará conceptos «a fin de clarificar las ideas que bullen, a veces de forma nebulosa, en las mentes de sus interlocutores».[6] Interpretará de tanto en tanto, lo que transcurre en el intercambio de ideas o la expresión de sentimientos. También podrá impedir la expresión de emociones demasiado, personales que perjudicarían la relación de los miembros entre sí. Señalará a los miembros la manera de funcionar como consejeros. Sin embargo, no monopolizará la conversación, sino que dará lugar a los integrantes para la interacción libre.

Hay algunas pautas a seguir a fin de que el asesoramiento en grupo pueda ser de provecho. En primer lugar, los participantes deben hacer un pacto solemne de conservar en secreto todo lo que se trata en las reuniones. De otro modo, nadie tendría plena confianza para exponer los problemas de su vida. En segundo lugar, cada uno debe quitarse la máscara y no aparentar ser lo que no es o lo que no siente. Sin embargo, no deben abusar de su libertad denigrando a otros o relatando incidentes demasiado íntimos. El amor cristiano debe prevalecer. Ninguna persona debe monopolizar la conversación; cada integrante debe tener la oportunidad de expresarse. Sobre todo, los integrantes deben ayudarse mutuamente a llevar las cargas y a orar el uno por el otro.

Los expertos en esta técnica sugieren que el grupo se reúna cada semana en un lugar determinado. Las personas deben sentarse en un círculo para facilitar la interacción entre sí. La sesión durará más o menos una hora y media y conviene tener un momento social después, en el cual los integrantes pueden tomar café y charlar. No conviene que el grupo tenga más de doce miembros. Para obtener éxito en la técnica de aconsejar en grupos, es necesario que el líder sea adiestrado, que los participantes tengan cierta medida de inteligencia, entiendan bien la técnica y que la interacción no sea cohibida.

Otro método para aconsejar en grupo es dar una clase sobre un tema que presenta el consejero, y sobre el cual anima a los asistentes a formular preguntas y a conversar. Después de considerar el asunto en sus diferentes aspectos, el grupo puede participar libremente, hablando acerca de problemas y experiencias que se relacionen con el tema.

En esta lección hemos considerado algunas maneras de aconsejar. El pastor debe elegir la técnica más apropiada para el caso y el método que él ha dominado. Debe ser motivado siempre por el deseo de ministrar lo más eficazmente posible, teniendo en cuenta la necesidad de los aconsejados.

Notas

1. Hamilton, *op, cit.*, p. 52.
2. Collins, *Orientación sicológica eficaz., op. cit.*, pp. 51,56,57.
3. John W. Drakeford, *Integrity therapy*, 1967, p. 154.
4. Collins, *Orientación sicológica eflcaz, op. cit.*, p. 53.
5. *Ibtd.*, p. 55.
6. Jorge A. León, *Psicología pastoral de la iglesia*, 1978, p. 96.L

Capítulo 6

ALGUNOS ELEMENTOS EN EL
PROCESO DE ACONSEJAR

*A*yudar a otra persona a solucionar sus problemas sicológicos no es fácil. No se puede presentar una fórmula única para aconsejar que logre siempre los fines apetecidos; cada caso es diferente. Sin embargo, hay algunos principios o elementos que pueden ser de ayuda al consejero, si los adapta para comprender mejor el proceso de aconsejar.

1. **Recolección de antecedentes**: Una de las presuposiciones de la sicología es que no se puede separar una experiencia (o una parte) de la vida, de las otras áreas de ella. Por ejemplo, el problema de la inmoralidad se relaciona a veces con situaciones existentes en el hogar. En muchos casos, el consejero tiene que recoger datos y saber los hechos de la vida del aconsejado para encontrar las raíces de su problema, especialmente si usa la técnica directiva o el método ecléctico. Rollo May dice: «Como consejero, no me permito formarme una hipótesis acerca de una persona hasta que sepa su fondo; en efecto, no se puede hacer de otra manera, pues sería como resolver un problema matemático sin tener todas las cifras».

Consideremos el caso de Pablo, un obrero de una fábrica. Comenzó a beber excesivamente, hasta llegar ebrio a su trabajo. Sus compañeros de labor trataron de ocultar esta debilidad, pero un día el gerente de la fábrica descubrió su embriaguez. En vez de despedirlo, el gerente lo envió a su pastor para que lo aconsejara. En la conversación entre los dos, el pastor le preguntó: «¿Cuándo empezó usted a tomar?» Luego le preguntó: «¿Qué cosa importante pasó en aquel entonces?» Pablo le contó que había comenzado a beber después de la muerte de su madre. Con destreza, el pastor-consejero le preguntó acerca de los detalles de su vida juvenil. Pablo era hijo único, y durante su adolescencia, su padre falleció. Su madre le dio todo su cariño y dependía enteramente de él. Cuando Pablo se enamoró de una señorita, la madre se opuso a que contrajera matrimonio. Decía que si Pablo se casaba, la dejaría desamparada. En efecto, Pablo se casó y se separó de la casa de su madre. Ella siempre lo culpaba amargamente por abandonarla a su suerte. Al morir su madre, Pablo se abrumó con un sentido de culpa y recurrió a la botella para «ahogar» sus sentimientos. También trató inconscientemente de castigarse a sí mismo, provocando su despido por embriaguez. El pastor lo llevó al conocimiento de su problema y le señaló el perdón de Dios; Pablo experimentó la salvación. Así se solucionó el problema, pues el pastor recogió información significativa en cuanto a la vida de Pablo.

Jay Adams, el ya mencionado consejero que usa el método directivo, aconseja que en la primera parte de la entrevista el asesor indague datos sobre el panorama de la vida del aconsejado.[1] Puede formular preguntas tales como:

a) ¿Cuál es o era la posición del consultante en la familia de sus padres? (Si era el único o último hijo, tal vez fuera mimado; si era el hijo mayor, probablemente gozaba de cierta autoridad y tenía responsabilidades, en algunos casos, demasiadas responsabilidades; si era un hijo no querido, puede ser que tenga cicatrices emocionales.)

b) ¿Cuál es la situación de sus padres? ¿Están vivos? ¿Están separados? ¿Se llevan bien entre sí? ¿Dónde viven?

c) ¿Cuáles son los datos personales? ¿Cuántos años de estudios tiene? ¿Es casado? ¿Cuántos hijos tiene? ¿Se lleva bien con su cónyuge? ¿Cuál es su trabajo? ¿Cómo es su situación económica? ¿Cómo está de salud? ¿Cómo se lleva con otros? ¿Cómo es su vida espiritual? ¿Cuál es su relación con la iglesia? ¿Cuáles son sus pretensiones? ¿Cuáles son sus fuentes de satisfacción?

Después de aconsejar a una persona, muchos pastores-consejeros escriben los datos en tarjetas en un archivo y repasan bien los antecedentes antes de tener otra consulta. Asimismo, en los casos en que el problema no se aclare durante la entrevista, conviene a veces sugerirle al asesorado que escriba una lista de los problemas de su vida que no fueron considerados en el diálogo. Así tendrá la oportunidad de estudiar por sí mismo las áreas de dificultad y concentrarse en los aspectos claves.

A veces, algunas personas se preocupan acerca de asuntos que no son tan graves como piensan. El indagar su situación puede traer a la luz hechos que cambiarán el aspecto de su problema. Por ejemplo, un hombre estaba desesperado por sus deudas; al preguntársele cuánto debía, respondió: «No sé». El consejero le sugirió que hiciera una lista de sus deudas y las sumara. Resultó ser que la suma no era tan grande como se imaginaba. «¿Qué hace usted para pagar las deudas?», le preguntó el pastor. Admitió que había llegado a la conclusión de que enfrentaba un desastre inevitable, y esto antes de considerar todos los hechos. Era necesario recoger los datos para prestarle ayuda.

2. **Percepción del carácter del aconsejado**: El consejero perito puede percibir sin duda alguna el carácter o personalidad de las personas, observando su postura, sus gestos, el tono de su voz, su manera de vestirse y hasta los movimientos de su cuerpo que parecen ser casuales. La personalidad del individuo se expresa en todas sus actividades; por ejemplo, se puede saber mucho acerca del consultante notando cómo mira a otras personas, cómo habla y cómo da la mano.

Sin embargo, el consejero experimentado sabe que estas expresiones de carácter pueden significar algo un poco diferente en cada persona, y no llega a una conclusión prematura. Evita categorizar a las personas. Observa el conjunto de las facetas de la expresión para formular una hipótesis. La postura, el tono de voz, la posición en la familia, el problema que describe el consultante, sus relaciones con amigos y con el sexo opuesto, y su éxito o fracaso en su empleo, indican muchas cosas; pero ninguna característica en sí misma proporciona suficiente base para llegar a una conclusión.

Si el aconsejado viene al pastor con un paso firme y vigoroso, es indicio de que tiene fe y optimismo en que la entrevista saldrá bien. Pero si se acerca con paso irresoluto y vacilante, tal vez tenga reservas acerca de la consulta, o puede que sea tímido y esté deseoso de retirarse. Si se sienta en una silla a una buena distancia del consejero, indica que vacila y probablemente resistirá al pastor. Si se acerca mucho al asesor, indica quizás que teme que el consejero lo rechace, o que quiere ser amigo de él. Si se sienta rígido o a la orilla de la silla, significa que se siente nervioso y ansioso.

La manera en que la persona se viste indica también mucho acerca de su personalidad. La mujer que se viste y se pinta exageradamente, tal vez tenga mal concepto de sí misma y busca llamar la atención de los demás. Quizás no reciba suficiente atención social, haya sido mimada y exija excesiva atención. De todos modos, es síntoma de no haberse adaptado adecuadamente a las circunstancias o a otras personas. Si la persona parece seductora en sus modales, en su manera de vestirse y de sentarse, en sus miradas y en su conversación, es probable que se sienta insegura.

Por regla general, es fácil discernir correctamente los gestos, pero hay personas que llevan una máscara de serenidad y tranquilidad para ocultar su inquietud o sus temores. La persona que siempre sonríe puede expresar así un falso optimismo. En contraste, el rostro del neurótico, en general, expresa pesimismo, melancolía y falta de interés en otras personas. Sus ojos suelen expresar tensión y fatiga, su cutis es pálido y lerdos sus movimientos. Esto es porque le falta vitalidad y está enfermo a causa de sus conflictos emocionales.

El nerviosismo y la intranquilidad emocional se notan en la voz. Si el asesorado habla muy despacio y con exagerado control, es probable que existan tensiones sicológicas en su mente. Se pueden descubrir también represiones o inhibiciones observando hasta qué punto el consultante vacila o está confundido en su conversación. Si protesta en demasía, el consejero debe poner en tela de juicio lo que dice el aconsejado. Con seguridad, el mismo asesorado duda de lo que dice y trata de convencer tanto al pastor como a sí mismo de que es la verdad. Si da vueltas, es otro indicio de que no quiere presentar a las claras el asunto.

El consejero práctico notará cómo el asesorado reacciona a sus preguntas, pues la expresión de emociones es un indicio que comunica tanto como sus respuestas. Observará las señales de nerviosismo, y mortificación, tensión y evasión de asuntos en la conversación. Notará la mirada de hostilidad que dirige el adolescente a sus padres cuando empiezan a hablar acerca de sus amigos.

Cuando los aconsejados son esposos que vienen para recibir consejos acerca de cómo mejorar su relación matrimonial, el consejero perito notará tanto lo que dicen como la manera en que hablan. Por ejemplo, la señora puede aparentar que es una esposa dócil, pero si le responde a su marido: «Sí, querido», con una voz que expresa una dulzura falsa o sarcástica, es probable que esté resentida y se sienta rebelde. Lo llama «querido», un término de cariño, pero su tono de voz manifiesta su amargura.

Otro rasgo que debe notarse es que a veces el consultante olvida los nombres de personas bien conocidas o detalles de su experiencia, de los cuales debería acordarse fácilmente. Es posible que haya sufrido pena o vergüenza en relación con ellas, y lo hayan deprimido en el inconsciente (ver la sección sobre el inconsciente en la lección 3). También debe notarse un *lapsus linguae* (error escapado de la lengua), que hace que involuntariamente diga lo que en verdad siente, en vez de decir lo que se espera de él o lo que las circunstancias exigen. Sin embargo, el consejero no debe llegar a conclusiones prematuras. El desliz de una palabra debe ser interpretado a la luz de todos los otros factores.

El consejero debe estar alerta para percibir todos los indicios del carácter y los rastros del problema, pero no conviene confrontar directamente al consultante con lo que observe. Los notará calladamente y explorará más en las áreas en que estos aparecen.

Luego puede llegar a una conclusión según lo que indican todos los datos y ayudar a la persona a ver su problema.

3. **Comprensión de las personas que tienen fuerte tensión nerviosa**: Las personas que vienen con los nervios en tensión, reaccionan de una manera diferente a las personas que se hallan en condiciones normales. Charles F. Kemp describe las características de dichas personas, las cuales deben ser comprendidas por el consejero.[2]

La tensión es algo que varía según la persona. Puede ser que lo que produce tensión en una persona no afecte a otra. También la tensión fuerte trae a la luz las virtudes de alguna personas y lo malo de otras. Hay personas que reaccionan a la tensión con valor y esfuerzo para solucionar su problema; otras reaccionan ante la misma situación con terror o se retraen. Algunas llegan a ser egocéntricas cuando encaran el dolor continuo, pues su problema o padecimiento tiende a llamar su atención sobre sí mismas. No les interesan las otras personas porque se preocupan de sí mismas en ese momento. Un extrovertido (persona que tiene más interés en otros que en sí misma) puede convertirse en introvertido (persona introspectiva que dirige su atención a sí misma). Algunos tienden a regresar a reacciones de niños, tales como depender excesivamente de otras personas, llorar, poner mal gesto o callarse y no comunicarse con nadie. Sin embargo, al ser liberados de la tensión, vuelven a la normalidad.

Muchas personas que sufren tensiones intensas tienden a atribuir poderes casi sobrenaturales a los consejeros y otras figuras de autoridad. Vienen al consejero con la expectativa de que pueda solucionar dramáticamente sus problemas o con el terror de que una figura de autoridad pueda destruirlos. Escuchan con gran intensidad lo que dice una persona de autoridad y a veces recuerdan y tergiversan cosas dichas casualmente por ella, como si proporcionaran gran esperanza o desesperación. Por lo tanto, conviene a veces pedir que la persona repita lo que ha dicho el consejero y así aclarar posibles errores. En muchos casos, las personas que tienen tensión aguda no son capaces de ver claramente la realidad. Piensan que tienen que actuar con urgencia y casi se desesperan. Por regla general, su situación no exige tanto apuro, pues probablemente tienen mucho más tiempo del que creen para solucionar su problema. A veces reaccionan demasiado rápido, o por el contrario, son lentas para reaccionar. No ven con claridad su dificultad. Les cuesta concentrarse mentalmente. Por ejemplo, le es difícil al alumno estudiar y al obrero prestar atención a su trabajo, si sufren tensión intensa. También puede ser que tengan la misma dificultad en cuanto a su fe religiosa. Asisten a la iglesia pero no reciben ayuda, pues no pueden enfocar sus pensamientos en las cosas espirituales y les cuesta trabajo orar.

Sin embargo, algunos se vuelven a Dios con grandes expectativas. La fe profunda en Dios puede aliviar mucho la tensión nerviosa. Es innumerable la gente que testifica con el salmista: «Este pobre clamó, y le oyó Jehová, y lo libró de todas sus angustias». Otros que no tienen gran fe o tienen que esperar la respuesta, han experimentado que «la esperanza que se demora es tormento del corazón». Necesitan el apoyo del pastor.

A muchas personas que sufren tensión intensa les cuesta llevarse bien con los demás; se imaginan que sus compañeros no los entienden; se vuelven intolerantes. Si procuran esconder su tensión y parecer normales, esta aumenta.

Hay dos maneras diferentes de considerar la tensión: a) Como un medio de desarrollo y por lo tanto algo beneficioso; b) como una emoción destructiva que conduce solamente a la frustración. Mucho depende de que haya una solución factible o no del problema que produce la tensión. Y mucho depende de la actitud de la persona.

4. **Encuentro de problemas que pueden perjudicar el proceso de aconsejar**: A menudo los consejeros encuentran en la consulta problemas que estorban el proceso de asesorar o el progreso hacia metas apetecidas. Algunos de los problemas parecen una paradoja, como el caso en que el aconsejado vino para recibir ayuda pero no cooperó con el pastor; otros son de una naturaleza involuntaria. Consideremos algunos de los estorbos más comunes.

a) **Rodeos y resistencia**. Pocas personas, ya sean de la congregación o extrañas, que vienen al pastor, presentan al principio con franqueza y claridad el verdadero propósito de su visita. Por regla general, comienzan el diálogo orientador hablando acerca de cosas que nada tienen que ver con su problema. ¿Por qué no presentan directamente el asunto que las molesta? Se sienten incómodas a veces y no saben cómo iniciar la conversación acerca de su problema. Conversan acerca de cosas de las que es fácil hablar.

Otras personas vacilan en divulgar su problema pues se sienten inseguras; temen ser censuradas, temen que el consejero no las comprenda o que viole su confianza. Sondean la actitud del pastor antes de traer a la luz las cosas íntimas. A muchas personas les cuesta hablar acerca de su problema porque tienen vergüenza. No les es fácil exponer sus errores, debilidades, pecados o asuntos penosos.

Un consejero relata que una pareja que tenía problemas matrimoniales se reunió con su pastor para hablar acerca de la falta de armonía en su hogar. Le contaron algunos asuntos de poca importancia y él los aconsejó sobre cómo superarlos. Se despidieron de él sin tocar el problema verdadero. El pastor pensaba que había solucionado fácilmente su problema, y ellos tenían vergüenza de regresar a la oficina de la iglesia. En cambio, el consejero experimentado se da cuenta intuitivamente muchas veces cuando las personas no llegan a su problema, y las ayuda a expresarlo.

Algunos consultantes no saben exactamente cuál es su problema. A veces las personas que sufren tensiones agudas se ven confusas y sus pensamientos están desordenados. Saben cuáles son los síntomas, tales como el resentimiento hacia su marido o su falta de armonía con otros, pero no saben cuál es la causa.

Un universitario habló con su pastor acerca de la inmoralidad de sus condiscípulos, y de la permisividad de los profesores y autoridades de la universidad. Le dijo que le molestaba su ambiente y pensaba retirarse de sus estudios. El consejero experimentado intuía que el asesorado no estaba tan molesto como había dicho. Empezó a hacerle preguntas y a confrontarle con tino con las contradicciones de su relato. Finalmente, el universitario confesó que su verdadero motivo para retirarse de la universidad era que su novia esperaba familia, y él tenía que casarse con ella y encontrar empleo para sostenerla.

Jorge, un joven de veintiséis años, buscó la ayuda de su pastor tocante a un rompimiento con sus padres. Deseaba intensamente reconciliarse con ellos, pero hizo rodeos en cuanto a la causa de la ruptura. El consejero sospechaba que Jorge mentía, y poco a poco recogió evidencia de que su verdadero problema era moral. Sin embargo, Jorge se resistió a revelar los hechos. Al final, el pastor le dijo: «Es necesario que me diga con franqueza la verdad si quiere que yo lo ayude». Entonces Jorge admitió que era homosexual y que esa había sido la causa del desagrado de sus padres.

El consejero experimentado es sensible a los sentimientos del aconsejado. Sabe que tiene que escuchar pacientemente y no juzgar. Se pregunta a sí mismo: «¿Es este su verdadero problema?» Hay casos en los que no apurará al consultante ni lo interrogará. Más bien lo sondeará con cautela. No se ofenderá si el aconsejado repite cada vez más: «Esto es confidencial». Sabe que tiene que ganarse su confianza. Evitará contar la historia de otros casos similares, pues eso indicaría que traiciona la confianza de sus consultantes. Acompañará al aconsejado en el proceso de llegar al problema. Extenderá la mano, figurativamente hablando, para ayudarlo a pasar de etapa en etapa. Respetará siempre el derecho del asesorado. Observará no solo *lo que* dice, sino también cómo lo dice. Los gestos de su cara, su nerviosismo, las emociones, son indicios tan importantes como las palabras. Escuchará el mensaje que hay tras las palabras.

Los consejeros encuentran a menudo resistencia por parte del aconsejado. Parece que se opone y no quiere colaborar en el proceso. El pastor debe preguntarle: «¿He formulado demasiadas preguntas? ¿Lo he juzgado o lo he censurado? ¿Trato de imponerle mis ideas? ¿Le he aceptado tal como es? ¿Lo he comprendido bien? ¿He procurado defenderme?»

Conviene no molestarse cuando el consultante se resiste. El consejero debe tener paciencia, ser tolerante y mantener su serenidad. Esperará humildemente, no hablará demasiado y de ninguna manera discutirá. En casos de obstinada resistencia, el consejero puede preguntarle si se da cuenta de que se resiste. Tal vez convenga preguntarle si está dispuesto a aceptar la responsabilidad de su resistencia, o pedirle que procure dominarla. En casos de hostilidad, cuando se enoja el asesorado con el pastor y sigue teniendo esta actitud, no vale la pena tratar de apelar a su raciocinio, sino que debe seguir respetándolo y actuando con paciencia. Puede decir: «Comprendo cómo se siente».

La resistencia por parte del aconsejado muchas veces es indicio de su necesidad o del problema de su carácter. Si el asesorado evalúa su propia actitud y la interpreta bien, puede ser un medio de superar su debilidad. Naturalmente, el consejero siempre procederá con tino, aceptando al consultante tal como es.

b) **Silencio**. Muchas veces el silencio o las prolongadas pausas en la conversación son motivo de tensión y desconcierto tanto para el aconsejado como para el pastor. ¿Por qué deja de hablar el aconsejado? Kemp señala algunas razones:

> Puede ser que el consultante tenga vergüenza de seguir relatando su historia o se resista a la necesidad de contar los detalles. Tal vez está abrumado por sus emociones y tenga miedo de perder el control de su voz. Posiblemente trata de decidir lo que le convenga relatar. Quizás espera que hable el consejero o puede ser que trate de cobrar ánimo para hablar acerca de otro asunto. Tal vez medite sobre lo que ya ha dicho. Hay casos en que el asesorado no sabe lo que debe hacer o está tan desanimado que piensa que no vale la pena hablar más. Puede ser que esté cansado por la tensión emocional y quiera descansar un poco. A veces deja de hablar por una combinación de los factores ya mencionados.[3]

¿Qué debe hacer el consejero cuando el asesorado calla? En primer lugar, debe recordar que el lapso que dura el silencio es mucho menos de lo que le parece. Un minuto de silencio parece un espacio muy largo y puede ser motivo de mucha tensión. Conviene, por regla general, esperar en silencio para permitir que el consultante piense. Un sicólogo evangélico, Clyde M. Narramore, observa:

> Una parte vital en el aconsejar es la pausa, los momentos de silencio cuando tanto el consejero como el aconsejado quedan callados. Las pausas no solo son de valor, sino también dan buen resultado. Desgraciadamente, algunas personas ... sienten que se debe llenar de palabras cada momento. Miden su aptitud por la cantidad de palabras que dicen. Pero esta es una característica de un consejero torpe o aficionado.[4]

La pausa le proporciona al asesorado la oportunidad de pensar y reflexionar sobre su problema, de llegar a la autopercepción. Por regla general, las percepciones que obtiene el aconsejado en tales momentos surten efecto duradero, pues él mismo las ha descubierto y se esforzará más para aplicarlas. Es imprescindible que el consejero lleve al consultante al punto en que pueda hablar y reflexionar sobre sus emociones y sobre la relación que hay entre los aspectos de su problema.

Si la pausa se prolonga demasiado, el pastor puede preguntar suavemente: «¿Por qué se queda callado?», o puede preguntarle algo acerca del tema.

c) **Reveses, y el deseo de cortar la ayuda prematuramente**. No es de extrañarse si experimenta uno o más reveses en el proceso de aconsejar. Esto puede resultar de influencias ajenas o del proceso mismo. El aconsejado a veces se siente tan aliviado al expresar sus emociones y al traer a la luz su problema, que piensa que todo está solucionado. Cuando vuelve al problema, se siente desanimado y desilusionado. Y siente vergüenza de volver al asesor si este le ha dicho que su problema ya fue solucionado.

¿Qué debe hacer el pastor cuando es obvio que el consultante corta la ayuda prematuramente? Tiene que respetar su derecho a tomar decisiones, pero conviene decirle que la puerta esta abierta para que regrese si no está resuelto el problema. No debe insistir en que el aconsejado continúe recibiendo ayuda. Si lo hace, producirá resentimiento por parte del aconsejado. Además, si el consejero obliga a la persona a proseguir, es probable que pierda confianza en él, o le eche la culpa si la solución propuesta no da resultado.[5] Tal vez conviene que el consejero sugiera que el aconsejado vuelva una vez más para evaluar el efecto de dicha solución.

Cuando se presentan los reveses, el pastor debe apoyar al asesorado y animarlo a seguir procurando la solución del problema. Pocos problemas se resuelven de la noche a la mañana. Además, aun una leve mejora es progreso y proporciona ánimo para seguir en la lucha.

5. **Factores a considerar para tomar una decisión**: ¿Cómo llegamos a una decisión? ¿Cuáles son los integrantes que forman una determinación? Muchos factores influyen en este acto: el intelecto, las emociones, el espíritu, los instintos; todos tratan de persuadir a la voluntad de que la decisión sea favorable a sus propios intereses. Con frecuencia, el conflicto de los interesados es tan fuerte e indeciso que la persona posterga la toma de una decisión.

En asuntos morales y sociales, las convicciones religiosas, los tabúes, la norma de la sociedad y el concepto que la persona tiene de sí misma desempeñan un papel importante en la decisión. Sin embargo, muchas veces, los urgentes deseos momentáneos claman con voz tan fuerte, que la voluntad no escucha las voces que aconsejan moderación. Esaú ilustra este caso cuando su apetito venció a su sentido común y vendió su primogenitura por un plato de lentejas. Hay personas que son llevadas por sus antojos: compran un auto solo porque les gusta la línea, o un caballo por su color; se identifican con un grupo porque se sienten presionadas a conformarse a los gustos de sus compañeros. Los miembros de un comité se miran los unos con los otros para determinar cuál es el consenso de opinión, y luego votan de acuerdo con la mayoría; así evitan ser considerados singulares. El temor influye mucho en las decisiones. Las personas deciden muchas veces no por convicción, sino para evitar consecuencias desagradables, tales como la desaprobación o el desprecio de otros. Hacen callar la voz de su conciencia para no sufrir, como en el caso de Pilato, quien condenó a Jesús a pesar de saber que era inocente.

Los expertos que preparan la propaganda para la venta de productos comerciales, apelan a los deseos de la gente. «Compre este producto, porque todo el mundo lo usa». «Fume Humo Blanco porque es el cigarrillo de los hombres varoniles». «Lávate con jabón Clara y mantendrás tu belleza». Apelan a los deseos de ser héroes, hermosos y exitosos, a fin de que se vendan sus productos. Al igual que los publicistas, los deseos inconscientes abogan para obtener sus fines cuando uno toma una decisión, y muchas veces ganan en la lucha contra los argumentos racionales.

Cuando uno toma una decisión, debe preguntarse: ¿Cuáles son mis motivos? ¿Qué me dice la conciencia? ¿Es correcto según la norma cristiana? ¿Cuáles son los beneficios a largo plazo? ¿Cuáles son las consecuencias negativas? ¿Qué efecto producirá en otros? ¿En mi familia? ¿En mi grupo? ¿En mi iglesia? ¿Podré llevar a cabo mi decisión? Estas y otras peguntas pueden ayudarnos a tomar las decisiones inteligentemente.

Al pastor, como consejero, le toca a veces señalarles a los consultantes los factores que entran en juego al tomar una decisión.

6. **Uso de los recursos espirituales**: El pastor-consejero tiene la gran ventaja de tener la ayuda del Paracleto («uno llamado al lado de otro para ayudarle»). Si la iglesia primitiva consideraba que era indispensable ser lleno del Espíritu para administrar los bienes a los pobres (Hechos 6:3), cuánto más es necesario que los consejeros sean llenos de la misma Persona. Hamilton observa: «Un ministro sin el Espíritu es como un guante sin mano: tiene la forma, pero no la substancia».[6]

El pastor tiene la confianza de que es Dios quien obra a través del proceso de aconsejar. Al igual que Dios sana al enfermo cuando el médico trata la herida, así el poder sanador del Espíritu interviene a favor del consultante mientras este procure comprender y resolver su problema, limpiarse de su culpa o llegar a ser una persona mejor. El mismo Espíritu puede dirigir tanto al pastor como al asesorado y darles la sabiduría y la fuerza que necesitan. No hace falta que el consejero tenga todas las respuestas. El Espíritu Santo es su gran ayudador y fuente de gracia.

Una de las herramientas más poderosas en las manos del consejero es la Biblia. La Palabra de Dios contiene la descripción de los conflictos humanos y los medios para resolverlos. Pero no todas las partes de la Biblia tienen el mismo valor para ayudar a las personas que están en dificultad. Por ejemplo, el aconsejado afligido no recibirá gran beneficio leyendo los salmos imprecatorios, ni algunas porciones de la historia de

Israel. En cambio, hay selecciones bíblicas que vienen bien al caso específico del creyente. Conviene citar un versículo apropiado, relacionado al problema tratado durante el diálogo, o leer una porción que arroje luz sobre la situación del aconsejado. Por ejemplo, hay selecciones bíblicas que ponen el dedo en la llaga en cuanto a problemas matrimoniales o relaciones interpersonales. También algunos pastores han recetado la lectura de ciertas porciones que se llaman «prescripciones espirituales». ¿Quién de nosotros no se ha levantado de la cama cuando no podía dormir y ha leído un salmo que le ha tranquilizado el espíritu?

Sin embargo, conviene ser prudentes en el uso de la Biblia. Collins nos advierte que dos de las más grandes debilidades de los pastores-consejeros son o el uso excesivo o el uso escaso de los recursos espirituales. Algunos creyentes opinan que basta leer la Biblia y orar para aconsejar exitosamente. A veces es todo lo que se necesita hacer, pero es probable que en la mayoría de los casos tal método no surta efecto y el consultante quede frustrado. En cambio, hay otros consejeros pastorales que tienden a no orar y a no usar las escrituras, sino que emplean solo técnicas sicológicas.[7]

No siempre es recomendable leer la Biblia y orar durante una entrevista. Si la persona es inconversa, puede llegar a pensar que el interés del consejero es meramente para convertirla y que no está interesado en ayudarla. Claro que el amor por las almas nos lleva a procurar su salvación, pero puede ser que la persona no esté preparada todavía y hasta esté indiferente espiritualmente. El pastor-consejero experimentado sabe cuándo las condiciones son propicias para emplear la Biblia y orar. La personalidad del asesor influye mucho. Si es un hombre de fe, irradiará confianza e infundirá fe en el poder de Dios para ayudar al aconsejado. Al terminar la entrevista, conviene, por regla general, orar con la persona si esta está abierta a las cosas espirituales. También debe finalizar el diálogo con una nota de optimismo y confianza en el Dios Omnipotente.

Notas

1. Jay Adams, *The Christian counselor's manual*, 1973, pp. 255-266.
2. Charles F. Kemp, *A pastoral counseling guidebook, op. cit.*, pp. 45,46.
3. *Ibíd*, p. 82.
4. Clyde M. Narramore, *The psychology of counseling*, 1971, p. 58.
5. Clinton W. McLenmore, *Clergyman's psychological handbook*, 1974, p. 86.
6. Hamilton, *op. cit.*, p. 43.
7. Collins, *Orientación sicológica eficaz, op. cit.*, p. 30.

Capítulo 7

MATRIMONIO; SEXO Y NOVIAZGO

*S*egún una encuesta llevada a cabo hace algunos años, aproximadamente el cincuenta por ciento de los casos en que las personas recurrían a un consejero, se trataba de problemas matrimoniales. Esta generación se caracteriza por el decaimiento del matrimonio y del hogar. No hay más que ver las encuestas de las separaciones matrimoniales, y las que existen, de hecho, sin necesidad de proceso legal de separación. No tiene mayor importancia que ahora se casen a una edad más temprana que antaño, si la vida matrimonial de los mismos se apaga y termina en los primeros años. Ahora más que antes, el período matrimonial se extingue en proporciones geométricas. Lamentablemente, se nota que esta tendencia no se limita a los matrimonios de los inconversos; también ha invadido a la iglesia. Es imprescindible que el pastor-consejero tenga un claro concepto del matrimonio cristiano y sepa los métodos, tanto de evitar como de solucionar los problemas matrimoniales.

1. **El concepto cristiano del matrimonio**: «El que los hizo al principio, varón y hembra los hizo» (Mateo 19:4). El matrimonio es la primera institución constituida por Dios. En el relato de la creación en Génesis 1 y 2, se encuentra el estribillo: «Y vio Dios que era bueno». Sin embargo, cuando el lector llega a 2:18, halla la primera cosa que no era buena: la soledad del hombre: «No es bueno que el hombre esté solo». Por eso, Jehová creó a la mujer e instituyó el matrimonio. Luego Adán y Eva tuvieron familia. Comenzando con la primera pareja, la Biblia entera hace hincapié en la importancia del matrimonio y la familia. Describe los detalles de las familias de los grandes líderes, tales como Abraham, Isaac, Jacob, Moisés, Samuel y David. Aunque Jesús nunca se casó, aprobó el matrimonio con su presencia en las bodas de Caná y enseñó acerca de la relación matrimonial.

En Génesis 2 se encuentra en esencia la enseñanza más avanzada sobre esta relación. El propósito primordial del matrimonio es proporcionar compañía y ayuda mutua: «No es bueno que el hombre esté solo; le haré ayuda idónea para él». La palabra hebrea que se traduce «idónea» sugiere en primer lugar «la similitud» o «correspondencia» y luego «adecuada». Sería una persona que podría tomar parte en la vida del varón, responder a su naturaleza con entendimiento y amor, y cooperar con él para realizar el plan divino. Dios le proporcionó una compañera que satisfacía los anhelos no realizados del hombre. Creado para tener comunión y compañía, el hombre solo tendría una vida plena cuando pudiera compartir, confiar y amar en el círculo íntimo de la familia.[1]

Según el plan divino, el matrimonio ha de tener ciertas características. Debe ser monógamo, pues Dios creó a una sola mujer para el varón. (Después permitió la poligamia, pero nunca la aprobó porque es incompatible con el ideal de Génesis 2:24: «Serán una sola carne».) Debe ser exclusivista, pues «dejará el hombre a su padre y a su madre». Debe ser una unión estrecha e íntima: «Se unirá a su mujer, y serán una sola carne». Así, implica que la unión es tanto física como espiritual. Los cónyuges deben estar unidos por amor mutuo, intereses comunes y un propósito común. La unión debe ser permanente, indisoluble. Jesús dijo: «Lo que Dios juntó, no lo separe el hombre» (Mateo 19:6). Cualquier rompimiento de la unión matrimonial, con la excepción de la muerte, viola el plan divino. Dios instituyó la familia para proporcionar un ambiente ideal, en el cual los hijos puedan ser criados cabalmente en todo aspecto: físico, social y espiritual. Se enseña también la igualdad y la dependencia mutua entre los sexos: «Ni el varón es sin la mujer, ni la mujer sin el varón» (1 Corintios 11:11). Así que el uno sin el otro es incompleto.[2]

Para tener armonía y paz en la familia, Dios ha mandado que la esposa haga dos cosas: sujetarse a su marido y respetarlo. El apóstol Pablo aconseja: «Las casadas estén sujetas a sus propios maridos, como al Señor» (Efesios 5:22). Esto no significa que la mujer es inferior al hombre, pues Pablo también enseña respecto a la libertad e igualdad cristianas, e insiste en que las distinciones entre judío y griego, esclavo y libre, hombre y mujer, terminan en Cristo, y que todos son uno en privilegios y oportunidades espirituales, así como en la posición que ocupan frente a Dios. Sin embargo, reconoce una diferencia en cuanto se refiere a las funciones y a la responsabilidad. Dios nombró al varón como cabeza de la familia. A la mujer le toca someterse a su esposo porque así se sujeta a Dios. La subordinación de la esposa no debe ser motivada por obligación y temor, sino por su propia voluntad y amor.

En segundo lugar, la mujer debe respetar a su marido (Efesios 5:33). James Hamilton explica que la palabra «respetar» quiere decir reconocer el valor y la autoridad del esposo. Una de las necesidades sicológicas más profundas de un hombre es ser estimado por su esposa. La imagen que la esposa tiene de su marido es la que el hombre tendrá de sí mismo. El respeto que recibe el varón fuera de su casa no es sustituto del respeto que debe gozar en su hogar. Por esto Dios manda que la mujer respete a su marido.[3]

En cambio, los maridos tienen gran responsabilidad matrimonial: «Amad a vuestras mujeres, así como Cristo amó a la iglesia, y se entregó a sí mismo por ella ... así también los maridos deben amar a sus mujeres como a sus mismos cuerpos (Efesios 5:25,28). Aunque el marido es la cabeza de la familia, debe hacer todo con amor; no tiene autoridad arbitraria ni dictatorial para gobernar a su esposa con una vara de hierro. No debe imponer su voluntad egoístamente para satisfacer sus propios deseos. Debe ser motivado por un amor desinteresado y un anhelo por el máximo bien de su esposa. Debe considerar los deseos de ella y el bien de ambos. El bien de la mujer es el bien de su marido, pues son una sola carne.

«Amad a vuestras mujeres, como Cristo amó a la iglesia...» ¿Cómo amó Jesús a la iglesia? No era porque los seres humanos son muy responsables, buenos y obedientes. En efecto, no nos amó porque hubiera algo amable en nosotros; nos amó porque él es amor. Así debe ser el amor del marido. Debe amar a su esposa a pesar de sus imperfecciones y debilidades.

Asimismo, Cristo amó a la iglesia sacrificialmente: «Se entregó a si mismo por ella». Estuvo dispuesto a ceder sus derechos y dar lo que le era mas precioso: su vida misma, por la iglesia. Al igual que Cristo, el marido debe entregarse a sí mismo por su esposa.

Puede ser que tenga que sacrificar algunos amigos, su tiempo, sus placeres, sus ambiciones y a sí mismo. Nada debe tener prioridad sobre la responsabilidad de suplir las necesidades de su mujer. Y no hay sustituto para la entrega de sí mismo. Muchas mujeres infelices confiesan que sus esposos están dispuestos a darles todo, salvo a sí mismos. Las cosas materiales no pueden sustituir el amor del marido.[4]

¿Cómo puede tener el marido ese amor para con su esposa? El amor humano no basta; se necesita el amor divino. En la medida en que el esposo se sujeta a Cristo, se hace digno de ser cabeza de la esposa. Entonces, la gracia divina podrá saturar su vida y capacitarlo para amarla como a sí mismo.

Muchas personas ponen en tela de juicio el concepto cristiano del matrimonio y el papel de la mujer en el hogar. Dicen que es anticuado y abogan por los derechos femeninos. Sin embargo, tal actitud ha producido una cosecha de infelicidad y de problemas matrimoniales. Al despojar al padre de su autoridad, hay un aumento notable de la delincuencia juvenil, la rebelión y los divorcios. Es el plan de Dios que el hombre sea la cabeza de la familia. Si no acepta su responsabilidad y permite que su mujer domine, pronto sus hijos lo sabrán y no lo respetarán, y aun su señora no lo respetará tampoco. El resultado es funesto para todos.

2. **El concepto cristiano del sexo**: Se encuentran tres ideas referentes al sexo: a) Es el tema de chistes verdes, un fin en sí mismo, un placer para ser explotado dentro o fuera del matrimonio. En el último caso, las personas involucradas tienen supuestamente el derecho de evitar la responsabilidad de sus actos. b) Es algo sucio pero permisible en el matrimonio para perpetuar la raza humana. c) Es una parte del plan divino, algo bueno y sagrado, reservado para la relación matrimonial. Este último concepto es el cristiano.

Dios mismo creó el sexo, haciendo a los seres humanos varón y mujer. Estableció el matrimonio presentando a Eva a Adán y mandándoles que fructificaran y llenaran la tierra. Hizo todo esto antes de que la primera pareja cayera. El sexo, incluso toda la atracción que existe entre el varón y la mujer, tiene el noble propósito de unir a dos personas de sexos opuestos para formar una pareja, y así, un hogar. Es el cemento que liga el uno al otro para ser «una sola carne»; luego, es el medio para traer vida humana al mundo. Por lo tanto, cualquier otro uso del sexo es extraviarse de su propósito, y pecar contra Dios y contra la familia. Tim LaHaye, consejero y escritor evangélico, lo llama acertadamente «el acto del matrimonio». Es un don divino que recompensa a las dos personas por hacer el sacrificio de adaptarse la una a la otra, y por negarse a sí mismas a fin de ministrar una a la necesidad de la otra.

Para los animales, el emparejamiento temporal es algo meramente biológico, como expresión de su instinto reproductor; es algo tan mecánico como ingerir alimento o eliminar derechos. Pero el hombre es mucho más que animal; es también espiritual, y su naturaleza es compleja. Cuando una persona se relaciona con Dios, hasta las funciones biológicas más fundamentales reciben nuevo significado y valor. Por ejemplo, el comer puede tener significado social (Apocalipsis 3:20) y la función del sexo tiene significado sicológico, social y espiritual. La Biblia considera que el sexo es una función de la personalidad con el fin de cumplir un propósito espiritual. Llega a ser una expresión simbólica de otros valores además de la función biológica. Expresa que dos personas desean compartir completamente su vida, la una con la otra, en una unión perdurable. Es un símbolo de que se es «una sola carne» en todo aspecto. Es el acto más íntimo posible entre dos personas, un acto en que la una se entrega a la otra y así expresa su amor y confianza.

Fuera del contexto del amor mutuo y del compromiso matrimonial, el sexo pierde su valor. Hamilton comenta que uno de los males del sexo ilícito es que se disfraza de intimidad, cuando en realidad está lejos de serlo. Se piensa que tal intimidad física es la intimidad emocional. Por lo tanto, esos encuentros sexuales quedan vacíos; se usa el más dramático medio físico para simbolizar una relación que no existe. Aun en el matrimonio, cuando la intimidad emocional no existe, la expresión física no solamente está hueca, sino que también carece de autenticidad. Una señora lo expresó así: «Nuestros problemas me hacen sentir como una prostituta; doy sexo sin amar».[5]

La Biblia enseña claramente: «Honroso sea en todos el matrimonio, y el lecho sin mancilla» (Hebreos 13:4). No se encuentra en las Sagradas Escrituras la idea de que el único uso legítimo y satisfactorio de la facultad sexual sea con miras a procrear hijos. El apóstol Pablo dice: «El marido cumpla con la mujer el deber conyugal, y asimismo la mujer con el marido. La mujer no tiene potestad sobre su propio cuerpo, sino el marido; ni tampoco tiene el marido potestad sobre su propio cuerpo, sino la mujer. No os neguéis el uno al otro, a no ser por algún tiempo de mutuo consentimiento, para ocuparos sosegadamente en la oración; y volved a juntaros en uno, para que no os tiente Satanás a causa de vuestra incontinencia» (1 Corintios 7:3-5). Los esposos y esposas deben cumplir con sus mutuas obligaciones, y si dejan de practicarlas por algún tiempo, no deben considerarlo como algo meritorio; deben hacerlo de mutuo consentimiento y por alguna razón práctica, tal como un período de oración especial. La mujer que se niega a su marido no solamente lo defrauda, sino también lo expone a la tentación de buscar satisfacción con otra mujer. Además, el continuo rechazo sexual de parte de la esposa es algo que hiere profundamente el ego masculino. El marido se siente indigno e inferior. En muchos casos se produce un fuerte resentimiento contra su cónyuge. La mujer sabia, que realmente ama a su marido, cooperará entregándose a él con cariño y gozo.

La Biblia presenta un concepto claro de la relación matrimonial. Le toca al consejero aplicar las verdades generales de la Palabra divina a las situaciones que se presentan en la vida de sus feligreses.

3. **Consejería a los adolescentes respecto a relaciones heterosexuales, romance y matrimonio**: Al principio de la adolescencia, las relaciones amistosas son mayormente con personas del mismo sexo. Más adelante se desarrolla el interés en el sexo opuesto. No es prudente que a una temprana edad las parejas salgan solas. Sus instintos sexuales están comenzando a cobrar fuerza, y cuando los jóvenes se encuentran solos, a veces se besan y se acarician el uno al otro excesivamente. La influencia de la televisión, las revistas y la propaganda que presentan el libertinaje sexual como algo deseable, también los lleva a ideas muy torcidas sobre cómo comportarse. Los dos solos pueden llegar a una situación en que no sean capaces de controlar sus pasiones. Tal comportamiento conduce a menudo a embarazos y casamientos durante su tierna juventud, de los cuales alrededor de la mitad terminan en separaciones.[6]

A los padres les atañe instruir a sus hijos y encaminarlos bien para que no caigan en tentación. Los adolescentes necesitan orientación referente a tratar con miembros del sexo opuesto y a actuar en situaciones sociales. Sin embargo, hay padres que no cumplen con su responsabilidad; a veces los jóvenes tienen vergüenza de preguntarles acerca de tales cosas, o si lo hacen, los padres, desconcertados, se retiran a menudo a la seguridad de dar respuestas cómodas, y dejan a los jóvenes en la ignorancia. Los padres deben prepararse para ayudar a sus hijos. Si carecen de información, deben obtenerla leyendo libros cristianos sobre el tema o hablando con personas que sepan de la materia.

Lo ideal es que el niño aprenda acerca de la reproducción hablando con sus padres. Sus preguntas y dudas referentes al sexo deben ser respondidas con sinceridad y naturalidad. El niño tiene que sentirse apoyado moralmente por sus padres para no necesitar buscar la comprensión y la ayuda de algún amigo, que probablemente sea tan ignorante del sano concepto del sexo como él. La educación sexual debe ser una iluminación gradual que comience durante el tercer y cuarto año de vida, y alcance su culminación poco antes de la pubertad.

La iglesia no debe esquivar su responsabilidad de enseñar a los adolescentes y jóvenes en asuntos tan importantes para su vida espiritual y su futura felicidad. Los líderes espirituales, o personas preparadas para enseñar sobre las relaciones entre los sexos opuestos, pueden dar clases sobre temas tales como: «¿Qué debe hacer la pareja cuando está sola?»; «El significado del amor y del sexo»; «Los factores a considerar al elegir al futuro, cónyuge»; y «El período del noviazgo». Naturalmente, se elige el tema según la edad del grupo, y en ciertas clases es aconsejable separar los sexos, a fin de que el consejero tenga más libertad para hablar francamente tocante a detalles íntimos.

¿Cómo debemos impartir información referente al sexo? Debe ser presentada desde el punto de vista cristiano y con el propósito de inculcar principios morales y espirituales. Un redactor de una revista evangélica traza algunas líneas sobre el método de educación sexual que podemos adoptar:

> No es necesario ni se debe enseñar lo relativo al sexo aisladamente. La enseñanza debe relacionarse con toda la esfera completa del amor, el noviazgo, el matrimonio, la familia, y la sociedad; el sexo debe ser tratado como una parte de ese conjunto global ... Por otra parte, a los niños solo deben enseñárseles las realidades de la vida cuando tengan suficiente edad y madurez para aceptarlas, sin daños sicológicos ni vergüenzas indebidas. Aun en el caso de los adolescentes, no es necesario proporcionarles una información detallada acerca de los aspectos de la relación sexual. Algunas cosas pueden esperar hasta después que hayan terminado los estudios secundarios y se estén acercando al matrimonio.[7]

Antes de iniciar algunas clases sobre el sexo, el noviazgo y el matrimonio, el líder espiritual debe explicarles su propósito a los padres y debe conseguir su permiso. Aunque parezca increíble, todavía hay padres que no quieren que sus hijos sepan la realidad referente a las cosas íntimas, y es necesario convencerlos de la necesidad de permitir que sus hijos asistan a las clases. El consejero puede asimismo instruir en grupo a los padres sobre cómo enseñarles a sus hijos respecto al comportamiento con relación al sexo opuesto, sobre el sexo mismo y sobre el noviazgo y el matrimonio.

Puesto que no es prudente que a una temprana edad los adolescentes formen parejas y salgan solos, conviene que la iglesia proporcione actividades de recreo en las que los jovencitos puedan aprender a relacionarse sanamente con el sexo opuesto.

4. **Elección del futuro cónyuge**: Un factor importantísimo para lograr la armonía matrimonial es elegir sabiamente al futuro cónyuge. Un refrán inglés dice: «Más vale una onza de previsión que una libra de medicina». Naturalmente, el creyente buscará la voluntad de Dios en el asunto, pero si sabe los elementos que deben ser considerados cuando elija, podrá reconocer mejor la dirección divina.

Conviene que el pastor-consejero dicte clases de instrucción a los jóvenes que no han elegido todavía a sus futuros consortes. Sabrá que la hora de enseñarles es antes de que se enamoren, pues el amor es ciego; los jóvenes no estarán dispuestos a recibir consejos al llegar a esta etapa. Y después de casarse, no podrán escaparse de las consecuencias de su decisión. Algunos le dirán al pastor: «¿Por qué no nos aconsejó a tiempo? Habríamos evitado una gran equivocación».

Los estudios sobre matrimonios felices señalan ciertos requisitos que se encuentran en dichas uniones.

a) Los jóvenes deben tener motivos dignos para casarse. Algunos de los motivos insuficientes son:

<ul>
<li>Compadecerse el uno del otro.</li>
<li>Escaparse de la soledad.</li>
<li>Casarse para no ser diferente de sus compañeros.</li>
<li>Demostrar a su expretendiente, el cual lo dejó, que es capaz de atraer a otra persona.</li>
<li>Escaparse de un hogar infeliz o de otra situación desagradable.</li>
<li>Casarse con una persona muy parecida a un pariente allegado.</li>
<li>Experimentar la vida conyugal, y si no resulta bien, disolver la unión.</li>
</ul>

El amor que se desarrolla de tales motivos carece de profundidad y no servirá de fundamento para una unión armoniosa y permanente. Proviene de deseos egoístas, pues la persona piensa mayormente en satisfacer sus propias necesidades. El verdadero amor piensa en el bien de la otra persona, desea compartir su vida con ella y hacerla feliz. Considera la unión como algo permanente e inviolable.

b) El (la) joven encontrará ciertas características en la persona que podrá llegar a ser buen cónyuge.

<ul>
<li>Será alguien que sea creyente y más o menos de la misma doctrina, para que no haya conflicto tocante a la iglesia a la cual asistir. Los casamientos mixtos acarrean muchos males. ¿Cómo puede una mujer que busca lo terrenal, ser ayuda idónea para un hombre cuya mirada está puesta en las cosas de arriba? En este «yugo desigual» el creyente no puede participar de los mismos placeres que su cónyuge. Estas dos personas vivirían en mundos distintos con un abismo entre sí. También debe ser una persona que tenga la misma consagración al Señor.</li>
<li>Será alguien a quien pueda respetar y admirar. No basta la atracción física mutua.</li>
</ul>

◆ Será alguien con el cual se sienta cómodo y se complazcan en estar juntos. Si ambos jóvenes no pueden conversar bien entre sí y se divierten solamente cuando están uno en los brazos del otro, es muy improbable que lleven una vida feliz en el futuro. El compañerismo es mucho más importante y duradero en el matrimonio que la atracción física.

◆ Será alguien con ideales parecidos. Si uno tiene ideales muy nobles y el otro no, habrá choques casi irreconciliables entre los dos. Por ejemplo, deben tener la misma actitud hacia el trato con otros, los modales, la manera de comportarse, los valores de la vida, el dinero, el sexo y la ética en los negocios.

◆ Será alguien con afinidad de gustos. Por ejemplo, a la chica de ciudad probablemente no le gustaría la vida del campo. Es ideal si a los dos les gustan las mismas actividades, las mismas recreaciones y la misma índole de personas como amigos.

◆ Será alguien de más o menos la misma edad. Si hay diferencia de edades, casi siempre lo preferible es que el hombre sea el mayor. A veces, algunos hombres se casan con mujeres que son mayores que ellos, pues inconscientemente desean que su consorte sea una madre para ellos; o una mujer se casa con un hombre de muchos años más que ella, pues quiere tener a alguien que tome el lugar que antes tenía su padre. En pocos de estos casos hay verdadera felicidad.

◆ Será alguien cuyos padres sean aceptables como parte de la familia. Clyde Narramore observa que cuando uno se casa, llega a formar parte de tres familias: la familia de sus padres, la familia de su cónyuge, y la nueva familia que establecen los esposos.[8] Si no le gustan los parientes de la otra persona, y piensa que no se llevaría bien con ellos, debe recapacitar en cuanto a formar una unión con dicha persona. Las actitudes de su familia, el nivel cultural, los valores, la religión, los intereses; todos estos aspectos de la familia se reflejan en el carácter de la persona. También conviene que los padres de ambos jóvenes aprueben el matrimonio. Los padres conocen a sus hijos y pueden ver mejor que ellos los factores que producen armonía o falta de armonía en el hogar.

5. **El noviazgo**: Las personas que piensan seriamente en el matrimonio, se comprometen. La preparación emocional, espiritual y sexual para el matrimonio es importante. Sin embargo, la preparación será incompleta a no ser que se conozcan bien el uno al otro. Cuanto más se conozcan, tanta más probabilidad habrá de que tengan un matrimonio armonioso. Las estadísticas demuestran claramente que las parejas que se casan después de conocerse por largo tiempo, son más felices y tienen menos problemas que las parejas que se casan impulsivamente.

El noviazgo es un período en el que los dos pueden poner a prueba su amor. ¿Es mera atracción física y superficial, o es amor verdadero? Una de las características del amor auténtico en el pretendiente es el deseo de darse a sí mismo por la mujer querida. ¿Están dispuestos los dos a hacer cualquier sacrificio el uno por el otro? La pareja que tiene muchos conflictos en su noviazgo no está lista para casarse.

El noviazgo es el período en el que las dos personas pueden charlar acerca de sus ideas, valores y metas. Aprenderán a ajustarse el uno al otro. Se comprenderán mutuamente y se acostumbrarán a ceder algo en sus puntos de vista, para acordar en asuntos de importancia. Hablarán francamente y harán planes en cuanto a formar su hogar, elegir amigos, conseguir las cosas de su futura casa, manejar el dinero y tener hijos. Tal vez sea necesario esperar un año o más, hasta que adquieran un lugar para vivir y compren los artefactos necesarios para su casa, o estén en condiciones financieras para comenzar la vida conyugal. No conviene comenzar la vida matrimonial con agudas tensiones por falta de dinero, ya que hay muchos ajustes que hacer sin añadir lo innecesario.

Muchos jóvenes piensan que hacerse novios es conseguir una «licencia para acariciarse». No se dan cuenta de que uno puede divertirse y disfrutar de compañerismo sin necesidad de acariciar a su compañera. No conviene que se apuren demasiado en el plano físico. Desgraciadamente algunas parejas comprometidas pasan tanto tiempo intercambiando caricias y besándose, que no aprovechan la oportunidad de conocerse bien el uno al otro. El juego de caricias despierta un apetito siempre creciente y puede provocar gran infelicidad si se practica sin control. Las caricias estimulan las pasiones de tal modo que, o producen gran frustración si la pareja resiste la tentación de tener relaciones sexuales, o desembocan en el acto sexual.

Algunos piensan: «Estamos comprometidos y nos pertenecemos uno al otro: ¿por qué esperar?» Deben recordar que Dios ha mandado que el sexo sea algo reservado solamente para las personas casadas. El control de los impulsos sexuales antes del matrimonio es para nuestro bien, y conduce a mejores relaciones sexuales y de otros tipos dentro del matrimonio. Dios sabe que si las personas han de disfrutar plenamente de la relación sexual, necesitan la seguridad de que la una pertenece a la otra mediante el pacto permanente del matrimonio. También las relaciones premaritales despojan a la pareja de algo que debe disfrutar como una experiencia nueva después de casarse; manchan su conciencia y son actos pecaminosos a la vista de Dios. Cuántos enlaces matrimoniales han sido contraídos prematuramente, pues la joven ya esperaba familia. En vez de ser un suceso de supremo gozo, es una ocasión en la que los novios se sienten culpables y obligados a cambiar sus votos. En contraste, cuán feliz es la pareja que se casa con conciencia limpia y en el tiempo propicio.

Notas

1. Kyle M. Yates, «Génesis» en *The Wycliffe Bible commentary* (Charles F. Pfieffer y Everett F. Harrison, redactores), 1972, p. 5.
2. Pablo Hoff, *El pentateuco*, 1978, pp. 27,28.
3. James D. Hamilton, *Harmony in the home*, 1971, pp. 87,88.
4. Dwight H. Small, *Design for the Christian marriage*, 1971, pp. 87,88.
5. Hamilton, *Harmony in the home, op. cit.*, p. 78.
6. Collins, *Hombre en transición, op. cit.*, p. 89.
7. Citado en Collins, *Hombre en transición, op. cit.*, p. 98.
8. Clyde M. Narramore, *Life and love, a Christian view of sex*, 1956, p. 64.

Capítulo 8

FACTORES QUE CONDUCEN A LA ARMONÍA MATRIMONIAL

¿*P*or qué hay tantos matrimonios que terminan en separación o que siguen con un perpetuo conflicto entre los esposos? La respuesta se halla en parte en el hecho de que muchos de los jóvenes que se casan, no están preparados para vivir la vida conyugal. Algunos no eligen bien a su cónyuge y otros piensan que el requisito principal para unirse y vivir siempre felices, es estar enamorados. Dicen: «Si nos queremos el uno al otro, todo lo podremos arreglar». Aunque los sentimientos son indiscutiblemente importantes, no bastan por sí solos.

El matrimonio es la relación más compleja de todas las relaciones humanas. Hay factores que producen armonía matrimonial, y es importante que el pastor-consejero los conozca, tanto para aconsejar a parejas que están en dificultades matrimoniales, como para asesorar a parejas que planean casarse. Los factores más importantes son los siguientes:

1. **Mantenimiento y cultivo del respeto mutuo**: El respeto mutuo entre esposos es tan importante como el amor romántico. Es posible querer a una persona sin respetarla mayormente. Una señorita observaba: «Estoy locamente enamorada de Luis, pero no lo respeto mucho». Si un joven no admira al otro, no deben casarse. No se puede querer por largo tiempo a alguien que no infunda respeto.

Hay casos en que el respeto mutuo que siente la pareja en los primeros años de matrimonio disminuye paulatinamente. Los consortes dan por sentado que su cónyuge los acepta no importa cuál sea su comportamiento. Dejan de practicar buenos modales en la casa, descuidan su apariencia cuando están solos y no respetan las opiniones del otro.

Lo peor es cuando uno se siente superior y menosprecia en algo al otro. En el caso en que la señora continuamente señala que su marido es inferior, inadecuado e indigno de respeto, el esposo tiende a reaccionar muy mal: puede buscar ocasiones para humillarla, puede dejar de comunicarse con ella o cobrar venganza buscando a una mujer que lo quiera. Para que su esposa sepa que la otra mujer lo quiere, deja deliberadamente pistas de sus aventuras: manchas de lápiz labial en su pañuelo o una carta de amor a su amante en el bolsillo de su chaqueta. En cambio, la mujer continuamente humillada por su marido puede llegar a ser indiferente sexualmente, o aun frígida. Muchas veces se siente indigna, inútil, y pierde interés en la vida; otras esposas manifiestan su deseo de ser amadas dando cariño exagerado a sus hijos.

¿Cómo puede el uno mantener el respeto del otro? Se dice que «el respeto se gana y no se impone». Cada consorte debe esforzarse en cumplir su papel en la familia. La esposa debe mantener el aseo de la casa, preparar bien la comida y cuidar bien de los hijos. El marido debe esforzarse para satisfacer las necesidades del hogar, tomar su autoridad como cabeza de familia y participar en las actividades de recreación.

También se mantiene el respeto matrimonial tratándose el uno al otro con cortesía, consideración y cariño. No cuesta nada decir: «Muchas gracias, mi amor», y produce buenos resultados. También deben ser comprensivos especialmente cuando uno no se siente bien o está desanimado. Sobre todo, deben expresarse su admiración el uno al otro, y así el otro responderá positivamente. Un conferencista anunció su tema así: «¿Cómo puede el marido conseguir que su esposa lo trate como si fuera un rey?» En su discurso, contestó la pregunta diciendo: «Tratándola a ella como si fuera una reina».

Una cosa que quita la confianza y el respeto mutuo entre los cónyuges es criticarse el uno al otro ante otras personas. Es una experiencia humillante que produce resentimiento y amargura. Dice Tim LaHaye:

> Nunca, nunca ventile usted las faltas, debilidades o deficiencias de su consorte ante otras personas. No lo critique jamás ante sus amigos o parientes. Si no le gusta el comportamiento de su cónyuge con respecto a algún asunto, debe compartir su actitud solo con dos personas: Dios y su consorte ... No hay nada que haga que una persona se sienta más menospreciada, que saber que su cónyuge ha sido desleal criticándola ante personas de fuera del hogar.[1]

Hay muchos otros factores que producen respeto mutuo, tales como el dominio propio, el actuar desinteresadamente y con nobleza, el ser perdonador y el llevar una vida netamente cristiana. Estos serán considerados bajo otros encabezamientos.

La esencia misma del respeto en el matrimonio consiste en considerar al cónyuge como una persona tan digna y apreciable como uno mismo. En lo profundo de su mente algunos hombres consideran a su mujer como un ser inferior. Para ellos, su esposa es alguien que ministra a sus necesidades, que cuida de la casa y que cría a los niños, pero no es alguien con quien puedan compartir sus sentimientos más íntimos, sus sueños y sus planes. A otros hombres les falta respeto verdadero, pues consideran en cierta medida a su mujer como alguien a quien dominar. Dicen: «Tienes que obedecerme, pues soy la cabeza de la familia». Exigen de su señora una abnegación total, pero no saben darle un poco de afecto; le dan órdenes, pero no la ayudan en la esfera emocional.

En cambio, la mujer puede considerar a su marido como poco más que un medio para sustentar a la familia y disciplinar a los hijos. Otras creen que su misión es reformar a su esposo, enseñarle modales y modelar su carácter. Algunas señoras tratan de dominar a sus maridos; los tratan como si ellos fueran niños y ellas sus madres; los vuelven cobardes y sumisos, o resentidos y rebeldes. A tales mujeres les falta respeto por sus maridos.

Los cónyuges deben esforzarse por respetarse el uno al otro y ser dignos de respeto en la vida matrimonial. No hay factor más importante para tener armonía en el hogar.

2. **Madurez emocional**: Un factor fundamental para lograr la armonía en el hogar es la madurez emocional, o sea, la capacidad de ajustarse socialmente a otros y reaccionar bien en todas las situaciones. Muchos cónyuges entran al matrimonio con grandes expectativas, a veces exageradas e irreales, y quedan algo desilusionados al encontrar que el matrimonio no es todo lo que creían. Algunos se esfuerzan con valentía para mejorar su relación, y otros reaccionan mal por ser inmaduros. Se comportan como

niños mimados cuando las cosas no andan a su gusto. Piensan que pueden obtener sus fines reaccionando con una conducta infantil. Les falta el valor para enfrentar los obstáculos y superar los problemas.

Algunos síntomas de la falta de madurez son: ser exigente en cuanto a la satisfacción de sus propios deseos, no considerar los sentimientos y deseos de su cónyuge, dar rienda suelta a sus sentimientos cuando las cosas andan mal o la persona no consigue lo que desea (gritar, llorar, reñir, estar de mal humor, callarse, no aceptar responsabilidades, culpar al otro, ser incumplidor u obstinado, depender excesivamente de sus padres, y no ceder en los asuntos en que hay diferencias de opinión).

El matrimonio es la más íntima de todas las relaciones humanas y la que exige lo máximo de las dos personas. Los consortes deben aprender a expresar sus emociones de una manera constructiva y a resolver sus diferencias pacíficamente. Tienen que controlar sus sentimientos de susceptibilidad, dominar sus impulsos y refrenar su egoísmo. Si no lo hacen, habrá conflictos continuos e infelicidad.

Clyde Narramore define la madurez necesaria para el matrimonio como la capacidad de «llevarse bien consigo mismo y con otros». Observa que la persona suficientemente madura como para casarse tiene ciertas características:

- ◄► Hace frente a la vida con realismo.
- ◄► Acepta las situaciones tal como son.
- ◄► Es capaz de tomar decisiones.
- ◄► Coopera bien con otros.
- ◄► Es capaz de amar a alguien además de sí mismo.
- ◄► Acepta bien las frustraciones y los contratiempos.[2]

Podemos agregar que sabe perdonar y pedir perdón.

La raíz de la inmadurez es el egoísmo; la persona se preocupa solamente por sí misma y por satisfacer sus propias necesidades. Pero tal actitud es contraproducente. Las personas se casan para satisfacer necesidades tales como las de compañía, afecto, seguridad y sexo. La felicidad matrimonial depende de la satisfacción mutua de las necesidades. Si uno defrauda al otro, también será defraudado; si uno hace feliz al otro, el otro le responderá haciéndolo feliz a su vez. Se cumple en el matrimonio el principio bíblico: «Dad, y se os dará ... El que saciare, él también será saciado» (Lucas 6:38; Proverbios 11:25). Lo ideal del matrimonio es darse el uno al otro. El escritor inspirado añade otras dimensiones: «Someteos unos a otros en el temor de Dios ... El que ama a su mujer, a sí mismo se ama» (Efesios 5:21, 28). «Perdonándoos unos a otros, como Dios también os perdonó a vosotros en Cristo... No se ponga el sol sobre vuestro enojo» (Efesios 4:32,26).

¿Cómo se puede vencer el egoísmo? El primer paso es someterse a Cristo y a la Palabra de Dios. Es poco probable que el creyente pueda someterse a otro, si primero no se ha sometido a Dios. En segundo lugar, debe reconocer que el egoísmo es pecado, quizás uno de los más dañinos que uno pueda cometer. Mientras que uno no reconoce su egoísmo o da excusas por él, no trata con él ni lo vence. Tiene que reconocerlo y confesarlo a Dios (1 Juan 1:9); luego debe pedir sinceramente que Dios lo quite y debe hacer todo esfuerzo para comportarse desinteresadamente. En tercer lugar, la persona debe confesarle sus actos de egoísmo a su cónyuge y pedirle perdón por cada ofensa (Santiago 5:16). LaHaye comenta:

> Arregle el daño causado por su egoísmo. Pida perdón a cualquier persona a la cual haya manifestado su falta de madurez o egoísmo, no importa si lo merece o no. Y hallará que cada vez será más fácil evitar la conducta egoísta. Se aprende pronto que no conviene ser egoísta, pues es menos penoso dejar de comportarse egoístamente que tener que pedir perdón por su egoísmo, diciendo: «No tuve razón. ¿Me perdonas?»[3]

3. **Comprensión de las diferencias que hay entre los dos sexos**: Surgen problemas en el hogar cuando los consortes no se dan cuenta de que cada uno es sicológicamente distinto al otro, pues en tal caso no se comprenden bien el uno al otro. Las diferencias físicas son bien conocidas; como por ejemplo el hecho de que las chicas maduran más pronto que los muchachos de la misma edad, y la vida de la mujer se prolonga más que la del hombre. Es obvia la diferencia entre sus respectivas anatomías. Sin embargo, las diferencias sicológicas entre los dos sexos son algo más grande y menos conocida. Consideremos algunas generalizaciones que se pueden aplicar a la mayoría de la gente.[4]

a) Los hombres tienden a pensar lógicamente, casi fríamente, con el intelecto; la mujer tiende a pensar con su corazón, es decir, está influida por sus emociones. Las decisiones de ella dependen mucho de cómo se sienta acerca del asunto; el hombre tiende más a pensar en los argumentos racionales. Tal vez esto sea consecuencia de que la intuición femenina está mas desarrollada que la del varón.

b) El hombre se ocupa más de sus actividades fuera del hogar y en el mundo externo, que de sus sentimientos. La mujer se contenta más en sus propios sentimientos y es menos objetiva en su punto de vista.

c) Los hombres tienden a tomar en cuenta principios y a generalizar sus conocimientos; las mujeres consideran más los detalles o particularidades. Por ejemplo, un hombre estudiará las líneas generales de la política de un candidato para la presidencia; su señora indagará acerca de su actitud referente al programa educacional o referente a su familia. El hombre ve el panorama y la mujer los pormenores.

d) Los hombres tienden a hablar acerca de cosas prácticas: su empleo, sus planes para el futuro y los asuntos financieros. No les gusta hablar mucho, por regla general, con respecto a otras personas y relaciones humanas. En contraste, la mujer prefiere hablar sobre sus sentimientos, sus relaciones íntimas con los demás, sus problemas y los asuntos de los miembros de su familia. Capta con más facilidad la actitud de otros y tiende a chismear más que su marido.

e) Los hombres, hasta cierto punto, desean intimidad emocional, pero a la vez la temen y hasta la evitan. El sexo bello necesita recibir con frecuencia expresiones de cariño y amor. Para el varón es difícil hablar acerca de sus sentimientos; es menos capaz que la mujer de entender y de expresar una emoción, de modo que tiende a retirarse de los encuentros emocionales. La mujer anhela intimidad emocional y se siente insegura frente a la incapacidad de su marido para comunicar verbalmente la profundidad de sus sentimientos. Quiere escuchar a cada momento las palabras: «Te quiero, mi amor», y ser abrazada y besada; el hombre, por regla general, se siente incómodo hablando de su amor y actuando románticamente. Muchos hombres piensan que basta con suplir las necesidades materiales de su esposa y ser fieles en su relación matrimonial. No saben darse a sí mismos a su esposa.

f) El varón necesita tener éxito; la mujer necesita seguridad. El hombre tiende a identificarse con su trabajo, el cual llega a ser la expresión de su personalidad, y se evalúa a sí mismo por ello. Por ejemplo, el constructor está absorto en sus proyectos. Si tiene éxito, siente su valor personal, pero si las cosas de su trabajo andan mal, tiende a sentirse desalentado, hasta considerarse de poco valor en ciertos casos. El hogar de la mujer muchas veces llega a ser una extensión de su personalidad, y ella se evalúa a sí misma por la medida de aprecio que le demuestran los miembros de su familia. También recibe gran satisfacción sirviendo a su marido y a sus hijos. Encuentra su éxito en el bien y el éxito de ellos. Para el hombre el hogar es solamente una parte de su vida; para la esposa es toda su vida.

g) La reacción ante lo sexual difiere según el sexo. El hombre tiende a considerar el acto del matrimonio como un medio de satisfacer su instinto sexual; la esposa tiende a considerarlo como algo que es inseparable del amor romántico. Alguien ha dicho que el hombre da cariño para recibir sexo, y la mujer da sexo para recibir cariño. Aunque es una exageración, tiene un elemento de verdad. Se estimula el ardor sexual del hombre mirando el cuerpo desnudo de su esposa; la vista del cuerpo masculino no produce efecto alguno en la mujer; su deseo se despierta escuchando palabras amorosas, recibiendo besos y caricias de su marido.

El deseo sexual del hombre se estimula de forma rápida; la mujer necesita tiempo para excitarse. Se explica esto notando que al hombre le toca iniciar el proceso; la mujer permanece pasiva y responde a su marido. El esposo sabio tendrá paciencia, y preparará bien a su esposa para el acto del matrimonio a fin de que ella experimente satisfacción; actuará con suavidad y con ternura pensando en los sentimientos de ella.

Se dará cuenta de que la preparación de su señora no comienza cuando se acuestan en la cama. Las expresiones de cariño y comprensión durante la semana son mucho más importantes que las caricias en la noche. Para la mujer, el acto del matrimonio consiste en responder al cariño de su esposo; es la expresión del amor mutuo. La falta de aprecio, la crítica y los roces emocionales en el hogar apagan el deseo sexual en la mujer.

A veces el hombre también reacciona sexualmente a problemas emocionales. Si la mujer es dominante o tiende a ser masculina en su actitud, su marido puede llegar a ser impotente. Si el hombre siente hostilidad hacia su esposa, puede ser que tenga una eyaculación prematura en el acto matrimonial, pues inconscientemente procura castigarla. Por regla general, la inadaptación sexual entre una pareja es un síntoma de no haberse adaptado bien en las otras relaciones matrimoniales.

Aunque pueden existir grandes diferencias entre los cónyuges en cuanto a sus deseos, actitudes, capacidades sexuales, puntos de vista y manera de actuar en el diario vivir, pueden adaptarse el uno al otro y tener la disposición para hacer los sacrificios necesarios para llevarse bien. Sobre todo, si están unidos por su común amor a Dios, en un amor desinteresado entre sí, las perspectivas para disfrutar de la felicidad conyugal son muy buenas.

4. **Comunicación**: No es de extrañarse si hay roces entre los cónyuges. Por regla general, hay desacuerdos en todo matrimonio, pues es una unión de dos personas distintas con diferentes fondos e ideas. Sus roces no serán graves si pueden comunicarse el uno con el otro de manera positiva, pero si se comunican airadamente o dejan de comunicarse entre sí, habrá problemas cada vez más serios. Los desacuerdos no resueltos tienden a volverse más irritantes y profundos. Las pequeñeces que molestan: la fatiga, una crítica, una negligencia, el desaseo en la casa, un gasto innecesario; pueden ser causas potenciales de conflicto. Sin embargo, si las personas ventilan sus desacuerdos abiertamente con el objeto de resolverlos de una manera madura, es muy probable que puedan llegar a librarse de esos sentimientos negativos.

Por ejemplo, una señora respondió con calma a una observación áspera de su marido: «Tus palabras me hieren, querido». El esposo, quedó un poco asombrado y le pidió perdón. Si ella se hubiera callado o hubiera fingido que no estaba ofendida, es probable que hubiera guardado resentimiento en su corazón. Le comunicó sus sentimientos, pero lo hizo de una manera positiva que no condujo a un intercambio violento de palabras. Muchas parejas no saben conversar acerca de sus problemas y esto se traduce en tensiones innecesarias.

¿Por qué muchos cónyuges no se comunican el uno con el otro cuando surge algo que les molesta? Por regla general, es porque temen que la otra persona reaccione mal.

Hay varias maneras de responder a la queja de su consorte:

a) Enojarse, defenderse vigorosamente y, tal vez, señalarle sus faltas. Nadie quiere ser confrontado con sus deficiencias, pues es un golpe a su «yo». Sin embargo, el intento de negar que existen o de dar excusas, es tan inútil como poner una alfombra sobre la basura en el piso de la sala de estar. Puede resultar en una riña, o si no, su cónyuge probablemente se sentirá dolido por su actitud y aumentará la tensión. La persona que reaccione fuertemente a las quejas de su consorte, estará edificando una muralla que tarde o temprano los separará emocionalmente.

b) Desoír la queja y seguir como de costumbre. En vez de resolver la situación, puede llevar a la persona ofendida a la exasperación. Una mujer que se había separado de su marido, decía: «Nunca me escuchó».

c) Sentirse ofendido y limitarse a permanecer callado por largo tiempo. Es una actitud sumamente cruel. Se dice que «los palos y piedras rompen los huesos, pero el silencio, quebranta el corazón».

El silencio prolongado manifiesta cólera vengativa y falta de respeto hacia la otra persona. Es el último paso para aislarse de su consorte. Por regla general, quita el amor que queda en el corazón. Además, la persona que recurre a esta estratagema daña su propia salud emocional y probablemente sufrirá efectos físicos tales como úlceras.

d) Evitar una confrontación a todo costo, pero guardar resentimiento en su corazón. Tampoco es la solución, pues solamente se traslada la tensión de un consorte al otro.

e) Escuchar lo que dice su cónyuge y dialogar objetivamente acerca del remedio de la falta. Al igual que es doloroso limpiar una llaga, cuesta reconocer las faltas, pero aporta grandes beneficios: se gana el respeto de la otra persona y se mantiene la armonía. Si un miembro de la pareja escucha con comprensión las quejas del otro, es muy probable que el otro también esté dispuesto a escuchar las quejas de este. Así uno pone el ejemplo al otro y ambos se esfuerzan en quitar las cosas que causan tensión y resentimientos.

El problema de muchas parejas es que un cónyuge no interpreta bien lo que dice el otro y reacciona mal. Por ejemplo, la señora exclama: «Estoy cansada de tu sarcasmo. ¿Por qué no me tratas como a un ser humano?» O el marido se queja: «Todo el día trabajo duramente. Y cuando regreso a la casa, siempre tengo que disciplinar a nuestros hijos». En ambos casos, quieren decir: «Ayúdame, por favor», pero el consorte reacciona por regla general como si fuera rechazado o atacado cruelmente. Es necesario captar el mensaje que hay detrás de las palabras o de los gestos.

Oscar Feucht, líder y escritor evangélico, aconseja en cuanto a la resolución de los desacuerdos matrimoniales:

> El esposo y la esposa deben encontrar una manera de eliminar los roces. En vez de permitir que cada riña perjudique cada vez más su matrimonio, deben experimentar con métodos para solucionar sus problemas hasta que encuentren uno que dé buen resultado. Luego deben ponerse de acuerdo sobre el próximo paso a dar hacia la solución: orar para recibir sabiduría y paciencia; concentrarse en el problema y no en el otro consorte; y procurar no dejar que aumenten las tensiones.[5]

Es de tanta importancia recibir las quejas de su cónyuge, como saber comunicarlas prudentemente y a tiempo. Hay algunas líneas a seguir:

a) Debe tener un motivo correcto. El cónyuge no debe abusar de su privilegio de comunicarle al otro su queja con el fin de castigarlo o desahogarse a sí mismo de su frustración respecto a otras cosas. En la lección 3 estudiamos el mecanismo de defensa que se denomina «sustitución». Por ejemplo, esta funciona cuando una persona no tiene el valor de enfrentar a su jefe ante una injusticia, y descarga su enojo contra otra persona menos capaz de tomar represalias. Así, un cónyuge a veces usa al otro como «cabeza de turco».

b) Debe pedirle a Dios que le dé sabiduría y gracia para comunicarle a su consorte su falta, y para librarlo de ella. A veces Dios nos muestra cosas sorprendentes cuando oramos. Un marido, molesto por las deficiencias de su mujer, oró fervientemente para que el Señor la cambiara. Mientras oraba, oyó la voz divina diciéndole que quería librarlo a él también de sus propias debilidades.

c) Debe elegir una hora propicia. En la mayoría de los casos, temprano en la mañana no es la hora de señalar quejas, pues uno no se siente muy sereno en aquella hora. Un hombre observó: «En la mañana no me siento sociable hasta que he tomado una taza de café». Tampoco conviene ventilar quejas y resentimientos inmediatamente antes de acostarse, pues los cónyuges están cansados y si hay un intercambio de palabras, la tensión resultante puede quitar el sueño. Se debe elegir un momento en que el consorte se sienta bien y los dos estén a solas.

d) Debe hacer caso al consejo paulino, según una versión moderna: «Hablando la verdad en un espíritu de amor» (Efesios 4:15, DHH). Debe emplear palabras suaves y acompañarlas con cariño sincero. La otra persona estará más dispuesta a recibir críticas si también recibe halagos y expresiones de cariño diariamente. El problema de muchas parejas es que uno no le comunica sus quejas al otro cuando siente amor en su corazón, sino cuando está irritado y se siente provocado; entonces señala todo lo que le molesta, y en un espíritu de enojo. El efecto es abrumador y contraproducente. Si uno comunica con amor, no chocará tanto con el otro.

e) Debe tener paciencia y seguir orando en aquellas situaciones en las que su cónyuge no acepte la queja o la sugerencia. No conviene insistir, discutir o reprender. Es mejor decirle algo una vez, y luego mantenerse tranquilo y orar. Las personas que al principio rehúsan reconocer su falta, a menudo recapacitan al pensar bien en el asunto.

f) Debe mostrar su gratitud cuando la persona remedia su falta. Sin embargo, no debe retirar su amor bajo ninguna circunstancia, aunque no la remedie. El amor debe ser algo más profundo que una recompensa a la otra persona por comportarse bien.

La comunicación es mucho más que darse a conocer las quejas el uno al otro. Es un proceso que consiste en abrirle su corazón al otro; es compartir experiencias e ideas; es la base del compañerismo. Por regla general, la mujer está en casa todo el día y sus actividades la limitan a cuidar de la familia y de la casa. Se siente aislada del mundo exterior. Cuando su marido vuelve de su trabajo, ella quiere saber todo lo que le ha pasado durante el día, sus actividades y sus planes. También quiere contar con el oído atento y comprensivo de su marido para que escuche sus experiencias, pruebas y logros. Cuando hay amor verdadero, hay interés mutuo en las actividades, experiencias y sentimientos. Uno entra emocionalmente en el mundo del otro. Una mujer que buscó ayuda de un consejero, describía lo contrario de esta dimensión: «Mi marido me escucha, pero no me escucha con el corazón».

Por desdicha, hay matrimonios que tienen una falta casi absoluta de comunicación significativa, pues los cónyuges no se abren su corazón el uno al otro, o uno de ellos no es capaz de comunicarse. Más de una mujer ha testificado: «Aunque he vivido años con mi marido, todavía no lo conozco. No sé lo que piensa y siente». Dos personas pueden vivir bajo el mismo techo, comer a la misma mesa y dormir en la misma cama, y no obstante estar sicológicamente separadas, como si viviesen en mundos aparte. Conversan, pero su comunicación es superficial; el uno no sabe lo que siente el otro. Nuestra necesidad de amar y ser amados se satisface solamente cuando nos abrimos al nivel más profundo del otro. No debemos ocultar nada a nuestro cónyuge, ni siquiera nuestras debilidades, temores, desilusiones y ambiciones.

¿Por qué algunos consortes permanecen cerrados? Puede ser porque en su medio han aprendido a no abrirles su corazón a otros. Se sienten incapaces de hacerlo. Algunos cónyuges no se abren porque su consorte no los escucha con comprensión. Además, muchas personas no se comunican porque tienen miedo. Temen cómo reaccione su cónyuge; temen tal vez que si hablan de cosas íntimas sean despreciados o que el conocimiento de su debilidad sea usado como látigo por su cónyuge en momentos de riña. Tales personas se cierran para protegerse. Otras personas no comunican sus pensamientos íntimos porque les falta verdadero amor. Han perdido interés en su consorte o se aman solamente a sí mismas.

5. **Acuerdo con respecto a las finanzas**: La falta de dinero y los desacuerdos tocantes a la manera de gastarlo, son problemas comunes en los matrimonios infelices. Surgen preguntas acerca del dinero. ¿Qué cosas son necesarias y qué cosas son de

lujo? ¿Cuánto dinero deben gastar para la casa? ¿Para la ropa? ¿Para los víveres? ¿Cuáles artefactos y muebles son indispensables para los recién casados? ¿Hasta qué punto deben comprar cosas a plazos?

Por regla general, las parejas sienten más las presiones financieras en los primeros años de su matrimonio. Es preciso que los cónyuges se consulten mutuamente para llegar a un acuerdo en los asuntos financieros desde el comienzo de su unión. Se dice que para tener éxito matrimonial, se necesitan uno que gane la vida y dos que sepan gastar prudentemente lo que uno gana. Si uno gasta pródigamente el dinero en cosas suyas, como ropa o cosas innecesarias, pronto habrá problemas financieros y muy probablemente choques entre los dos.

Conviene que la pareja haga un presupuesto y lo cumpla estrictamente. Se necesita dominio propio, pero vale la pena evitar las tensiones causadas por deudas o dinero mal administrado. Si uno quiere comprar algo costoso, siempre debe consultar a su consorte. Si él no está de acuerdo, conviene no comprarlo, pues el hacerlo causaría tensión en la familia. Muchas veces surgen problemas cuando uno de los cónyuges es mezquino, o malgastador.

Es la costumbre de muchas señoras seguir trabajando después de casarse. Si guardan sus entradas aparte, puede ser que lleguen a sentirse autosuficientes e independientes de su marido. Conviene que pongan sus entradas en un fondo común y que planeen juntos cómo gastarlo.

6. **Planificación de la familia y unión para criar a los hijos**: Se dice que la reproducción es un milagro en el cual Dios permite que los padres participen. También es un resultado natural de la unión matrimonial. Con el avance de la ciencia, es posible ahora controlar la natalidad, planificar la llegada de los hijos y limitar la familia a la cantidad de hijos para los cuales se puede proveer adecuadamente. Algunos gobiernos consideran que es necesario enseñar el control de la natalidad para contrarrestar la explosión demográfica que amenaza con sumergir a sus países en la miseria.

Entre los creyentes existen diferencias de convicciones en cuanto al control de la natalidad. Algunos cristianos señalan que Dios castigó a Onán por haber vertido en tierra su simiente cuando se unió con la viuda de su hermano (Génesis 38:8-10). Sin embargo, se nota que Onán fue muerto por su egoísmo. No quiso que Tamar quedase embarazada por la relación sexual, y así diera descendencia que llevara el nombre de su difunto hermano. Violó la ley del levirato de aquel entonces, la cual exigía que la viuda sin hijo varón fuera desposada por su cuñado; el primer hijo era adjudicado al difunto y recibía su nombre y su herencia: así no se extinguía el nombre del difunto (Deuteronomio 25:5-10). La Biblia dice claramente que Onán evitó su deber de pariente cercano «sabiendo ... que la descendencia no había de ser suya» (Génesis 38:9). La Biblia ni enseña ni prohíbe el control de la natalidad.

Algunos creyentes practican la planificación familiar. Muchas parejas toman medidas para no tener hijos en el primer año de su vida conyugal, pues procuran amueblar su casa y tener tiempo para ajustarse el uno al otro antes de asumir la responsabilidad de la paternidad.

Un consejero describe las tensiones y la tragedia resultantes de no planificar la familia, usando un hogar como ejemplo: «Hay siete hijos que llegaron uno tras otro, y el octavo está por venir. La madre teme cada embarazo, lo que produce roces entre los esposos.

Además, las entradas son insuficientes y la casa muy pequeña para tantas personas. La señora mantiene el aseo de la casa, pero el ruido inevitable de demasiada gente en un lugar tan apretado le produce tensión, y las chispas de irritación se convierten a menudo en llamas de enojo. La señora se enfermó y le echa la culpa a su marido. No es de extrañarse que la hija, una adolescente, se encuentre en irregularidades sexuales».

Hay mujeres que testifican que siempre temen quedarse embarazadas cada vez que tienen relaciones sexuales con su marido, y por lo tanto son algo desagradables para ella. Mejor es practicar la planificación de la familia y evitar tales tensiones y la tragedia de traer al mundo hijos no deseados.

Cuando la pareja sabe que la señora está embarazada del primer hijo, puede tener sentimientos mixtos, es decir, experimentar el gozo de esperar un hijo, pero a la vez, darse cuenta de que tendrán más responsabilidades y menos libertad. En dicha condición, muchas mujeres experimentan períodos de depresión y, por supuesto, incomodidad física. Pero la comunicación de sus sentimientos a su marido y la comprensión de él, pueden aliviarla bastante e infundirle aliento para enfrentarse a sus dificultades. Conviene que el esposo la trate con ternura especial y no reaccione cuando ella se comporta con irritación.

Otro factor que produce armonía entre cónyuges es presentar un frente unido ante los hijos. Uno debe apoyar al otro cuando se les manda y disciplina. Su política debe ser: «Cuando uno habla es como si ambos hubieran hablado». Expondremos más respecto a este asunto en la lección sobre la niñez.

7. **Buenas relaciones con los suegros**: En la lección anterior hemos mencionado la necesidad que tienen ambos cónyuges de cultivar buenas relaciones con los suegros. Son importantes y deben ser respetados y amados. Es aconsejable visitarlos de vez en cuando, pero no vivir con ellos. Las parejas que viven en un lugar aparte están más contentas y tienen menos tensiones, por regla general.

Algunos suegros, con buenas intenciones, se entremeten en los asuntos de su yerno o de su nuera, no permitiendo que los recién casados tomen sus propias decisiones y vivan su vida. También algunos suegros toman partido en las disputas internas o hacen comparaciones adversas con ex-novios y pretendientes, y así pueden perjudicar la armonía matrimonial. En tales casos, conviene que el consejero hable con los suegros y les explique los peligros que hay en intervenir en asuntos delicados. Los cónyuges deben arreglar sus diferencias sin recurrir a los padres, y no deben acostumbrarse a depender de ellos. Esto puede ocasionar un fuerte resentimiento contra ellos y repercutir en tensiones entre los cónyuges.

8. **Cultivo de intereses en común y participación en las mismas actividades**: La vida tiene muchos aspectos y debe haber equilibrio entre el trabajo, la recreación, la religión y las actividades sociales. Si uno se dedica a trabajar sin darles lugar a las otras actividades, pronto su vida perderá todo gusto. Hay que tomar tiempo para la recreación, el culto y la vida social. Es cierto que «los cónyuges que disfrutan de recreación juntos y sirven a Dios juntos, permanecerán juntos». Sin embargo, muchas veces uno tiene gustos diferentes a los del otro. Por ejemplo, supongamos que el marido sea aficionado a los deportes y a su señora le guste pasear en automóvil. ¿Cuál actividad deben adoptar? Uno debe ceder en parte al otro o encontrar otra forma de recreación de la cual ambos puedan disfrutar. La esposa prudente no exigirá que su marido deje

completamente su costumbre de ir al estadio para ver las competencias deportivas, pero sí puede pedirle que la acompañe a una actividad agradable para ambos. En cambio, el esposo también debe estar dispuesto a restringirse algo en ir al estadio y pasar algún tiempo en actividades mutuamente aceptables.

LaHaye nos proporciona una ilustración de cómo una pareja que buscó su consejo, solucionó un problema de esta índole: A Jorge, el marido, le gustaba pasar los fines de semana cazando animales silvestres con su padre. Su esposa, Elena, se había criado en un hogar en el cual faltaban la paz y la seguridad. Había soñado con escapar de ese medio ambiente, casarse y disfrutar de una vida de compañerismo y tranquilidad. Naturalmente, le dolía que Jorge la dejara sola los días de la semana en que los dos podían estar juntos.

Cada vez que Jorge pensaba ir con su padre al campo para cazar animales, Elena se enojaba. Había un intercambio de palabras hirientes. La situación empeoró cuando Elena se retiró a su caparazón protectora de silencio. A veces Jorge no podía disfrutar bien de su recreación favorita, pues sabía que las cosas no andaban bien en su hogar.

Guiados por el consejero, los dos reconocieron que el bien de su matrimonio valía mucho más que el «estar juntos todos los fines de semana» o «las aventuras de caza». Se pusieron de acuerdo, cada uno cediendo algo al otro. Jorge disminuiría la frecuencia de sus viajes al campo y Elena se esforzaría por aceptar de buena gana esos viajes. Requería dominio propio de parte de ambos y hubo algunos reveses, pero en general el convenio surtió efecto. Con el transcurso del tiempo, la pareja encontró otro tipo de recreación que era agradable a ambos y así se solucionó el problema.[6]

Se pueden evitar muchos roces en el matrimonio si los dos consortes están dispuestos a ceder el uno al otro. Pero si uno insiste en imponer su deseo sobre el otro continuamente, habrá problemas. Es preciso que cada uno se dé cuenta de que tal proceder es egoísta, y de que el egoísmo es uno de los peores pecados. Se necesita confesar ese pecado a Dios y buscar su ayuda para vencerlo. La felicidad matrimonial brota cuando cada uno procura hacer feliz a su cónyuge y no pensar solo en sí mismo.

9. **Importancia de mantener vivo su romance**: En el período del cortejo y el noviazgo, las dos personas se esfuerzan en ganar el amor del otro. Después de los primeros años de matrimonio, tienden a veces a disminuir sus esfuerzos románticos. Dejan de darse la misma atención, consideración y cortesía de antes. Pero es importante que mantengan vivo su amor romántico. Es normal que el amor ardiente de los primeros años se convierta en algo más profundo y maduro, pero es un error de parte del marido no abrazar y besar su esposa todos los días y no expresarle su cariño continuamente. Es importante recordar el cumpleaños de ella y la fecha de aniversario del matrimonio, trayendo un regalo o celebrándolos de una manera especial. La esposa debe hacer su parte manteniéndose atractiva y atenta a su marido. Debe expresarle su admiración, halagándolo cuando logra algo; que no pierda la admiración que sentía hacia su cónyuge en el período del cortejo y el noviazgo.

Pocas personas cometen adulterio porque se enamoran irresistiblemente de una tercera persona. Muchas recurren a esta relación para aliviar su aburrimiento; les falta comunicación con su cónyuge, compañerismo, romance y las cosas que dan gusto a su vida. Más maridos que esposas se quejan de la monotonía de vivir con su consorte y se descarrían de la senda de la fidelidad matrimonial. Pocos cónyuges buscan aventuras si tienen una relación satisfactoria y estimulante en su hogar.

Una mujer que había cometido adulterio, explicaba: «La seguridad de estar casada con Arturo me sostenía en los primeros años de nuestro matrimonio. Es una persona digna de confianza, buena, constante y solícita, pero tiene falta de brillo. Al principio yo pensé que él podía ser entusiasta, gozoso y romántico, pero no resultó así. Todo lo que hacía, lo hacia sistemáticamente y como rutina, hasta nuestra relación en la cama. Yo sentía que nuestra unión estaba estancada y era aburridora. Me sentía sofocada. Luego vino Marcelo, un hombre incumplido y vago, pero tenía la capacidad de hacerme sentir atractiva e importante. Sabía adularme y ganar mi afecto. Yo era una presa fácil para él. Pero siempre he considerado que Arturo es el único hombre con el cual quiero estar casada. ¡Qué tonta fuí en caer en brazos de Marcelo!»

Un aspecto importante del romance en el matrimonio es el sexo. Algunos maridos piensan solamente en satisfacer sus propios deseos y les importa poco si el acto matrimonial es o no una experiencia deleitosa para su esposa. En cambio, hay esposas que se cansan del sexo después de tener algunos hijos; prefieren no experimentarlo con frecuencia. Cuando su marido comienza a comportarse amorosamente, le dicen: «Estoy cansada» o «Tengo dolor de cabeza». Algunas fingen estar dormidas casi tan pronto como se acuestan. Así disminuyen el amor romántico de su consorte y lo exponen a la tentación de buscar romance y sexo en otro lado. Conviene que la pareja procure ajustarse bien el uno al otro en el asunto del sexo, con el objeto de agradarse mutuamente. Vale la pena hacer del acto matrimonial una parte mutuamente satisfactoria y unificadora de su relación.

10. **Unión en su vida espiritual**: No hay factor más importante que el de la fe en Cristo en cuanto a hacer los ajustes entre esposos. Los escritores Burgess y Cotrell en su libro *Predicting success and failure in marriage* [Pronosticando éxito y fracaso en el matrimonio], señalan que en la mayoría de los casos en que los cónyuges asisten fielmente a la iglesia y rinden culto a Dios juntos, los ajustes de su matrimonio resultan armoniosos.

Se hizo un estudio sobre el divorcio y la reconciliación en un centro de consejería matrimonial: el *Oklahoma City Family Clinic*. Se observaron doscientas cincuenta parejas de las cuales más o menos el cuarenta por ciento ya estaban separadas; el once por ciento estaban divorciadas, y el ventitrés por ciento habían pedido el divorcio. Solamente tres de esas familias habían estado asistiendo a la iglesia antes de recurrir al centro de consejería. Los consejeros los animaron a que asistieran a la iglesia, y las parejas comenzaron a asistir a los cultos. Un total de doscientos veinticinco de los matrimonios, o sea, nueve de cada diez, se reconciliaron.[7]

La iglesia no es una institución perfecta, sino un establecimiento dirigido por seres humanos y al cual asisten seres imperfectos, muchos de los cuales se sienten solos y necesitados fuera de ella. Traen a veces sus prejuicios y faltas a la congregación. Si uno busca una comunidad de gente perfecta, quedará desilusionado. Pero si busca una comunión de personas que quieren conocer y servir a Dios, y recibir su dirección y ayuda, recibirá gran fortaleza y bendición.

Muchos de los problemas familiares se solucionan poniendo a Cristo en el primer lugar en la vida. Someterse a Cristo es como poner el disco sobre el plato de un tocadiscos; solo entonces tocará la música. Cuando Cristo es el centro de la vida de los dos consortes, existe la mejor posibilidad de resolver sus diferencias y llevarse bien en el hogar.

La pareja debe establecer un altar familiar en su hogar desde el comienzo mismo de su unión. Es una oportunidad para llevar sus peticiones al trono de la gracia y unirse a escuchar la voz de Dios, vivir para la misma causa noble y sujetarse a las enseñanzas bíblicas: Todas estas cosas establecen una base sólida para vivir juntos. También les señalan a los hijos que vienen, que el Señor es la cabeza de la familia.

Los cónyuges que viven una vida «cristocéntrica» se soportarán mutuamente sus debilidades con amor. Se darán cuenta de que nadie es perfecto y se arrepentirán todos los días. No permitirán que el día termine sin resolver sus desacuerdos (Efesios 4:26). Los resentimientos se disiparán cuando oren juntos antes de acostarse. Buscarán nueva gracia para comenzar un nuevo día. Así encontrarán gozo espiritual y fortaleza para estar unidos con los lazos del amor.

Hay muchos factores que contribuyen a la armonía matrimonial, y cada uno es importante. Si los cónyuges los toman en serio y se esfuerzan para ponerlos por obra, encontrarán la felicidad matrimonial que Dios ha dispuesto que tengan.

Notas

1. Tim LaHaye, *How to be happy though married*, 1968, pp. 37,38.
2. Narramore, *Life and love, a Christian view of sex, op. cit.*, p. 70.
3. LaHaye, *op. cit.*, p. 105.
4. Las ideas generales de los puntos a) hasta f) de esta sección fueron tomadas de Hamilton, *Harmony in the home*, op. cit., pp. 39-41.
5. Oscar E. Feucht, *Helping families through the church*, 1960, p. 197.
6. Adaptado de LaHaye, *op. cit.*, pp. 101,102.
7. John Vayhinger, *Before divorce*, 1975, p. 47.

Capítulo 9

CONSEJERÍA PREMARITAL Y MATRIMONIAL; SEPARACIÓN

$\mathcal{E}$l pastor-consejero puede hacer mucho por las parejas, aconsejándolas a fin de que se cumpla el ideal bíblico sobre la más antigua institución: el matrimonio. En primer lugar, puede aconsejarlos en sus conflictos matrimoniales. La primera fase se llama consejería premarital e incluye la instrucción respecto a citas, sexo, noviazgo y matrimonio. Ya hemos considerado la consejería en grupo a los jóvenes antes de que se comprometan. Ahora, estudiaremos lo que puede hacer para aconsejar a los comprometidos y luego a los casados.

1. Entrevista preliminar antes de aconsejar a los comprometidos: Cuando una pareja comprometida viene al pastor para pedirle que oficie en su enlace matrimonial, es necesario que él determine si todo está en orden. La mayoría de los pastores evangélicos ponen en tela de juicio la ética de casar a parejas que caen en cualquiera de las siguientes categorías:

a) Uno es creyente y el otro no. En primer lugar, dicha unión violaría el mandato bíblico: «No os unáis en yugo desigual con los incrédulos» (2 Corintios 6:14). En Segundo lugar, las perspectivas para tener una unión armoniosa no son buenas mientras exista tal situación. Sin embargo, si ambos son inconversos, se considera que el pastor está libre para actuar según su propio criterio. Puede ser una oportunidad de ganarlos para Cristo.

b) Una persona tiene una creencia muy diferente a la de la otra. Aunque sean creyentes, es otro caso en el cual habrá poca posibilidad de tener armonía matrimonial, pues los cónyuges pueden tener desacuerdos en cuanto a elegir una iglesia. Lo ideal es que ambos asistan a la misma iglesia y tengan la misma doctrina.

c) Los comprometidos son menores de edad y su casamiento no es aprobado por los padres de ambos.

d) Una de las dos personas es divorciada, o las dos lo son. Muchos evangélicos creen que el Nuevo Testamento no permite un nuevo casamiento, salvo en los casos en que el exconsorte ha fallecido (Mateo 5:32; 1 Corintios 7:39). Sin embargo, hay evangélicos que interpretan la palabras de Jesús en Mateo 19:9 al decir que la persona cuyo cónyuge ha sido infiel, tiene el derecho de casarse nuevamente con otra persona.

e) Uno de los dos tiene una enfermedad mental o deficiencia mental. Si uno de ellos tiene disturbios mentales, hay pocas perspectivas de que tengan un matrimonio estable. En el caso de deficiencias mentales, los hijos pueden heredarlas. A veces es necesario que el pastor consulte a un médico o sicólogo para averiguar si es aconsejable unir a dos personas, si una muestra indicios de problemas mentales.

Muchos consejeros evangélicos piensan que no conviene obligar a una pareja a casarse en los casos en que ella ya espera familia y a uno de los dos le falta el amor y el deseo de unirse al otro. Pocos matrimonios obligados dan buen resultado, pues la mayoría termina en amargura e infidelidad. La pareja necesita consejo y ayuda para decidir qué hacer.

También hay una tendencia creciente entre los pastores evangélicos a recomendar que la pareja reciba la consejería prematrimonial. Por lo menos una denominación, la iglesia del Nazareno, estipula en su manual ministerial que el pastor proporcione asesoramiento premarital antes de realizar una ceremonia de bodas. Si la pareja no quiere ser aconsejada, el pastor queda libre de la responsabilidad de oficiar en el enlace.

2. **Asesoramiento premarital**: El momento oportuno de comenzar a solucionar problemas matrimoniales es antes de que surjan, o sea, en el período anterior a la boda. Si el pastor ya ha dictado clases a los jóvenes sobre el significado cristiano del matrimonio, las relaciones sociales con el sexo opuesto, las citas y el noviazgo, hay buenas perspectivas de que ellos hayan elegido bien a sus novios y tengan conceptos correctos sobre lo que es el matrimonio.

El propósito general de la consejería prematrimonial es ayudar a individuos, parejas y grupos de parejas a prepararse para el matrimonio y para edificar futuros hogares estables y felices. Algunas de las metas específicas son: (1) ayudar a los comprometidos a entenderse el uno al otro. (2) Enseñar el concepto cristiano del matrimonio y del sexo. (3) Llevarlos a un entendimiento del papel que cada cónyuge ha de desempeñar. (4) Señalarles los factores que producen la armonía matrimonial; incluso indicarles los problemas que pueden surgir y las actitudes que son necesarias para resolverlos.

Hay dos maneras de asesorar a los comprometidos: celebrar entrevistas con una pareja a la vez, o aconsejar a las parejas en grupo. Si el pastor elige el primer método, puede tener una sesión con las dos personas, luego una sesión con la novia y otra con el novio. Luego se reúne con los dos. Por regla general, es aconsejable celebrar una entrevista cada semana.

En la primera sesión, el asesor debe averiguar cómo piensan los comprometidos acerca de los aspectos del matrimonio, incluso sobre el sexo, su manera de manejar las finanzas, la relación con sus suegros, a qué iglesia asistirán, dónde vivirán, cuántos hijos quieren tener, y si la mujer seguirá trabajando después de casarse en caso de que ya lo esté haciendo.

Es importante que el pastor, a través de las conversaciones, anime a los novios a traer a la luz sus temores escondidos respecto a su compañero y hacerle frente a su personalidad. En algunos casos, es sorprendente cuán poco es lo que sabe el uno acerca del otro. En las sesiones descubren que es posible saber todo acerca de una persona, sin conocerla en realidad. Es preciso que el uno vea al otro de manera objetiva.

El consejero explicará también el papel que desempeña cada miembro del matrimonio, las responsabilidades y problemas potenciales. Muchos pastores consideran que es mejor prestarles a los comprometidos un buen libro sobre el sexo, que explicarles en detalle cosas muy íntimas. *El acto matrimonial*, por Tim y Beverly LaHaye (CLIE), es un ejemplo de buena literatura sobre el tema, y está disponible en las librerías evangélicas.

Al recibir consejería prematrimonial, algunas parejas recapacitan en cuanto a casarse, dándose cuenta de que el uno no es apropiado para el otro, o que conviene postergar el enlace hasta que lleguen a una madurez suficiente para vivir con armonía. Sin embargo, la abrumadora mayoría de las parejas sigue pensando en casarse y ningún obstáculo las hace desistir de realizar su decisión.

El segundo método para aconsejar a los novios es hacerlo en grupo. Las parejas pueden reunirse semanalmente cuatro veces en clases de alrededor de una hora y media. Los temas deben incluir, en adición a los que ya hemos mencionado: el concepto cristiano del sexo y del matrimonio, la importancia de la luna de miel, los problemas del embarazo, los hijos, cómo arreglar diferencias, los factores que producen armonía matrimonial, y temas sugeridos por los asistentes. El pastor puede invitar a un médico a presentar el asunto del sexo y el control de la natalidad. El consejero debe dejar lugar a preguntas y discusiones en cada sesión. Cuando se presentan los problemas potenciales del matrimonio, conviene no recalcar demasiado en los peligros. Algunas ilustraciones tomadas de la vida del consejero mismo ayudarán mucho a hacer prácticos los consejos.

Algunos pastores combinan los dos métodos. Primero aconsejan en grupo y luego realizan una o más entrevistas con cada pareja. La última sesión debe incluir los planes y preparativos para la ceremonia. Hay ciertas instrucciones que el pastor debe darle a la pareja, a fin de que sepa los pormenores del enlace, y junto con su pastor pueden hacer los planes.

Si el pastor guía a los novios a hablar entre sí sobre los puntos de conflicto posibles, la unión puede ser fortalecida considerablemente. Una encuesta en la que centenares de parejas casadas fueron entrevistadas, reveló que los problemas más comunes del matrimonio son: la adaptación sexual, el manejo de las finanzas, la elección de las actividades sociales y de recreación, el llevarse bien con los suegros, las diferencias de religión y el conflicto sobre elegir a los amigos.[1] Conviene que los dos novios intercambien bien sus ideas respecto a estos asuntos y lleguen a un acuerdo mutuamente satisfactorio antes de comenzar la vida conyugal.

La mayoría de las parejas necesita consejos en cuanto a la luna de miel. Es el período de transacción entre la vida de soltero y la de matrimonio; es la oportunidad de estar solos y de acostumbrarse sicológica y físicamente a su nueva relación. Por más que hayan esperado su luna de miel, es probable que se sientan avergonzados al desnudarse el uno frente al otro y tener sus primeras experiencias en el lecho matrimonial. A veces se producen frustraciones sexuales, pues muchos tienen ansiedades, y pocos se ajustan satisfactoriamente al principio. Algunos cónyuges se sienten algo desilusionados al no cumplirse sus expectativas, pero si saben de antemano lo que probablemente experimentarán, aceptarán con más paciencia la falta de completa satisfacción en los primeros intentos. También tendrán que adaptarse a vivir juntos, a tomar decisiones consultando el uno al otro y a dejar de actuar de forma independiente.

Conviene que los dos conversen anticipadamente acerca de sus expectativas para la luna de miel con respecto al sexo. En efecto, muchos de sus problemas pueden resolverse si saben comunicarse entre sí, escuchar, comprender y actuar con amor y respeto mutuo. Es importante comunicar tanto sus sentimientos románticos como también sus ansiedades y frustraciones; deben comenzar a comunicarse el uno con el otro mucho antes del enlace matrimonial.

3. **Consejería matrimonial**: Relativamente pocas parejas que tienen conflictos matrimoniales recurren al pastor para recibir consejos. Prefieren buscar ayuda de personas más alejadas o seguir sin consejería. La íntima naturaleza de sus problemas y el sentido de culpa que muchos tienen, les hace difícil exponer sus problemas. ¿Qué hombre

está dispuesto a admitir que no entiende cómo piensa su mujer? Sin embargo, la esposa misma tal vez no comprenda muchas veces sus propios sentimientos. ¿Qué mujer quiere admitir que está casada con un hombre que se comporta como si fuera un niño? Ha hecho lo posible para ayudarle a madurar y a no depender de otros, pero no ha tenido éxito. Trata de ocultar la debilidad de su marido. Muchos cónyuges tienen vergüenza de hablar con el pastor y no piden su ayuda hasta que sus relaciones han empeorado gravemente. Sin embargo, algunas parejas sí buscan los consejos de su pastor.

El pastor que demuestra interés en subsanar las malas relaciones matrimoniales e incluye en su predicación consejos positivos sobre problemas del hogar, probablemente tendrá la oportunidad de ayudar a muchas parejas que tengan conflictos. Por supuesto, mucho depende de su actitud. Debe considerar que ningún matrimonio es perfecto; que todos tienen problemas y que necesitan diariamente adaptarse, ceder y comunicarse para que funcione el matrimonio. Si trata en su predicación los asuntos matrimoniales con comprensión y no con censura, es probable que los miembros tengan confianza en él y recurran a él en los períodos de dificultad marital. También, el pastor que se acerca personalmente a sus miembros y tiene interés en sus problemas, tendrá la oportunidad de aconsejarlos aun en sus problemas más íntimos.

Las metas del asesoramiento matrimonial son varias. Algunas son:

a) Ayudar a los cónyuges a verse objetivamente a sí mismos y el uno al otro, y luego ayudarlos a entender los aspectos de sus problemas. Por regla general, los consortes están tan enredados emocionalmente en sus problemas, que no se comprenden ni a sí mismos, ni los factores de sus dificultades. Ven solamente los síntomas de su problema, pero no se dan cuenta de qué es lo que lo produce. Necesitan la ayuda de una persona ajena, neutral y completamente objetiva. Entonces pueden expresarse con libertad, comprenderse a sí mismos y ver su problema.

El pastor les dará la oportunidad de hablar y los escuchará con empatía. Puede animarlos a contar sus problemas, diciendo: «Siéntanse libres para expresarse. Yo no traicionaré su confianza». Si la mujer llora, puede decirle: «Es bastante penoso. No se preocupe, tenemos tiempo». A veces el consejero debe hacer preguntas, expresar su comprensión, señalar inconsecuencias y confrontar a los cónyuges con sus faltas.

Tratará de ayudar a cada consorte a entender tanto sus propias actitudes, metas, necesidades y conceptos del matrimonio, como a comprender el punto de vista de su cónyuge. Las preguntas del consejero probablemente incluirán algunas de las siguientes: «¿Cuánto tiempo hace que han tenido estos roces?» «¿Se conocieron ustedes largo tiempo antes de casarse?» «¿Todavía quiere a su pareja?» «¿Su compañero la quiere a usted?» «¿Qué actitud tenían sus padres hacia su matrimonio?» «¿Por qué se casó?» «¿Cuál era su concepto del matrimonio antes de casarse?» «¿Era armonioso el hogar de sus padres?» «Son satisfactorias sus relaciones sexuales?» «¿Qué es lo que más le molesta en su matrimonio?» «¿Cuál cosa respecto a usted le molesta a su cónyuge?» «¿Cuándo comenzó el problema?» «¿Qué característica de su consorte le gusta más?»

b) Ayudar a los esposos a que aprendan a comunicarse mutuamente. Hamilton observa: «El mejor servicio que un pastor puede prestarles a personas que tengan conflictos, es ayudarlas en el proceso de una comunicación adecuada».[2] Si conversan entre sí acerca de sus problemas, habrán ganado la mitad de la batalla. Detrás de muchas de las dificultades maritales se encuentra la falta de comunicación.

c) Ayudar a los cónyuges a reconciliarse. Por regla general, ambos consortes contribuyen a los problemas; ni el uno ni el otro tienen toda la razón. La Biblia enseña que el primer paso hacia el perdón y la reconciliación es reconocer su propia responsabilidad y confesarla (1 Juan 1:9,10). Luego, han de perdonarse el uno al otro de un modo realista y libre. Deben confesarle sus fracasos a Dios.

d) Ayudarlos a apartar las cosas destructivas que producen roces y el alejamiento entre esposos. Deben romper «el círculo vicioso de tomar represalias», de vengarse. El marido conoce mejor que cualquier otro individuo las debilidades y puntos susceptibles de su esposa y sabe cómo herirla más cruelmente. De la misma manera, la mujer sabe cómo herir más dolorosamente a su esposo. Pero el tomar represalias no soluciona nada; solo empeora la relación. Le toca al asesor ayudarlos a resolver sus malentendidos, a sanar sus heridas emocionales, a abrirse recíprocamente y a amarse el uno al otro.

Lo hace recalcando los aspectos positivos, tales como el amor que todavía existe entre ellos, el deseo de conservar su matrimonio y las actividades que les son mutuamente agradables.

No es fácil arrancar las raíces de amargura, ni es fácil cambiar la costumbre de criticarse el uno al otro. Se han acostumbrado a ver solamente lo negativo en el otro. Deben darse cuenta de que es Satanás «el acusador de nuestros hermanos», y es el Espíritu Santo el que nos señala nuestros propios pecados (Apocalipsis 12:10; Juan 16:8). Muchas veces es un largo proceso el sanar las heridas y tal vez habrá recaídas. Cuando vuelvan a criticarse el uno al otro y reñir, deben darse cuenta de lo que hacen, y reconciliarse en seguida. Es de suma importancia obedecer las palabras inspiradas: «No se ponga el sol sobre vuestro enojo». Deben buscar a diario la ayuda divina y tener fe en que Dios les está ayudando.

También el uno debe aprender a aceptar al otro tal como es, dándose cuenta de que todos los seres humanos somos imperfectos y que el matrimonio no es una institución en la que uno tiene el derecho de reformar al otro. Tampoco uno debe hacerle demandas irrazonables al otro. Deben aprender a respetarse mutuamente y a tomar más responsabilidad. Deben saber sus papeles como esposos y aceptarlos con serenidad.

e) Ayudar a los consortes a encontrar soluciones y a ponerlas en práctica. A veces la pareja intenta resolver sus problemas, pero no sabe cómo hacerlo. En tal caso, el pastor puede ayudarlos a encontrar soluciones alternativas y animarlos a esforzarse a llevarlas a cabo. A veces hay reveses y los consortes necesitan ser animados para seguir con fe y paciencia.

f) Ayudar a las parejas a desarrollar su vida espiritual y a hacer una consagración profunda a Cristo. Nunca se recalca demasiado la relación que hay entre el servir a Dios y la armonía matrimonial. Algunas parejas solo pueden resolver sus desacuerdos con la ayuda de Dios, quien puede hacer renacer el amor en sus corazones y eliminar la amargura.

El asesoramiento matrimonial da al pastor la oportunidad de ganar almas. El escritor de este estudio ha tenido el gozo de ver la conversión de varias personas que recurrieron a él para recibir asesoramiento, y algunas de ellas han llegado a ser obreros cristianos muy útiles en el evangelio.

¿Cómo debe el pastor asesorar a una pareja que tiene problemas matrimoniales? ¿Es mejor entrevistar a los cónyuges por separado o juntos? Hay diferencia de opiniones a este respecto entre los consejeros profesionales. Collins explica la razón:

Cuando se recibe a los dos miembros de la pareja juntos, el consejero tiene una oportunidad excelente de observar la relación que hay entre ellos y ver cómo se comunican. Si ambos desean sinceramente llevarse mejor, pueden estudiarse y debatirse conjuntamente los malentendidos, los desacuerdos, y las características de la personalidad y faltas de sensibilidad que están socavando el matrimonio. Más también pueden aparecer el uso de los insultos, las insinuaciones y las tentativas para rivalizar en ganarse la opinión del consejero y desprestigiar al otro cónyuge. Recibiendo por separado al marido y a la mujer, el consejero puede hacerse una idea más exacta de cómo es cada uno, y apreciar cómo cada uno valora el matrimonio y sus problemas. El visitante se siente más libre para hablar y tiene menor necesidad de defenderse de las acusaciones de un cónyuge hostil.[3]

El primer requisito para aconsejar a una pareja es que el asesor sea completamente objetivo y neutral, y que los consortes sepan que no es ni policía ni juez. Su papel no es juzgar para determinar quién tiene la razón y luego castigar al culpable. No puede ayudarlos a reconciliarse si se pone del lado de uno; tal posición alejaría al otro. Por lo tanto, hay consejeros que no quieren escucharlos por separado al principio, pues es fácil considerar al otro con prejuicio. Muchas veces un cónyuge tergiversa los hechos y es probable que no señale mucho sus propias faltas. También el consorte que habla solo con el pastor, tiende a convencer a su cónyuge de que ya ha ganado la simpatía de él.

Tal vez convenga entrevistar a los dos a la vez, y luego, si es necesario, hablarles por separado; y finalmente ha de aconsejarlos como pareja. Por regla general, es necesario tener varias sesiones con la pareja. La mayoría de las parejas que tienen problemas matrimoniales necesitan los consejos y el apoyo del consejero a través de los primeros meses de reedificación de su matrimonio. También las oraciones de parte del pastor los ayudarán mucho.

Un consejero evangélico, John Vayhinger, indica las cualidades y actitudes de los orientados que son necesarias para hacer eficaz la consejería matrimonial:[4]

a) Tener paciencia, o sea, la capacidad de perseverar sin desmayar durante el período en el que explore sus sentimientos y actitudes. No han de desanimarse si las respuestas no vienen en las primeras tres sesiones ni han de ser tan optimistas que dejen de volver después de la primera sesión.

b) Estar dispuestos a exponer sus pensamientos. Esto es más que decir la verdad, pues significa expresarse libremente y sin reservas en cuanto a sus temores y esperanzas, sus desilusiones y éxitos, sus heridas y sus momentos de gozo. El abrir el corazón al otro proporcionará el canal por el cual podrán salir las heridas y entrar la sanidad.

c) Estar dispuestos a hacer experimentos para solucionar sus problemas y cumplir sus expectativas, a poner en acción nuevas ideas y a tener nuevas experiencias para compartir con la familia.

d) Estar dispuestos a ver que la terapia los incluye a ellos mismos, a su cónyuge y a sus hijos; estar dispuestos a reconocer su propio valor y capacidad como personas dignas.

e) Estar dispuestos a aceptar los muchos aspectos contradictorios de sí mismos y de su conducta.

4. **Separación y divorcio**: La inestabilidad de la familia es uno de los males más devastadores que azotan a la sociedad occidental. En algunos países, uno de cada tres matrimonios termina en separación o divorcio. El diario «El Mercurio», de Santiago de Chile, nos da la descripción de un rompimiento marital a través de las palabras de Teresa, la hija de cierta familia. Ella tenía quince años cuando sus padres se separaron:

Antes de separarse, todo parecía fantástico. Nunca supimos de una pelea, pero tampoco los vimos darse un beso o tener gestos de cariño. En el año 70 mi papá, que es arquitecto, se fue a trabajar lejos, a Viña, y empezamos a verlo solo los fines de semana. Primero, venía de viernes a lunes. Después, solo de sábado a domingo. Al final... ¡solo el domingo! Mamá, típica esposa celosa-dominante-absorbente, se dedicaba continuamente a revisarle las boletas, los bolsillos, ¡todo! las escenas de celos se repetían una tras otra y siempre andaban ambos de muy mal genio.

En realidad, casi le encontré razón a papá cuando decidió irse. No me explicó en detalle el motivo, pero creí intuirlo. ¡No soportaba más a mi mamá! Fue terrible. Sobre todo porque decidió dejarnos con ella y yo no soportaba la idea de la casa sin él. Yo esperaba vivir con mi papá, pero no se pudo. Nunca se pudo, porque estaba acostumbrado a vivir solo.

La vida familiar se transformó en un desastre. A mamá le cargaba llevar la casa, y estando sola, ¿para qué preocuparse? Nunca volvimos a desayunar o comer juntos. Empezó a faltar el dinero porque ella es pésima administradora... Como si fuera poco, le cambió el carácter. De repente lloraba, gritaba, insultaba a mi papá, cuando él no estaba, por supuesto. Incluso llegó a «amenazarnos» con mandarnos a vivir con él... Uf..., típica vieja sola, sin un trabajo entretenido.[5]

La Biblia presenta el concepto del matrimonio como un pacto para unir a dos personas para toda su vida, una unión que no debe deshacerse, salvo en el caso de inmoralidad. Los pastores tienden a estar de acuerdo con las palabra de Miguel de Cervantes: «La peor reconciliación es preferible al mejor divorcio». La palabra «divorcio» viene de un término latino que significa «desviar de su camino». Sin embargo, hay matrimonios que fracasan por más que haga el consejero. Algunas parejas siguen viviendo juntas, por más que peleen o estén emocionalmente separados e indiferentes el uno al otro. Otras se separan, pero no se vuelven a casar; hay otras que se separan y forman otra unión, con o sin divorcio.

En muchos casos el matrimonio ha terminado años antes de que se separen. Un consejero pregunta: ¿Cómo podemos saber cuándo una unión matrimonial ha muerto y le falta solamente poner el epitafio sobre la lápida? ¿Puede la cirugía sicológica, o un gran esfuerzo, sanar a la familia gravemente herida, pero que todavía está fértil en recursos? ¿Se puede justificar una situación matrimonial en la que un consorte perjudica peligrosa y continuamente el desarrollo de los hijos? ¿Hasta qué punto de un hecho consumado (como en el caso de un cónyuge que ya tiene su amante) se requiere *solamente* un divorcio? ¿Cuándo pueden el perdón y la comprensión redimir a un ser querido de la tentación desastrosa, para que pueda «volverse a sí mismo» y regresar arrepentido a su hogar?[6] Estas y muchas otras preguntas deben ser consideradas antes de dar el paso de separarse. Las personas que piensan que la separación es la solución a su situación, deben considerar bien las consecuencias. En primer lugar, hay individuos que creen que su consorte tiene toda la culpa y que si vuelven a casarse serán muy felices. Sin embargo, es probable que no sean felices, pues llevan consigo las mismas características que produjeron el conflicto en la primera unión. Además, el segundo cónyuge quizás no será mejor que el del primer matrimonio.

Las parejas que no ven otra salida a sus conflictos, se separan, pero muchas veces ese paso es como decapitarse para curar los dolores de cabeza, o quitar el estómago para sanar los dolores gástricos. El consorte que se separa del otro tal vez se sienta culpable, pero es probable que el abandonado se sienta rechazado y humillado. Experimentará todos los sentimientos: enojo, amargura, tristeza y pesar.

¿Qué les pasa a los hijos cuando uno de los padres ya se ha ido? Los padres, en el momento de separarse, no se hallan en buenas condiciones para resolver tal problema con serenidad. Incluso la esposa que acepta el hecho de la ruptura y evita acciones o comentarios que dañen la imagen del padre, difícilmente puede evitar que sus hijos vean en ella una víctima: sus expresiones de tristeza, su soledad, terminan por comunicar amargura y originar sentimientos perturbados en los hijos. Además, para desarrollarse bien, el niño necesita dos polos, el femenino y el masculino. En la medida que pierda uno o se resienta con uno, se resiente también en su vida.

El doctor Germán Zanghellini, asesor en Salud Mental de la Región Metropolitana de Santiago, Chile, señala el problema: La primera consideración que hace es que el niño, desde el punto de vista sicológico, necesita patrones de conducta, modelos de donde aprender. Es evidente que el modelo padre-madre es el afectivamente más cercano. No puede, pues, quedarse sin uno de los dos, debido a que el otro se encarga de destruirlo. «Quedarse sin modelo le produce al niño un sentimiento de desolación. A corto o a largo plazo, es un enfermo en potencia».[7]

Otra consecuencia de la separación es que el separado tiene que enfrentar su sexualidad. El apóstol Pablo reconoce que las personas no casadas tienen pasiones fuertes que pueden producir padecimiento (1 Corintios 7:9). Si es así con los solteros, tanto más con las personas que ya se han acostumbrado a la vida matrimonial.

Por desdicha, pocas personas separadas, incluso creyentes, llevan una vida completamente pura después de su ruptura matrimonial. Por regla general, no aguantan ni la soledad ni su pasión sexual. El escritor de este estudio ha observado que algunas personas separadas, que no llevan una vida casta, tratan de seguir asistiendo a la iglesia, pero la mayoría simplemente la abandonan. Los que permanecen en la iglesia a pesar de sus relaciones irregulares, a menudo sienten el conflicto entre su conducta y la norma bíblica. Un individuo comentó: «Me siento tremendamente culpable... Mi culpa impide mi crecimiento espiritual». Otro dijo: «A veces me siento tan deprimido después de disfrutar del compañerismo y del sexo, que quisiera morir antes de vivir con este sentimiento de depresión». Una mujer se lamentaba: «Me siento como una mujer de la calle».

¿Por qué consultan raras veces con su pastor en lo referente a su problema? Una encuesta realizada en California, EE. UU., nos da algunas respuestas, las cuales probablemente son típicas en todas partes del mundo: Temen que si se lo cuentan, pondría en tela de juicio su experiencia de salvación. En otros casos, no quieren ser juzgados por él o suponen que el pastor vive en un mundo irreal y no entendería su problema. También algunos temen que traicione su confianza.[8]

5. **Consejería a los separados**: Las personas que deciden separarse necesitan la comprensión y el apoyo de su pastor. El pastor comprensivo tratará de ayudarlas a comunicarse entre sí y a lograr un acuerdo sobre la propiedad y los hijos. Por amor a los niños, deben poner freno a una atmósfera de odio y conflicto, y mantener al menos cordialidad. A veces la madre trata de ocultar el hecho, diciendo que el papá va a trabajar en otro lugar y así llena a los hijos de incertidumbre.

El doctor Zanghellini da consejos a los padres sobre cómo informarles a sus hijos, y luego cómo comportarse delante de ellos:

> Explicarles lo que pasa, tengan la edad que tengan. Y que la información la reciban de sus padres y no de una abuelita que tiene que enfrentar la situación porque los padres no se atreven. Los niños después no perdonan las noches de insomnio, de zozobra, de no saber lo que pasa. Lo que más produce angustia es la incertidumbre, por lo que es fundamental eliminarla.
>
> Como estamos ante una situación afectiva, no se les puede hacer elegir entre uno y otro. Ambos siguen siendo sus padres y no hay por qué mezclar las cosas.
>
> Lo lógico es que el que se va pueda ver a sus hijos con la misma frecuencia que antes. Lo ideal es que los padres tengan una relación amistosa frente a ellos. Respetar la opinión del otro, y si hay algo que discutir, no se debe discutir delante de los hijos. Hablarles bien del otro a los niños. Que ellos sientan que pueden seguir queriéndolos a los dos sin tener sentimientos de culpa frente al otro. Uno puede pensar lo peor del excónyuge, pero ante los hijos hay que defenderlo. Es por la salud mental de ellos, que necesitan tener intactos sus modelos.[9]

Es importantísimo para el bien del separado, que el pastor guíe a la congregación a aceptarlo y ayudarlo a ajustarse a su nueva vida. El mundo no termina con la separación; solamente parece terminar. Muchos separados proceden con valentía y descubren que Dios no ha muerto ni sus amigos los rechazan. Es posible criar a los niños a fin de que sean adultos normales a pesar de su hogar quebrantado.

Brenda Hunter, una creyente divorciada, narra su historia en un libro intitulado *Beyond divorce* [Más allá del divorcio]. Luchó con sus sentimientos de rechazo; experimentó sucesivamente las emociones de enojo, amargura, tristeza y angustia. Sin embargo, con la ayuda de Dios, logró reedificar su vida y proveer para sus dos hijos. Durante el proceso, encontró nuevas fuerzas en sí misma, un descubrimiento que hacen muchos separados, el cual quita el sentido de rechazo y restablece la confianza en sí mismo. Experimentó la gracia divina, y empleó sus dificultades para crecer espiritualmente y depender de la presencia del Señor.

6. **Aceptación de los casados de nuevo**: Una abrumadora mayoría de los separados no quedan solos por mucho tiempo, no obstante las leyes de ciertos países que no permiten el divorcio. ¿Qué debe hacer el pastor cuando se convierte una mujer separada de su marido pero que cohabita con otro hombre? ¿Debe aconsejarle que deje a

su actual consorte, diciéndole que es adulterio cohabitar con él? La separación de su actual marido equivaldría a romper una familia más y cometer el mismo pecado que en la primera separación. Muchos de los pastores evangélicos aplican en tales casos el principio paulino referente a otras cosas: «Cada uno en el estado en que fue llamado, en él se quede» (1 Corintios 7:20). Además, si se nota que Dios ha perdonado a la persona y la ha aceptado, ¿quiénes somos nosotros para estorbar a Dios?

El caso del creyente que se separa sin una causa bíblica y se casa de nuevo, es un asunto más difícil de tratar. Obviamente ha pecado, pero ¿es necesario romper la segunda unión para recibir el perdón de Dios? ¿Cuál es el pecado, deshacer la primera unión y casarse de nuevo con otro, o seguir viviendo junto con el segundo cónyuge? Para muchos pastores, resulta fácil contestar estas preguntas, pero para otros no lo es tanto. Algunos creen que si la persona se arrepiente de haber roto su matrimonio y de haberse unido a otra persona, basta; Dios la perdona, y nos toca a nosotros aceptarla; todos los pecados son perdonables fuera de la blasfemia contra el Espíritu Santo. Lector, ¿cuál es su convicción?

Notas

1. Collins, *Orientación sicológica eficaz, op. cit.*, pp. 77-78.
2. Hamilton, *El ministerio del pastor consejero, op. cit.*, p. 106.
3. Collins, *Orientación sicológica eficaz, op. cit.*, p. 99.
4. John Vayhinger, *op. cit.*, p. 53.
5. «Los hijos de la ruptura», *El Mercurio, Revista del domingo*, Santiago, Chile, 17 de Junio, 1979.
6. Vayhinger, *op. cit.*, p. 2.
7. *El Mercurio, op. cit.*
8. Harold Ivan Smith, «Sex and singleness, the second time around», en *Christianity Today*, Mayo 25 de 1979, pp. 16-22.
9. *El Mercurio, op. cit.*

Capítulo 10

PROBLEMAS DEL SEXO

*U*nos periodistas del diario «El Mercurio» de Santiago, Chile, entrevistaron a un centenar de jóvenes solteros de entre diecisiete y veintidós años, sobre el comportamiento en la materia sexual. Quedaron sorprendidos por su lenguaje y actitud. Comentaron: «Palabras tales como 'acostarse', 'hacer el amor', 'atracar', salieron con una fluidez que no esperábamos». Afirmaron que alrededor del setenta y cinco por ciento de esos jóvenes de ambos sexos, han tenido, o tendrían en esa etapa, relaciones sexuales. El sicólogo Alejandro Celis reconoce que se está viviendo una crisis. «Ya resulta normal que las niñas tengan relaciones sexuales a los quince o dieciséis años».[1] Es probable que exista una situación similar en muchas otras ciudades del Nuevo Mundo. El mundo presencia en nuestros días una verdadera explosión de manifestaciones de hombres y mujeres cuya vida sexual y sentimental ha tomado caminos desviados. Ha llegado una arrolladora revolución sexual que todavía no ha alcanzado el clímax.

El joven de hoy es estimulado sexualmente de forma constante. La humanidad del siglo veinte está obsesionada por el sexo. Todos los medios masivos de comunicación: diarios, revistas y televisión, lo bombardean constantemente con el tema. Al mismo tiempo sufre un bombardeo interno de impulsos sexuales. Más que nunca los jóvenes creyentes de hoy enfrentan problemas serios en cuanto al sexo. El pastor-consejero debe estar preparado para ayudarlos.

1. **Masturbación**: Según las observaciones de sicólogos y médicos, la mayoría de los muchachos han practicado la masturbación alguna vez en su vida. Se estimulan los órganos sexuales mediante caricias o manipulaciones para provocarse sensaciones de placer y terminar en un orgasmo. Es una forma de autogratificación que por lo general desaparece en la última etapa de la adolescencia o cuando la persona comienza a tener relaciones matrimoniales.

La masturbación puede ser un acto aislado que el joven hace en un momento de debilidad, pero también puede llegar a ser un vicio que el joven practica compulsivamente varies veces por semana y hasta a diario. La práctica puede llegar a ser algo que domina al individuo hasta que no puede pensar en otra cosa. Mientras más se masturba, tanto más se quiere masturbar; cuanto más la practica, tanto más depende de ella. Así la persona se enreda en un círculo vicioso. Con frecuencia la masturbación compulsiva es síntoma de algún trastorno emocional, como complejo de inferioridad, sentido de inseguridad o rechazo.

Hasta no hace mucho, con el objeto de evitar que los muchachos cayeran en esta práctica, se los amenazaba con que podían quedar ciegos, impotentes, estériles o dementes. Felizmente, la ciencia ha demostrado que estas afirmaciones son absolutamente erróneas; la masturbación no causa daños físicos de ninguna clase. Sin embargo, conduce en muchos casos a un sentido de culpabilidad, de vergüenza, y a desórdenes emocionales. Después de practicarla, el individuo experimenta generalmente una sensación de soledad, vacío, culpa, desilusión consigo mismo y debilidad.

Si la Biblia no la menciona, ¿debemos considerarla como un grave pecado? Por otro lado, es un error decir que es un escape adecuado a las tensiones sexuales. Es una forma egocéntrica de gratificación; un sustituto malsano de la relación normal entre dos personas casadas.

La masturbación no es necesaria para aliviar las tensiones sexuales que experimenta el joven soltero, pues Dios ha provisto otro medio: las emisiones nocturnas de semen (poluciones). En algún momento, entre los doce y los dieciséis años de la vida del joven varón, comienzan a ocurrir estas emisiones que acompañan generalmente sueños eróticos. Son normales, y no existe razón alguna para avergonzarse de tenerlas.

La masturbación no favorece la preparación del individuo para el amor verdadero. En efecto, adormece su fuerza de voluntad y contribuye a que se encierre en sí mismo. Muchos son los que se han dejado arrastrar sin oponer resistencia y después son incapaces de entender que el acto sexual no es la unión de dos individuos aislados, sino que es la experiencia física de la comunicación entre dos personas. El que se masturba continuamente, termina considerando, cuando tiene relaciones normales, que el otro no es más que un objeto al cual hay que aprovechar para gozar al máximo.

El sexo en sí mismo es solamente una parte de la relación entre dos personas; una relación responsable, de amor recíproco, de entrega total y de carácter permanente. Por eso, un médico evangélico, Doug Roberts, señala que la masturbación es un substituto de dicha relación y es semejante en este aspecto a cuando se recurre a la prostitución, a la promiscuidad y a la filosofía de «playboy» (hedonismo) para satisfacer los impulsos sexuales.[2]

Otro aspecto destructivo de esta práctica es la fantasía que acompaña al acto. El individuo se imagina que experimenta el acto sexual con una persona del sexo opuesto. La fantasía perjudica el desarrollo normal de la personalidad. Además, Jesús nos enseña que la inmoralidad no se limita a actos físicos, sino que abarca también la imaginación impura (Mateo 5:28). El individuo que se masturba peca mentalmente.

¿Cómo podemos ayudar al joven que se masturba de manera compulsiva?

Por regla general, sus padres no están preparados para ayudarlo. Sienten que un muro cada vez más alto los separa de él. Es probable que sufran por ello, pero no saben hacer nada más. Les ocurre a muchos padres que quisieran ayudar a sus hijos durante la adolescencia, y que sin embargo, como no saben en qué forma hacerlo, los dejan solos.

El pastor puede celebrar con los jóvenes una sesión de grupo, en la cual se traten los problemas de la adolescencia, incluso el de la masturbación. Por supuesto, se separa a los muchachos de las muchachas, y una mujer puede aconsejar a las chicas.

Si un joven viene al pastor buscando consejo sobre este tema, hay algunos principios que observar:

a) Debe tratar al asesorado con respeto y comprensión. No debe cargar con culpas su conciencia, pues tal vez ya se sienta culpable, inseguro e indigno. Aumentar su sentido de culpa solo lo debilitará más y fortalecerá su mala práctica. En ciertos casos, conviene aliviar sus temores en cuanto a las consecuencias físicas y mentales de la masturbación. Señalará que es un pecado común entre los jóvenes, y que es posible vencerlo.

b) Si la práctica es compulsiva, puede ayudarle a encontrar la inadaptación emocional que produce el problema. Clyde Narramore explica que los niños inseguros y desdichados, a menudo procuran obtener placer y alivio de la tensión a través de la masturbación, así como algunos se comen las uñas o se chupan el dedo pulgar. Cuando los padres los critican excesivamente y plantean normas de conducta ajenas a la realidad, es probable que sus hijos se dediquen a la masturbación.[3] El problema muchas veces tiene que ser resuelto a través de cambios que han de efectuarse en el hogar, y con la cooperación de los padres. El individuo necesita respetarse, sentir su valor y tener alguna diversión sana.

c) Debe animar al aconsejado a esforzarse para dominar sus impulsos. Un consejero le dijo a un joven: «Sé que es difícil, pero si esta es la edad en que el deseo llama con más fuerza, es también la edad de los grandes ideales y de las decisiones heroicas. Prepárate para el amor verdadero. Guárdate para la mujer con quien algún día te comprometerás. No te desalientes por los tropiezos, aunque sean muchos. Levántate una y mil veces si es necesario».

d) Debe darle sugerencias prácticas que puedan ayudarlo. Jay Adams dice:

Los asesorados vienen a menudo angustiados rogando que los ayude a vencer este hábito. Con frecuencia se sienten tan culpables que imploran: «Haga algo por mí; ayúdeme de alguna manera». No quieren solamente palabras; quieren acción. Bueno, se pueden hacer varias cosas para ayudar. Por ejemplo, el consejero puede averiguar cuándo y dónde sucede con más frecuencia la masturbación ... Si halla que la masturbación ocurre regularmente después de que el aconsejado se acuesta y antes de que se duerma, puede animarlo a que ore y haga ejercicios vigorosos antes de acostarse para que llegue agotado a la cama. Si la masturbación ocurre en la mañana, puede sugerir que ponga el reloj despertador al otro lado del dormitorio, para que tenga que salir de la cama para apagarlo; el próximo paso será tender la cama de inmediato.[4]

e) Debe aconsejarle que eche mano de la ayuda de Dios para enfrentar su problema. El aconsejado tiene que saber que la fuerza no está en él mismo, pues nadie puede vencer este vicio por sus propias fuerzas. Es Dios quien hará la obra. Pero es necesario que el individuo se rinda a Dios en consagración entera y experimente la renovación de su mente (Romanos 12:1,2). Si el aconsejado se vuelve a masturbar accidentalmente después de tener victoria por un tiempo, no debe afligirse. Es entonces cuando el diablo aprovecha para decirle que ha caído de nuevo en el vicio. No lo debe creer, sino que debe levantarse de nuevo por la gracia de Dios y seguir caminando en victoria. Algunos jóvenes no han obtenido la victoria final sino después de caerse y levantarse unas cuantas veces.

f) Debe señalarle cómo controlar sus pensamientos y cómo ocuparse en las cosas buenas. Como en el caso de muchos otros problemas, no basta luchar con la tentación. Es necesario encontrar actividades sanas que puedan llenar el vacío de su vida y desarrollar actividades que lo aparten de la influencia malsana del vicio. Solo se extirpa una actividad sustituyéndola por otra. El factor más importante para dominar los impulsos sexuales es el control de la mente. Muchos jóvenes juegan mentalmente con la idea del sexo; permiten que sus mentes acaricien pensamientos impuros. Como consecuencia, estimulan sus pasiones sexuales continuamente y así provocan la masturbación y otros desórdenes sexuales.

El joven debe esforzarse por evitar todas aquellas cosas que lo puedan estimular sexualmente: las revistas impuras, las películas que glorifican el sexo, los chistes inmorales y las conversaciones que tratan del sexo de forma irreverente. Debe superar la tendencia a darles una segunda mirada a las chicas que se exhiben semidesnudas en la calle, y debe apartar la vista de ciertas cosas que suscitan el levantamiento de las pasiones. Aunque no pueda evitar que a veces los malos pensamientos lleguen a su mente, no debe darles cabida, pues son dardos del enemigo.

Sobre todo, debe llenar su mente con las cosas positivas y puras: «Todo lo que es verdadero ... honesto ... puro ... en esto pensad» (Filipenses 4:8). Se dice que «la mente desocupada es taller del diablo»; si no nos ocupamos en las cosas buenas y espirituales, el enemigo nos llevará a los pensamientos malsanos.

Hay personas que se siguen masturbando aun después de casarse. En general, es un indicio de que la persona es retraída, insegura o teme la intimidad con su consorte. No obstante, algunos cónyuges se masturban aun teniendo relaciones con su consorte. Puede que esto sea índice de una afección neurótica o de otro desajuste emocional. El consejero debe enfocar su ayuda en solucionar el problema básico y no concentrarse solamente en los síntomas.

2. **Relaciones prematrimoniales y madres solteras**: Siempre ha existido el problema de los embarazos en algunas mujeres solteras, pero jamás se había visto en tan grandes proporciones como en la actualidad. La «revolución sexual» llama la atención de todo el mundo. Se glorifica la búsqueda de satisfacciones inmediatas y gratificaciones baratas. Los medios de comunicación y la publicidad invitan a los jóvenes a experimentar y después, viene la angustia. «Si mis padres se enteran...»; «si estoy embarazada». El mito sexual ha producido una cosecha amarga. Por más emocionantes que se presenten las relaciones prematrimoniales, no hay nada nuevo ni hermoso en engendrar hijos fuera del matrimonio. Tarde o temprano el pastor tiene que enfrentarse a situaciones en las que alguna joven ha tenido relaciones sexuales ilícitas.

¿Por qué practican relaciones sexuales algunos de los creyentes solteros? Ya hemos mencionado en la lección sobre «matrimonio y noviazgo» que el juego de caricias entre jóvenes despierta un apetito siempre creciente, y que los dos pueden pasar el punto del cual es casi imposible volver. Una vez que han experimentado el sexo, es muy difícil dejarlo. Hay otras razones por las cuales los jóvenes cometen fornicación: algunas ni siquiera son comprendidas por ellos mismos.

a) Ideas erróneas. Satanás usa muchos argumentos para llevar a los jóvenes a la inmoralidad. Algunos son los siguientes:

- ◈ «Dios nos ha dado el apetito sexual para que sea satisfecho». Así e,s pero no fuera del matrimonio. La fornicación o adulterio es un acto contra Dios, la familia, la sociedad y la misma persona que lo practica. No tenemos derecho a manchar nuestro cuerpo fornicando, pues Cristo nos ha comprado con su propia vida y nos ha concedido el gran privilegio de ser templo del Espíritu Santo (1 Corintios 6:18-20). También Dios quiere que aprendamos el dominio propio y así crecer en carácter y en espíritu.

… «Las relaciones prematrimoniales son buenas para preparar a los jóvenes para tener un matrimonio equilibrado y feliz». Angel Furlán, pastor y líder argentino, dice: El resultado que produce la experimentación sexual antes del matrimonio es exactamente el opuesto. El individuo que es «picaflor» pierde el gusto en las cuestiones de amor puro. Aun la percepción sexual se embrutece. La experiencia sexual pertenece al matrimonio. La adaptación mutua tomará necesariamente algún tiempo, pero en el matrimonio hay tiempo suficiente.[5]

En vez de preparar a la persona para el matrimonio, las relaciones premaritales a menudo le producirán un sentido de culpa y recelo que perjudica la felicidad matrimonial. La continencia antes del matrimonio es para nuestro bien y conduce a mejores relaciones sexuales y de otra índole dentro del matrimonio.[6] La completa «libertad» sexual es una vía que conduce a la desilusión, la vacuidad, el divorcio, las enfermedades venéreas y las vidas destrozadas.

… «Reprimir el sexo perjudica la salud». No hay ninguna evidencia medica que sostenga tal aseveración. Al contrario, el sentido de vergüenza y de terror de ser descubierto, a menudo afecta la salud desfavorablemente. Dios ha provisto un alivio a las tensiones sexuales en los jóvenes solteros en las emisiones nocturnas de semen.

b) A veces los padres fracasan. Algunos padres no les enseñan a sus hijos los valores y normas de la conducta entre los sexos. Esto hace que dichos hijos tengan poca o ninguna convicción respecto a la moralidad.

Otros no le dan a su hija el afecto y la atención que necesita. Todas las personas necesitan ser comprendidas y amadas. Esa privación de cariño en el hogar prepara el terreno para que las caricias amorosas hagan de la chica una presa fácil para un hombre inescrupuloso.

A veces las muchachas que se sienten rechazadas por sus padres, inconscientemente buscan el embarazo para herirlos.

Hay casos en que la juventud no se entiende con sus padres. Existe un abismo, una brecha entre las dos generaciones. El joven está convencido de que los padres son los únicos culpables porque no hablan con sus hijos. En vez de comprenderlos, les imponen normas así «porque sí», sin darles razones. Se dan cuenta de inmediato de que no tiene sentido hablar. Consideraremos más detalladamente este asunto en la próxima lección.

c) La presión social y el deseo de ser aceptados por sus compañeros es tan fuerte, que sucumben a la inmoralidad. En muchas escuelas medias y universidades, la mayoría de los estudiantes se dan a la deriva del libertinaje sexual. Los que siguen resistiéndose a pesar de las presiones, quedan aislados. Los califican de «locos» o «inadaptados».

d) La curiosidad puede llevar a los jóvenes a experimentar relaciones sexuales. Quieren ver cómo es. Por regla general, a dichos jóvenes les falta educación sexual.

e) Algunas solteras buscan el embarazo porque lo consideran el medio para obligar a su amigo a casarse con ellas o para forzar a sus padres a consentir en su matrimonio.

La joven sabe que si está esperando familia, los padres no se opondrán a que contraiga enlace con el joven que engendró la criatura.

f) Algunos buscan relaciones ilícitas para demostrar que ya son adultos. Otros son motivados para afirmar sus atractivos, como en el caso de la señorita que quiso probar que era atrayente e irresistible al sexo opuesto.

3. **Consejería a las madres solteras**: Son raras las veces en que una pareja que practica relaciones prematrimoniales recurre a su pastor para ser aconsejada. Con más frecuencia son los padres los que buscan la ayuda de su ministro después de que su hija está embarazada. Sin embargo, muchos padres en tal situación vienen solamente para pedirle que oficie en el enlace planeado apresuradamente. ¿Qué debe hacer el pastor?

El pastor no debe juzgar ni censurar a la pareja, sino considerar que la situación le proporciona una oportunidad de ministrar en el nombre de Cristo. Por regla general, los que han pecado vienen con sentimientos de sorpresa, culpa y miedo. Algunas mujeres se sienten tan manchadas, que piensan que no son dignas de ser esposas de ningún hombre. Otras piensan que ya no pueden enfrentar la vida y tienen ideas de eliminarse o hacerse un aborto. Les cuesta perdonarse y hacerle frente a la sociedad. Al pastor le toca ayudar a tales jóvenes a encontrar el perdón de Dios y a restaurar su sentido de dignidad y valor. Conviene a veces ayudar a la joven a comprender los motivos de su conducta y a enfrentar sus emociones negativas.

La tarea del asesor no termina con la restauración espiritual de los culpables. Debe aconsejarlos en cuanto a sus próximos pasos. Hay que considerar el bien de la joven, la situación de los padres y el futuro de la criatura que resultó o resultará de la unión ilícita.

Es necesario a veces orientar a los padres de la madre soltera para que comprendan a su hija y sigan amándola. Mediante sesiones de asesoramiento, el pastor puede indicarles algunas causas básicas que posiblemente motivaran las relaciones inmorales de ella, y orientarlos respecto a cómo pueden ayudarla.

La madre soltera muchas veces necesita la ayuda del pastor para tomar las decisiones correctas. ¿Debe casarse con el joven que engendró a su hijo? Esto depende de muchos factores. No debe casarse solo por obligación, pues tales uniones raras veces resultan bien y muchas veces terminan en la separación. Hay que preguntar si hay amor recíproco.

¿Son compatibles? ¿Cuál es la actitud de los padres de la pareja? Si la unión matrimonial aleja a los padres de una familia, puede que produzca tensiones destructivas. ¿Están los jóvenes en condiciones económicas para establecer un hogar? El pastor no debe imponerles sus soluciones, sino ayudarlos a explorar la situación y a tomar sus propias decisiones.

Si es imposible o no conviene que los jóvenes se casen, queda por solucionar el problema de criar al niño. Muchas madres desean criar a su hijo, y otras lo entregan a una agencia de adopciones o a un hogar provisional, hasta que la madre se case y pueda llevarlo consigo. El pastor puede ayudar a la madre a explorar las posibilidades y a tomar una decisión.

4. **Infidelidad marital**: Pocas cosas hieren más a un consorte que saber que su cónyuge le ha sido infiel. Produce sentimientos de rechazo, enojo, celos y desprecio. A veces produce heridas que nunca sanan por completo. La Biblia lo considera como uno

de los peores pecados, pues es una violación del pacto matrimonial y puede destruir a la familia. La infidelidad provoca en muchos casos el divorcio y proporciona la razón bíblica para deshacer la unión matrimonial. Por supuesto, el pastor hará un esfuerzo para salvar el matrimonio aun en casos de adulterio.

¿Por qué un cónyuge entabla relaciones íntimas con una tercera persona? Hay hombres que tienen la «filosofía donjuanesca»; creen que son grandes amantes. Sus aventuras sostienen su «yo», o están tan acostumbrados a la inmediata gratificación de sus deseos sexuales, que difícilmente pueden limitarse a una mujer. Algunos cónyuges no se comunican bien con su consorte o lo regañan continuamente, y esto lo impulsa a buscar cariño y consuelo en otra persona.

En ciertos casos, un cónyuge no satisface los deseos sexuales del otro por tener conceptos erróneos en cuanto al sexo. Hay hombres que consideran que el sexo es algo puramente biológico; y hay mujeres que lo consideran como algo sucio que tienen que soportar. A veces el aburrimiento en el matrimonio motiva a uno de los esposos a buscar aventuras. Una esposa confesó que tenía relaciones con un soltero porque necesitaba aumentar su autoestima. «Mi marido y yo hacíamos el amor con el mismo fervor con que se toma un desayuno de cereales. Me preocupaba mucho por mi falta de atracción. ¿Por qué no podía estimular la pasión en mi esposo? Luego acepté la invitación de un soltero para ir a su departamento a escuchar música. El asunto terminó con otro tipo de música, y fue entonces cuando me di cuenta de que yo no tenía la culpa de la falta de ardor romántico por parte de mi cónyuge».

Más de un individuo ha entablado relaciones extraconyugales para tomar represalias porque su consorte no lo respetaba o tenía relaciones sexuales con una tercera persona. El adulterio por parte de la mujer produce a menudo en ella sentimientos de culpa y ansiedad; a veces llora, sufre insomnio, dolores gástricos, erupciones en la piel y son frígidas.

La manera de aconsejar a las parejas que tienen problemas de infidelidad, sigue las líneas de la consejería matrimonial que ya hemos considerado. Por regla general, el pastor logra poco o nada sermoneando o reprendiendo al cónyuge infiel. Vale más ayudar a los esposos a comprender la raíz de su problema y a solucionarlo. Se debe efectuar una reconciliación basada en el perdón por parte del ofendido, y en la finalización de una vez para siempre de las aventuras por parte del ofensor. Sobre todo, debe reconciliarse con Dios y emprender una vida espiritual, una vida que sea «cristocéntrica».

5. **Perversiones sexuales y homosexualidad**: Existen desviaciones sexuales en las que un individuo obtiene una satisfacción sexual, aparte de la obtenida en la copulación normal entre un hombre y una mujer. Se llaman «perversiones sexuales». Entre ellas pueden contarse varias expresiones. Hay individuos, por ejemplo, que se sienten irresistiblemente impulsados a exhibir sus órganos genitales para obtener excitación sexual; esto se presenta más a menudo entre los varones que entre las mujeres. Esto se denomina *exhibicionismo*. El *observacionista* recibe placer sexual contemplando el cuerpo desnudo de otros, o a personas que realizan la cópula, y las mira a hurtadillas. Otras personas se despiertan sexualmente solo mediante objetos inanimados como ropa interior, medias o zapatos del sexo opuesto, cayendo así en el *fetichismo*.

El *sadismo* es el gozo sexual experimentado al hacer sufrir a otra persona que, paradójicamente, se quiere en la mayoría de los casos. Se manifiesta causando tanto dolor físico como sufrimiento mental (insulto, humillación, etc.) a la ocasional víctima. Puede tener varios grados de intensidad. Por ejemplo, puede comenzar desde el simple placer sádico que un joven obtiene torciendo el brazo de su amigo, y llegar hasta el frenético goce sexual al azotar sin misericordia a su pareja.

El *masoquismo* se expresa en los que encuentran placer sexual al sufrir dolor o golpes, o al someterse a la cólera ajena y a los insultos. Se manifiesta también en los que experimentan satisfacción sexual al ser dominados por una persona querida hasta el punto de sufrir dolor.

Bestialismo es la desviación sexual que se caracteriza por las relaciones sexuales con animales. Ocurre con mayor frecuencia entre los retrasados mentales y en regiones rurales. Las actividades sexuales con niños, sean heterosexuales u homosexuales, se denominan *pederastia*. Con respecto al bestialismo y a la pederastia, el individuo por regla general se siente inseguro en su papel sexual. Teme tener contacto sexual con mujeres adultas y se caracteriza por sus malas relaciones sociales en general. La aberración en que los individuos se sienten atraídos sexualmente hacia personas del mismo sexo, se denomina *homosexualidad* o *inversión*.

Se considera que las perversiones sexuales surgen generalmente de complejos formados en la niñez, pero algunas pueden ser aprendidas también por personas sanas. Por ejemplo, el sadismo y el masoquismo indican que dentro del individuo hay tendencias destructivas no sublimadas adecuadamente. Se expresan como hostilidad en el caso del sadismo, y como autodestrucción en el masoquismo.

¿Hasta qué punto es responsable la persona que tiene una aberración sexual? Un profesor de sicología, Oscar Ahumada Bustos, comenta:

> El perverso es víctima de tendencias de las cuales no es más culpable ni tiene mayor responsabilidad que el individuo que padece una fobia. Cierto es que el perverso puede restringir sus impulsos, aunque solo sea hasta cierto punto, impidiéndoles llegar demasiado lejos... Puede controlar sus acciones, de las cuales es responsable, pero no es absolutamente responsable de sus impulsos; de sus inclinaciones.[7]

Por regla general, el pastor no está preparado para ayudar mucho a los perversos a desarraigar sus impulsos anormales, pero sí puede ayudarlos a dominar sus tendencias, en especial si el asesorado es homosexual. Tal vez la fe cristiana sea la única fuente de ayuda contra la práctica de la homosexualidad.

La inversión sexual parece haber sido muy común entre los griegos y otros pueblos paganos en la época de Cristo. Nuevamente ha llegado a ser común en varios países europeos en los cuales los gobiernos aprueban y protegen a los desviados. Por ejemplo, en Inglaterra se permite que los homosexuales se casen entre sí. Aun en algunos países del Nuevo Mundo los invertidos ya no ocultan su condición, sino que se presentan abiertamente y abogan para que la homosexualidad sea reconocida como algo natural y aceptable.

Sin embargo, la sociedad actual en general condena al invertido sexual porque desvirtúa y desvía los fines reproductores del sexo y es sicológicamente anormal; la inversión también encierra el peligro de difundirse entre personas sanas.

La Biblia considera la práctica homosexual como un pecado grave y como la evidencia de la degeneración del hombre abandonado por Dios (ver 1 Timoteo 1:9,10; 1 Corintios 6:9,10; Romanos 1:24-26). Las ciudades de Sodoma y Gomorra fueron objeto de la ira divina por haberla practicado de forma muy extendida.

El término «homosexualidad» se aplica a ambos sexos, pero «lesbianismo» únicamente a mujeres. En la inversión se encuentran distintos grados.

a) Los «invertidos absolutos» están en la cima de la escala. Para ellos, solo su propio sexo, presenta atractivo sexual, en tanto que el sexo opuesto les inspira indiferencia y hasta desagrado. Algunos tienen hasta los modales del sexo opuesto, y aun hay los que se visten con la ropa del otro sexo. Sin embargo, la mayoría de los homosexuales no dan mayores indicios de ser anormales, y algunos desviados llegan a ocupar puestos de importancia en la sociedad.

b) Los «invertidos bisexuales» son los que son capaces de tener relaciones con ambos sexos.

c) Los «invertidos ocasionales» practican la homosexualidad solamente en ciertas circunstancias, tales como la ausencia del otro sexo, o en casos de hábito o seducción. De otro modo suelen tener relaciones heterosexuales.

d) Los «invertidos latentes» son personas aparentemente normales, pero que tienen inclinaciones homosexuales de las cuales ni siquiera se dan cuenta. Pueden casarse normalmente y tener hijos, y luego experimentar fantasías de relaciones homosexuales. Por ejemplo, un joven soltero de veintitrés años comenzó a experimentar sentimientos homosexuales. Nunca antes había tenido relaciones sexuales con mujeres, ni se había sentido atraído por los hombres. Estaba confuso y tenía miedo al darse cuenta de sus fantasías homosexuales y de su deseo de contemplar a los varones desnudos. Recurrió a un consejero para recibir ayuda.

Clyde Narramore observa que «la impotencia, la frigidez y la masturbación compulsiva suelen relacionarse con una dinámica de homosexualismo latente».[8]

¿Cuál es la causa de la homosexualidad? Sicólogos y siquiatras concluyen que en las desviaciones no hay problemas congénitos: nadie nace homosexual. Ni se ha podido comprobar la existencia de homosexualismo por trastornos biológicos; por «problemas hormonales», como se dice popularmente. A un desviado pueden aplicársele hormonas masculinas sin que cambien para nada sus tendencias. Los sicólogos prefieren hablar hoy de «comportamiento homosexual» y no de «persona homosexual». Los factores determinantes son básicamente sicológicos, educacionales, sociales y ambientales. La homosexualidad es una conducta aprendida; el (o la) homosexual no nace, se hace.

Los sicólogos tienen diferentes explicaciones y de ninguna manera se puede hablar de «la causa» del problema. En muchos invertidos se desarrolla la tendencia en su niñez, pues no se identifican con el padre de su propio sexo. Un niño varón con una madre dominante y un padre débil y poco digno de respeto, puede despreciar al padre e identificarse con la madre. O si existen tensiones entre los padres, y el padre es cruel, el niño tiende a veces a identificarse con quien ha sufrido las frustraciones más intensas: la madre. En cambio, la hija puede reaccionar perdiendo el respeto hacia los varones en general y admirando únicamente a las mujeres.

La mayoría de los homosexuales tienen un padre poco afectivo, y mantienen escaso contacto con él. Es generalmente un rival celoso y agresivo de su propio hijo, pues teme que su mujer lo prefiera a él. Por eso está constantemente tratando de bloquearlo, dejándolo sin libertad, ni iniciativa, ni seguridad para actuar.

El niño debe aprender a relacionarse con personas de ambos sexos. La falta de madre provocaría una «fijación» al padre, por tener este que criarlo. Esta fijación se ocasionaría por el goce de los placeres pasivos de la crianza, realizada por un hombre en vez de una mujer. Una madre podría tener tanta intimidad con su hija, que esta no sería capaz de relacionarse en el futuro con el sexo opuesto. Esto ocurre a menudo cuando la niña está casi exclusivamente con la madre todo el tiempo. A veces la sobre-protección que ejercen algunas madres sobre sus hijos tiende a bloquear su independencia, haciéndolos perder su identidad, sus valores propios y su capacidad de decidir por ellos mismos.

También se considera como un factor importante en el desarrollo de la homosexualidad masculina, la preocupación del niño de que, al nacer, su sexo fuera una desilusión para sus padres. Algunas madres permiten que el hijo lleve sobrenombres femeninos y se arregle, vista y juegue como una mujer. En el fondo, le dan un permiso inconsciente para la homosexualidad.

Es muy fácil desviar la energía sexual de los jovencitos, especialmente cuando llegan a la pubertad. En esta etapa, los jóvenes empiezan a interesarse por las personas del sexo opuesto. Si el adolescente es tímido y no sabe comportarse, si se burlan de él y le han inculcado que el sexo no es algo natural, tenderá a rechazar a las mujeres y a buscar apoyo en alguien del mismo sexo. Más tarde su mundo estará limitado a los hombres, pudiendo esto conducirlo a un comportamiento homosexual. Al igual que el joven, la chica puede tener miedo del sexo opuesto y desarrollar la tendencia invertida.

La desviación es algo que uno puede adquirir de otras personas. Si un niño es seducido por un mayor de su mismo sexo, tenderá a sentir miedo al principio, pero luego la respuesta al estímulo sexual podrá convertirse en positivo y aprenderá esta conducta. Toda sensación placentera tenderá a repetirse, así como lo desagradable tiende a ser evitado. Muchas veces un alumno en el colegio introduce a su compañero en las prácticas homosexuales o lo obliga a someterse a la inversión. Luego se desarrolla el gusto por los actos homosexuales. También han ocurrido incidentes en la que un jovencito descubre a un compañero masturbándose; el uno colabora con el otro para encontrar placer sexual, y ambos llegan a ser desviados. La homosexualidad es muy contagiosa.

Las prácticas invertidas resultan a veces cuando los individuos son privados por largo tiempo del contacto con el sexo opuesto. Los hombres que están en la cárcel, los marineros que navegan en alta mar, y las mujeres que no consiguen marido, pueden recurrir a la inversión para satisfacer sus deseos sexuales. Los más culpables son los que llegan a considerar como rutina su vida disipada (alcohol, drogas y sexo), y buscan experimentar nuevas sensaciones.

Es muy posible que la influencia demoníaca sea un factor de la inversión, pero la Biblia no indica que la homosexualidad sea un síntoma de posesión demoníaca. Más bien parece enseñar que es un pecado de la carne. La mayoría de los invertidos no son endemoniados.

¿Existe liberación para el homosexual? El apóstol Pablo habla acerca de creyentes que habían sido «afeminados» y de los «que se echan con varones». Al respecto dice: «Esto erais algunos; mas ya habéis sido lavados, y habéis sido santificados» (1 Corintios 6:9-11). El consejero evangélico John Vayhinger comenta: «Es la experiencia de muchos consejeros que los homosexuales, tanto hombres como mujeres, que son motivados a cambiar, cambian».[9] Un estorbo grande para muchos es que no quieren ser liberados. Por supuesto, el primer paso es convertirse a Cristo.

Hay creyentes que quieren ser liberados de su inclinación invertida, pero por desgracia siguen teniendo los impulsos impuros, en especial si su inversión cumple una necesidad sicológica y emocional en su vida. Aun con el consejo de asesores preparados que les ayudan a entender las raíces de su problema, no encuentran completa liberación, ni se despierta en ellos el deseo de tener relaciones heterosexuales. Algunos se casan y engendran hijos, pero permanece en ellos la inclinación anormal y a veces aumenta. Para una mujer heterosexual, es un riesgo casarse con un individuo que ha tenido este problema, especialmente si era un invertido absoluto. Muchas mujeres que han pensado cambiar a su marido homosexual, han quedado desilusionadas.

Angel Furlán aconseja a los jóvenes que quieren ayudar a los homosexuales:

> La homosexualidad es una enfermedad contagiosa. No conviene, especialmente a los más jóvenes, tratar de acercarse demasiado para ayudar a un homosexual. Es mejor dejar esta tarea en manos de los cristianos más fuertes y maduros. Si traba contacto con un homosexual y tiene interés en ayudarlo, incluya de inmediato a otro hermano en esa relación y no cultive una amistad demasiado íntima con él. Aun después de que un homosexual haya hecho profesión de fe y manifieste ser creyente, es necesario tener cuidado. No estamos hablando en ninguna manera de despreciarlo o tenerlo en poco; es un alma que Cristo ama y salvó, pero tengamos cuidado hasta estar seguro de que hay frutos genuinos de arrepentimiento.[10]

El pastor-consejero debe aceptar al individuo que acude a él con el problema de la inversión. Si el asesor está preparado en sicología, puede ayudar al homosexual a comprender la dinámica de su problema y puede ayudarle a restablecer actitudes sanas acerca del sexo y del matrimonio. Es de suma importancia que el invertido se convierta, y encuentre el poder transformador de Cristo, para ser liberado de su trastorno. El consejero evangélico debe considerar que en la mayoría de los casos, el homosexual es tan responsable y capaz de dominar su tendencia anormal, como lo es el heterosexual al observar los principios de moralidad pública y privada. Debe ser comprensivo y no moralizar excesivamente, sino tener la actitud que Jesús tuvo hacia la mujer adúltera: «Ni yo te condeno; vete, y no peques más» (Juan 8:11). Por regla general, es necesario aconsejar al homosexual durante un largo tiempo.

Los homosexuales que llegan a entender las raíces de su problema y progresan en subsanarlo, a menudo encuentran ayuda adicional a través de la consejería en grupo. Dice Clyde Narramore:

> Estas sesiones de grupo ayudan al homosexual a enfocar las relaciones sociales e interpersonales. Como el homosexual es una persona que tiene dificultades en relacionarse con el sexo opuesto, la oportunidad de participar en la interacción social en una sesión de terapia mixta, es sumamente valiosa. En estas

sesiones, el homosexual puede obtener confianza en su capacidad para tratar con miembros del sexo opuesto. Conforme se va formando una nueva confianza en sí mismo y nuevos conceptos en cuanto al papel que desempeña, las antiguas presiones homosexuales comienzan a perder su dominio.[11]

El problema de hacerlos participar en la terapia de grupo es que de esta forma, el desviado estará en contacto con otros invertidos como él, y puede ser tentado a practicar la inversión con ellos.

Probablemente la mayoría de los pastores-consejeros están limitados en su capacidad de ayudar al homosexual a ser completamente liberado de su inclinación. No obstante, si el pastor les ayuda a dominar sus impulsos, habrá logrado mucho.

El creyente que haya sido homosexual, pero domina sus impulsos y lleva una vida casta, es digno de admiración. Sin duda alguna, tiene que luchar fuertemente contra las tentaciones y es probable que haya recaídas ocasionales, pero si persiste en la lucha, puede ganar el respeto de los demás y entrar algún día en el cielo.

El pastor-consejero tiene motivos para regocijarse ante el hecho de que tiene a su disposición los mejores recursos para ayudar a las personas que tienen problemas sexuales: amor y comprensión cristianos, conceptos claros que permiten diferenciar el mal del bien, las promesas de la Palabra de Dios, el perdón divino y el poder del Espíritu Santo, los cuales pueden proporcionar la victoria.

Notas

1. El diario de Santiago, Chile, *El Mercurio, Revista del domingo*, 21 de enero de 1979.
2. Doug Roberts, «Sexual self-gratification — can you justify it?» en la revista *Christian Life*, Marzo de 1979.
3. Clyde M. Narramore, *Enciclopedia de problemas sicológicos*, 1970, p. 130.
4. Adams, *op. cit.*, p. 402.
5. Beatriz Donzelli y Angel Furlán, «La juventud cristiana frente a la nueva moralidad». obra mimeografiada, s.f., p. 11.
6. Collins, *Hombre en transición, op. cit.*, p. 97.
7. Oscar Ahumada Bustos, *Psicología fundamental*, 2ª edición, 1962, p. 389.
8. Narramore, *Enciclopedia de problemas sicológicos, op. cit.*, p. 94.
9. Vayhinger, *op, cit.*, p. 40.
10. Donzelli y Furlán, *op. cit.*, p 16.
11. Narramore, *Enciclopedia de problemas sicológicos, op cit.*, p. 97.

Capítulo 11

FORMACIÓN DEL NIÑO

$\mathcal{N}$o es difícil percatarse de que estamos en medio de una época de cambios sociales encendidos y alimentados por la juventud. Como por arte de magia se ha venido a desarrollar una extraña generación de hombres sin ley, cuyo objetivo parece ser trastornar todo orden, ley y control. Parece que el viejo orden en el que los jóvenes respetaban a los adultos está pasando. En las grandes urbes, no es fuera de lo común que los jóvenes no acepten que sus superiores les llamen la atención por algo. Hasta los niños parecen ser incontrolables. Una popular columnista observaba: «El rumbo de los niños ha tomado un nuevo significado: los niños dirigen a los padres».

Han aumentado notablemente entre los jóvenes la drogadicción, el libertinaje sexual y la delincuencia. Cuántos jóvenes hay que son despedidos de su trabajo porque continuamente desafían la autoridad del jefe, o que pierden un ascenso en su posición por no ser cumplidores. Aunque los jóvenes de hoy tienen más ventaja que la juventud de antes para desarrollarse, muchos no la aprovechan. Según el cálculo del sicólogo Germán Rivera, aproximadamente el veinticinco por ciento de los adolescentes tienen problemas familiares y son agresivos y apáticos con los mayores. Se exagera el concepto del abismo generacional, el cual, sin embargo, existe. Muchos de los jóvenes están convencidos de que los padres son los únicos culpables.

Es evidente que muchos de los problemas juveniles son consecuencia de factores tales como la filosofía materialista y carente de valores divulgada por los medios de comunicación; el ocio de muchos jóvenes; y el hecho de que las escuelas a menudo no enseñan normas de moralidad ni imponen una disciplina adecuada. No obstante, muchos de los jóvenes superan las influencias nocivas y llegan a ser adultos morales y útiles. ¿Por qué? Porque probablemente hayan sido criados en hogares estables en los cuales recibieron afecto y disciplina en dosis correctas; han tenido padres que ponían un ejemplo ante ellos y que les enseñaban buenos principios de conducta. Naturalmente, las decisiones que toma el joven son un factor importantísimo y no deben ser ignoradas.

Casi todos los sicólogos modernos están de acuerdo en cuanto a la causa principal de la delincuencia juvenil y de la personalidad mal estructurada de dichos adolescentes: señalan que en la mayoría de los casos hubo una educación errada en la formación primaria. Muchos jóvenes fallan porque los padres fallan. Se hace necesaria una escuela para padres, aunque se diga que ser padre es algo innato. Como pastores-consejeros nos corresponde aconsejar a los padres sobre cómo poner buenos fundamentos en el niño para formar una personalidad moral y responsable. La obra del consejero es tanto reparadora como preventiva. Puede guiar a los creyentes a formar hogares verdaderamente cristianos y ayudarles a comprender los factores que pueden conducir al sano desarrollo de sus hijos.

¿Cuáles son los factores indispensables para la buena formación de la personalidad del niño?

1. **Establecer un hogar estable y seguro**: No es conveniente en absoluto subestimar la importancia de la primera infancia en el desarrollo del niño. El sicólogo evangélico James Dobson dice que los primeros cinco años de la vida tienen muchísima importancia para toda la vida que sigue, pues en aquel período se establecen los fundamentos. Las actitudes y los valores de la persona, su amor a Dios, su concepto de sí mismo: todo esto se arraiga en los primeros años.[1] En cambio, dicen los sicólogos que la mayoría de las enfermedades mentales (graves o leves) son resultado directo de conflictos no resueltos en la primera infancia.[2] La necesidad de tener ambos padres y el clima de amor y seguridad son imprescindibles para el desarrollo íntegro del niño. Por ser desvalidos y dependientes, los niños aprenden y reflejan el clima emocional del hogar. Toda riña entre los padres provoca desorientación en el niño. La estabilidad en el hogar tiene como resultado la estabilidad del niño. Un experto en la materia observa:

> Cuando hay tensiones, falta de armonía en el matrimonio, o aun demasiado revuelo en el hogar, los bebés responden llorando. A la inversa, un niño inquieto puede sosegarse inmediatamente en los brazos de una persona extraña, después de que la frustrada madre ha tratado de calmarlo durante mucho tiempo sin resultado. Al parecer, el niño percibe y siente serenidad ante la calma del extraño.[3]

El amor maternal es un factor muy importante en el desarrollo del niño. Es un hecho bien conocido que el bebé que no tiene contacto estrecho con un adulto, puede sufrir daños físicos y sicológicos. Collins observa:

> La clase y gravedad del daño depende de la edad en la cual se produce la privación, el tiempo que dura y la calidad que se provee en su reemplazo. Aparentemente, la vulnerabilidad alcanza su máximo grado durante la infancia precoz (tres a seis meses). Durante la Segunda Guerra Mundial, Spitz (1945) estudió a los niños que vivían en instituciones donde el cuidado físico era adecuado, pero los estímulos eran mínimos. Comparados con niños de familias normales, los niños que vivían en estas instituciones eran lentos para aprender a caminar y a hablar, enfermizos, descuidados, desobedientes a los adultos, de poco apetito y generalmente descontentos. Parece que los estímulos frecuentes y mucho «cariño tierno y afectuoso" son necesidades ineludibles para el desarrollo saludable de un niño.[4]

Dado que el cuidado materno es tan importante, ¿debe trabajar la madre fuera del hogar? ¿Puede una niñera de dieciséis años o una abuelita tomar su lugar? ¿Serán capaces de disciplinar y amar en correctas proporciones? ¿Qué cosa puede ser más importante que estar con su hijo y amoldar su personalidad durante los años vulnerables de su vida? Vale la pena sacrificar algo de lo material para enseñarle al niño a amar a Dios y prepararlo para ser un adulto responsable.

Durante la primera infancia, los padres son los modelos principales, y mucho de lo que el niño aprende, lo hace por imitación. El hijo llega a ser masculino imitando a su padre. Los niños observan las actitudes de los padres y las aceptan como suyas. Es obvio que esto puede tener consecuencias lamentables en caso de que los padres tengan malas actitudes. Por ejemplo, si la madre desprecia a su marido, y el hijo se pone del lado de la madre, entonces el niño rechazará a su padre como digno de respeto y autoridad. Rechazará así su propio papel futuro de autoridad. Puede haber también repercusiones en la escuela y en la sociedad donde el niño rechace la autoridad. En casos de madres que abrigan pasivamente hostilidad, se produce a menudo la misma actitud en el marido y en los hijos. Si los padres riñen entre sí ante los hijos, los niños tenderán a sentirse inseguros y ansiosos; tenderán a considerar al mundo como un lugar peligroso e inseguro. Habrá un conflicto de lealtades y les faltarán modelos adecuados para un desarrollo correcto.[5] Si los padres se separan y el hijo pierde uno de sus modelos, puede resentirse con uno de ellos, o resentirse también con la vida; puede sufrir huellas emocionales permanentes. Uno de los factores más importantes para fomentar el sentido de seguridad en el niño es una relación armoniosa entre los padres; otro es la existencia de principios morales firmemente sustentados y de normas de conducta elevadas en los padres y demás adultos que entran en contacto con el niño.

2. **Disciplinar**: El pensador francés Dionisio Diderot dijo que en todo niño yace un delincuente potencial, así es que la obra de criarlo es convertir en carácter bueno la materia prima. Al nacer, el niño piensa únicamente en sí mismo, en sus propios deseos y en su propia comodidad. El proceso de desarrollarse hasta la madurez es estar consciente de forma siempre creciente de las necesidades, deseos y derechos de otras personas, o sea, dejar de ser egocéntrico. Esto ocurre normalmente en el diario vivir de la familia, al establecer las relaciones debidas con sus hermanos y con sus padres; un aspecto fundamental del proceso es la disciplina. Esta no se limita al castigo; también es establecer autoridad y control sobre los niños; tiene el fin de inculcar en ellos respeto y responsabilidad.

¿Por qué disciplinar? ¿No es una costumbre anticuada? Es muy popular la creencia moderna de que la abundancia de amor torna innecesaria la disciplina; los niños terminan por responder a la paciencia y la tolerancia, desechando la necesidad de la disciplina. La disciplina produce solamente inhibiciones dañinas en el niño. Somos básicamente buenos por naturaleza: solo necesitamos cultivar el bien en el niño y lo malo será descartado en el proceso. Pero, ¿qué dice la Biblia? Dios responsabiliza a los padres de la disciplina de sus hijos. Jehová castigó al sacerdote Elí por no haber restringido la conducta de sus hijos: «Sus hijos han blasfemado a Dios, y él no los ha estorbado» (1 Samuel 3:13). El escritor inspirado atribuye la maldad de Adonías, el hijo rebelde de David, al hecho de que «su padre nunca le había entristecido en todos sus días con decirle: ¿Por qué haces así?» (1 Reyes 1:6).

La Biblia contradice llanamente el concepto humanista de que la naturaleza humana es básicamente buena y todo lo que necesita el niño para desarrollarse bien es ser comprendido y educado. Enseña que nacimos pecadores y tenemos la tendencia a pecar (ver Salmo 51:5; Romanos 5:12,19; Efesios 2:3). A la luz de esta verdad, un sabio del antiguo Israel nos aconseja cómo tratar con esa propensión: «La necedad está ligada en el corazón del muchacho; mas la vara de la corrección la alejará de él» (Proverbios 22:15).

Según la Biblia, la disciplina es una señal de amor paternal: «Porque el Señor al que ama, disciplina ... Dios os trata como a hijos; porque ¿qué hijo es aquel a quien el padre no disciplina?» (Hebreos 12:6,7). El proverbista añade: «El que detiene el castigo, a su hijo aborrece; mas el que lo ama, desde temprano lo corrige» (Proverbios 13:24). Recibir castigo por extralimitarse, por abusar de otros, y por comportarse sin consideración de su propio bien y del de los demás, nos enseña que tal conducta encierra en sí misma padecimiento. Es una preparación necesaria para que nos llevemos bien con los demás y vivamos felices. Las reglas tienen el propósito de edificar un cerco para protegernos del peligro y del mal; el castigo es como las púas del alambre que forman el cerco: nos disuade de traspasar el cerco de protección. Nos ayuda a no desviarnos del camino de justicia y felicidad. Es para nuestro bien; es evidencia de que somos amados. Cuando el padre disciplina a su hijo, es como si le dijera: «Te amo demasiado para permitir que te comportes de esta manera». Cierto es que la disciplina sanamente ejercitada es para el bien del niño. Es el primer peso que inculca respeto en el niño hacia sus padres. James Dobson observa acertadamente:

> Cuando un niño logra desafiar con éxito a sus padres en sus primeros quince años, riéndose en su cara y haciendo tercamente escarnio de su autoridad, adquiere un natural desprecio por ellos. ¡Los muy tontos de mamá y papá! Los manejo a mi antojo. Seguro que me quieren, pero creo que me tienen miedo.[6]

Fomentar el respeto hacia los padres es un factor decisivo, tanto para poner los fundamentos de respeto hacia los demás, como para manejar a los niños. Si el niño no aprende a respetar a sus padres, tampoco respetará la autoridad de sus profesores, de la ley y de las otras personas con quienes habrá de trabajar. Si no respeta a sus padres, es improbable que acepte sus creencias respecto a Dios, los valores de la vida y el patriotismo; esto es un factor importante en la delincuencia juvenil. Tal falta de respeto producirá finalmente lo que se denomina «abismo generacional»: la falta de comprensión y comunicación entre padres e hijos. Los conflictos entre las dos generaciones son en parte la consecuencia de una ruptura del respeto mutuo.[7]

La disciplina es un factor indispensable para desarrollar el dominio propio. Existe la idea de que la autodisciplina es producto de la libertad, y se obtiene en un medio ambiente en el que no se exige de los niños obligación alguna ni se gobierna su conducta. Sin embargo, el primer paso para aprender el dominio propio es que el niño aprenda a obedecer a otros. Un médico comenta:

> El carácter de un niño necesita una estructura adecuada, y el comienzo de estos controles debe venir desde afuera. Solamente cuando los controles externos han sido adecuados, puede el niño apropiárselos, hacerlos parte de sí mismo, y tener de este modo la necesaria estructura interna para permitir que el crecimiento se lleve a cabo de forma completa y bien.[8]

Por supuesto, los padres prudentes saben aflojar paulatinamente los controles cuando los hijos llegan a ser adolescentes. Así efectuarán la transición desde el control paterno hasta el autocontrol.

Es muy interesante notar que el niño mismo desea ser controlado por sus padres, no obstante lo cual los obliga a comprobar que pueden imponerle su autoridad. A veces protesta amargamente, pero en su interior se complace en saber que sus padres lo aman lo suficiente como para protegerlo contra su propia necedad y falta de experiencia.[9] Los sicólogos observan que el exceso de libertad o la disciplina deficiente conducen a la inseguridad y a la agresividad antisocial. Igual que David, el niño puede decir: «Tu vara y tu cayado me infundirán aliento» (Salmo 23:4). La vara representa la disciplina y el cayado la protección.

El primer paso para disciplinar al niño es que los padres establezcan su autoridad. Es necesario que el niño sepa desde su primera infancia que sus padres son más fuertes que él y que no soportarán un desafío a la autoridad paterna. Hay ocasiones en que el niño aprieta sus pequeños puños y reta a su padre o a su madre. No está motivado por frustraciones o complejos como suponen algunos sicólogos. Más bien, quiere saber dónde llegan los límites y quién es el que los fija. Si los padres son débiles ante su porfía, el niño no los respetará más. Los problemas con su hijo irán de mal en peor. Es el momento de actuar decisiva y enérgicamente; el dolor de un castigo corporal puede obrar milagros en cuanto a cambiar la actitud del pequeño rebelde. Dobson nos aconseja:

> Cuando la confrontación se plantea entre el niño y la madre de forma abierta, no es el momento apropiado para una discusión sobre las virtudes de la obediencia. Tampoco es ocasión para enviar al niño a su pieza a hacer pucheritos. No es apropiado esperar a que llegue el padre del trabajo ... La madre trazó una raya en el piso y el niño deliberadamente la pisó. ¿Quién ganará? ¿Quién tiene más coraje? ¿Quién manda en casa? Si la madre no le responde al niño de manera concluyente a los interrogantes que ha planteado, provocará otras batallas para repetir las preguntas una y otra vez.[10]

Los niños aprenden pronto a usar las armas del mal comportamiento para obtener sus fines: por ejemplo, si su madre no les da los bombones que quieren, pueden recurrir a pataletas y berrinches. Algunos se tiran al suelo, chillan y se golpean la cabeza contra el piso. Si la madre se aflige por la escena y le da al niño lo que pide, habrá recompensado al niño por su mala conducta, y este se dará cuenta. Cada vez recurrirá a tal comportamiento para conseguir lo que desea, y así puede llegar a ser un pequeño tirano.

También los padres deben enseñar a sus hijos a ser obedientes aun en las cosas pequeñas; de otro modo tendrán una amarga cosecha cuando el niño alcance la adolescencia. Si los padres no pueden hacer que el niño de cinco años guarde sus juguetes después de jugar, es difícil que puedan ejercitar algún grado de control durante su adolescencia, la época más desafiante de su vida. Todo problema cuya solución haya quedado pendiente en los primeros doce años de la vida, probablemente haga erupción durante la adolescencia.[11]

Los padres deben dar a conocer lo que exigen de sus hijos y obligarlos a llevarlo a cabo. Algunos padres no imponen reglas, pues ceden a las presiones de sus hijos. Piensan que los hijos serían perjudicados si sus deseos son restringidos. Otros formulan reglas pero no las imponen. También están los que formulan tantas reglas que sus hijos no pueden cumplirlas y quedan confusos y frustrados. Lo ideal es tener algunas reglas firmemente establecidas y mantenidas para que la conducta del niño no vacile por las cambiantes ondas de los sentimientos y del impulso; ya sea el del niño mismo o el de sus padres. «Los niños prosperan sobre la base del orden y la rutina establecidos».[12]

¿Cómo debemos disciplinar a nuestros hijos? Nos conviene comenzar a disciplinarlos cuando están en la cuna. Un bebé tierno sabe si puede o no manipular a sus padres, y si puede, lo hace. El niño descubre que puede convertirse en la principal atracción de la familia llorando, reteniendo el aliento o dando problemas en cuanto a la alimentación. A veces se puede solucionar el problema pasando por alto su conducta, pero hay ocasiones en que es necesario darle una palmada. El padre no debe ofrecerle un dulce para que deje de llorar, pues el niño aprendería rápidamente la relación entre las lágrimas y lo que quiere recibir. Debemos evitar los extremos en la disciplina. Algunos padres castigan a sus hijos con demasiada frecuencia o demasiada severidad. Con el rigor sin amor, el niño sufre humillación y vive en constante terror. Tenderá a ser incapaz de tomar sus propias decisiones, y llegará a ser excesivamente dependiente; su personalidad se encontraría aplastada bajo la bota de la autoridad inflexible. También pueden surgir rasgos de hostilidad.[13]

Es necesario saber cuándo aplicar el castigo y qué grado de importancia asignarle a una determinada conducta. Christenson y algunas otras autoridades dicen que el castigo se reserva normalmente para el trato con la desobediencia, la rebelión y la porfía.[14] Los actos de irresponsabilidad infantil, tales como romper una taza o dejar los juguetes en el pasillo donde los miembros de la familia pueden tropezar con ellos, no deben ser castigados severamente, pues no reflejan rebeldía. También, debemos darnos cuenta de que cada hijo es diferente al otro: es posible castigar a ciertos niños con una mirada dura o una palabra de censura. Otros necesitan ser castigados fuertemente para grabar bien en su mente que no les conviene portarse mal. Hay métodos de castigar que no son corporales: privar al niño de un privilegio, obligarlo a realizar una tarea desagradable o hacerlo permanecer en su dormitorio a la hora de la recreación. Por otro lado, los padres pueden estimular la buena conducta recompensando a sus hijos cuando se portan bien o hacen fielmente sus tareas. La recompensa puede tomar la forma de un privilegio especial, un paseo con los padres, o un juguete. A veces las palabras de aprobación o encomio son la mejor recompensa.

Los padres deben ser unidos para administrar la disciplina. Si un padre prohíbe que su hijo haga cierta cosa, el otro debe apoyarle. No deben expresar ante los hijos diferencias de opinión en cuanto a las reglas ni socavarse la autoridad el uno al otro. Si el padre disciplina a su hijo mandándolo a su dormitorio sin cenar, y la madre a escondidas le trae galletitas y un vaso de leche, está socavando la autoridad de su marido y su propia autoridad. El niño no respetará ni a uno ni a otro, pues mutuamente se han anulado la autoridad. Cuando los niños saben que pueden poner a uno de sus padres contra el otro, lo harán. La madre que acostumbra a contradecir al padre, a despreciar su autoridad o a anularla a espaldas de él, pronto tendrá que enfrentar la desobediencia de sus hijos.[15]

Por lo general, el mayor peso de la disciplina recae sobre el padre, pero a la vez, es la responsabilidad de ambos.

Los padres deben ser consecuentes en cuanto a disciplinar. Si amenazan a sus hijos, deben cumplir con su amenaza, pues los niños pronto se darán cuenta de cuándo la amenaza es hueca. Las amenazas continuas y los gritos airados no producen resultados, a menos que el padre lleve a cabo su amenaza. No es necesario amenazar ni levantar la voz si el padre respalda sus palabras con la acción. Si el niño sabe que «no» significa «absolutamente no», no gastará su tiempo demorando y discutiendo. Un castigo administrado a tiempo hará que sean innecesarias horas de reproches, discusiones y amenazas. Sin embargo, la disciplina debe ser justa, proporcionada al grado del mal comportamiento, y administrada sin pasión ni amargura. Nada es más contraproducente que castigar a un niño cuando uno está enojado. David Wilkerson observa que «la ira del hombre no obra la justicia de Dios (Santiago 1:20). La indignación del hombre natural, aun cuando parezca ser un genuino sentimiento moral, no consigue el fruto moral que se propone. La ira despierta ira, y la amargura engendra amargura. Todo el beneficio del castigo se pierde cuando cesa de ser la aplicación de una ley santa y superior».[16]

El apóstol Pablo nos exhorta: «No provoquéis a ira a vuestros hijos, sino criadlos en disciplina y amostación del Señor» (Efesios 6:4). Sí, es necesario disciplinar, pero con medida. Ciertos padres tienen una actitud de constante crítica, de amenaza y de prohibición para con sus hijos; no obstante, tarde o temprano sucumben a la voluntad de ellos, aunque a disgusto. Es necesario tomar las medidas convenientes para evitar tal situación. Los padres deben saber cuándo conviene controlar a los niños y cuándo conviene aflojar un poco las riendas. Deben disciplinar, pero con afecto, lo que a menudo resulta difícil para aquellos padres que consideran que estos papeles son contradictorios.

Un factor muy importante en la disciplina es que los padres respeten a sus hijos. Un padre no debe esperar que su hijo lo trate con dignidad si él, a su vez, no se comporta de la misma manera. El respeto engendra respeto. Los padres no deben humillar a su hijo reprimiéndolo o castigándolo ante sus compañeros. Nunca deben ponerlo en ridículo, insultarlo con epítetos poco respetuosos o usar sarcasmos hirientes. Nunca deben reírse despiadadamente de él. Si el padre hace estas cosas, puede herir profundamente el «yo» del niño y producir en él hostilidad y complejos de inferioridad. Los padres deben disciplinar a sus hijos de una manera que siempre les comunique que esa es la expresión de la preocupación paternal para el bien de ellos.

Si un padre ofende a su hijo injustamente, debe pedirle perdón. Así le dará un ejemplo de cómo comportarse cuando no se tiene razón. Surge la pregunta: ¿Cómo reaccionará mi hijo si yo confieso que me he equivocado? Christenson contesta:

> Dios honra el arrepentimiento sincero y abierto ... en los hijos o en los padres. El terror de perder dignidad y autoridad ante los hijos por el hecho de confesar una falta es una mentira del diablo. Por el contrario, su autoridad se ve confirmada y fortalecida cuando usted tiene el coraje de ser tan honrado y exigente consigo mismo como desea que su hijo se porte a su vez.[17]

Después de castigar a un niño, el padre debe enseñarle a ponerse de rodillas, confesar su falta y pedirle perdón a Dios. Así el niño aprenderá que su conducta tiene que ver con su relación con Dios. Luego, el padre debe expresarle su propio perdón y mostrarle cariño. De otro modo, puede que el niño se sienta inseguro y crea que su padre no le quiere. Toda la actividad disciplinaria debe practicarse en el ámbito del amor. Los niños prosperan en hogares de genuino afecto, apoyados y sostenidos por una disciplina firme, razonable y consecuente.

¿Qué diremos del niño que tiene un defecto, es enfermo, semiparalítico o ciego? ¿Debe ser disciplinado como aquellos que no tienen problema alguno? Muchos padres piensan que la vida ya ha sido demasiado dura para con él y que no deben empeorar su situación disciplinándolo. Si los padres lo tratan como si fuera distinto a los demás, esto puede producir en él un sentido de inseguridad, y llegar a creer que es distinto. También «puede transformarse en un ser insoportable, porque sus padres no establecieron claramente sus límites y fronteras de comportamiento».[18] Tales niños deben ser tratados de la misma manera que los demás.

3. Dar amor inteligentemente: Los sicólogos que se especializan en el trato de niños afirman que una causa frecuente de los problemas de la mala conducta infantil, es que el niño se siente rechazado, no deseado y no amado. Algunos padres no quieren tener hijos, no los consideran como «dádivas del cielo», sino como «la consecuencia inevitable» de ser casados. Muchos padres que rechazan a sus hijos, no se dan cuenta de lo que hacen, y no admiten ante sí mismos que tienen tal actitud. A menudo procuran disimular su rechazo o compensar por su actitud, mimando al niño y dándole todo lo que quiere en cuanto a ropa y juguetes. Sin embargo, el niño percibe instintivamente el verdadero sentimiento de los padres y se siente aislado e inseguro. Reacciona con hostilidad, agresividad y otras formas de conducta caprichosa. Más adelante en su vida, pueden surgir complejos, problemas emocionales y conducta antisocial. El niño no amado es el más digno de compasión de todos los seres humanos.

Es importante para el desarrollo normal del niño que sea apreciado por sus padres y que sea criado en un ambiente donde reciba la atención y el cariño constante de ellos. Si el niño es amado, puede aprender a llevarse bien y a colaborar con los demás, y a llegar a ser una persona útil y feliz. Si no es amado, es probable que sea incapaz de dar y recibir afecto; es posible que sea rencilloso y delincuente. Alberto Palmquist, un policía que abrió un hogar cristiano para prostitutas, decía: «Las prostitutas jóvenes tienen un factor en común: un padre deficiente, que está ausente, que no disciplina, que da mal ejemplo o que es demasiado machista como para compartir una emoción tierna con una chica».

Sin embargo, existen formas de amor que son malsanas y perjudican al niño, ya que a veces son manifestaciones neuróticas del amor paternal o maternal. Una autoridad médica observó: «Existen niños mimados, halagados y consentidos que en realidad no son amados, o sea, amados por ellos mismos, por su bien. Se trata, en rigor, de una forma de egoísmo paternal o maternal que inconscientemente se buscan a sí mismos y que tienden a su propia satisfacción». Si a un padre no le satisface el recibir cariño de parte de su consorte, puede buscar exageradamente el cariño de su hijo.

También el amor de padres bien intencionados puede ser dañino. Este se expresa a menudo mimando a los niños de una manera exagerada. El exceso de mimos perjudica la formación de la personalidad del niño; a menudo resulta en que el niño llega a ser egoísta, exigente e incapaz de tolerar frustraciones; tiende a no asumir responsabilidades, a exigir mucha atención y a rebelarse contra la autoridad.

Otra forma de amor paternal que puede ser muy dañina se manifiesta dominando excesivamente y sobreprotegiendo al niño. Es natural que los padres se preocupen por sus niños en los momentos de enfermedad infantil, pero la más mínima amenaza a la salud de sus hijos provoca ansiedades insoportables en los padres «superprotectores». Tratan de dominar cada detalle de la vida de su hijo. Esta actitud suele traer consecuencias físicas y emocionales en el niño. Por ejemplo, hay ciertos indicios que insinúan que el asma ocurre con más frecuencia en niños excesivamente mimados por la madre.[19] Además, la sobreprotección que algunos padres ejercen sobre su hijo tiende a bloquear su independencia, haciéndole perder su identidad, sus valores propios y su capacidad de decisión.

Es aconsejable permitir que los niños se expongan a riesgos razonables ya que estos riesgos son un elemento indispensable para alcanzar la madurez. Debido a que los niños sobreprotegidos carecen de hábitos adecuados para la lucha por la vida, cuando tengan que enfrentar la existencia por sí solos, fracasarán en sus intentos de dominio; puede surgir en ellos el complejo de inferioridad y posiblemente la neurosis.

Es para el bien de los niños que los padres permitan, hasta cierto punto, que aquellos enfrenten las consecuencias de su mala conducta. Por ejemplo, el niño que provoca una pelea con el hijo del vecino, no debe ser sacado enseguida de su apuro cuando es golpeado por el otro. Tiene que aprender que no le conviene provocar peleas. Los padres no deben impedir que los profesores en la escuela disciplinen a sus hijos.

Es un gran error darle al niño todo lo que desea. Los buenos padres procuran proveer a sus hijos de las cosas necesarias para la vida, tales como comida, abrigo y preparación educacional; pero les es difícil proporcionarles todos los juguetes que ellos pidan. (Tampoco es importante que los tengan.) Los niños deben aprender a sacrificar y a postergar la satisfacción de sus deseos. Necesitan aprender el dominio propio sobre sus deseos. La codicia del niño debe estar sujeta a restricción y disciplina; debe aprender el valor de las cosas y el gozo de ganarlas. El niño acostumbrado a obtener fácilmente lo que quiere, así como a toda clase de privilegios, se cría egoísta y sin consideración por los demás. No es agradecido y nunca está satisfecho. Puede llegar a pensar que todo el mundo le debe lo que él desea.

El verdadero amor de los padres se expresa dando de su tiempo a los niños. En especial, el padre debe cumplir su papel de cabeza de familia. Si viene a casa demasiado cansado como para hacer otra cosa que sentarse y mirar la televisión toda la tarde, o si sale después con sus amigos, seguramente habrá problemas. Debe encontrar tiempo para dedicarles a sus hijos, para interesarse en sus actividades, para darles cariño y administrar la disciplina en correctas proporciones, y para enseñarles bien, a fin de que en el futuro sean adultos normales e íntegros.

4. **Comprender, enseñar y guiar a los niños**: Las palabras de Salomón relativas a la crianza de los niños, son tan acertadas ahora como eran en el día que fueron escritas: «Instruye al niño en su camino, y aun cuando fuere viejo no se apartará de él» (Proverbios 22:6). Sobre los padres y luego sobre los maestros de la escuela recae la mayor responsabilidad de enseñar a los niños.

El aprendizaje social y moral del niño preescolar comienza en el hogar y es el resultado de la identificación con sus padres. El niño reconoce que los adultos tienen poderes y privilegios que él no posee. Los admira y quiere ser como ellos, por lo tanto los imita y trata de moldear su conducta basado en la de ellos. A medida que crece, también se identifica con el comportamiento de sus maestros, de otros adultos y de sus compañeros. Cuando llega a ser adolescente, imita a sus héroes.[20]

Así que nada es más importante en la formación de la personalidad del niño, que el ejemplo que los padres den con su propia vida. Alguien ha dicho: «No podemos evitar vernos reflejados en las faltas de nuestros hijos».[21] La impresión que hacen los padres en sus hijos es tan profunda, que si enseñan la maldad, esta puede durar hasta la tercera y cuarta generación y ser motivo del castigo divino sobre ellos (Éxodo 20:5). No basta por sí solo señalarle al hijo el camino que debe tomar: también los padres deben andar por él. Si los padres quieren que su hijo sea bueno, ellos tienen que ser buenos; si desean que sea espiritual, deben ser espirituales. El hijo seguirá en gran medida el ejemplo de sus actitudes y de su comportamiento.

Al instruir a los hijos, los padres deben tener presente que cada uno de sus hijos es diferente de los otros, y esta diferencia tiende a aumentarse a medida que el niño va creciendo; de modo que los padres deben variar algo su manera de enseñar a cada uno. También deben reconocer que el plan divino para la vida y la vocación del niño es individual, y que es un error y una injusticia imponerles sus ambiciones a sus hijos. Por ejemplo, un padre que quería ser pastor, o una madre que ambiciona que su hija sea profesora en la escuela pública, trata de imponerle su deseo; puede ocurrir que el hijo no tenga el llamamiento divino, y la hija no tenga la aptitud para estudiar en la universidad y obtener su licenciatura en pedagogía.

Es importante enseñar a los niños a tener buenos modales y a ser corteses. La esencia de la cortesía es una actitud desinteresada, es apreciar a otros y ponerlos en primer lugar. Tomás Carlyle observó que el mal educado piensa únicamente en sus propios privilegios, mientras que el bien educado piensa principalmente en los de su prójimo. Los padres pueden comenzar a enseñarles la cortesía señalando que deben buscar primero la comodidad de sus padres. Por ejemplo, deben reservar los mejores asientos para los padres, aprender a escucharlos y no interrumpir su conversación. También deben aprender a dar preferencia a los adultos, especialmente a las mujeres; a ser puntuales, pues hacer esperar a otros es robarles su tiempo.

Los padres sabios exigirán que sus hijos digan «por favor» y «gracias» en toda ocasión pertinente, aun en los asuntos más pequeños. Si no aprenden de niños, pensarán que este es un mundo de «dame-dame» y no sabrán ser agradecidos. La cortesía es fundamental para aprender a apreciar las cosas que reciben.

El desarrollo moral del niño comienza en serio en la niñez intermedia (seis a doce años). Freud pensaba que el niño pequeño probablemente no tiene concepto alguno del bien y el mal, pero pronto descubre que los padres imponen ciertas prohibiciones y directivas sobre su conducta. Ya que los padres tienen el poder de recompensar o castigar, el niño aprende a comportarse según las expectativas de estos. Con el transcurso del tiempo, acepta como propias las normas paternas, las cuales llegan a formar parte de su personalidad. El conocimiento del bien y del mal aumenta a medida que los niños crecen; sin embargo, también aumenta su tendencia de ser engañosos.[22] A medida que madura, el niño desarrolla sus propias normas y controles.

Los investigadores Hartshorne y May descubrieron que no hay correlación alguna entre el *conocimiento* del bien y del mal y el *comportamiento* moral. No hay cualidades como la honradez, la cooperación, la utilidad o la consideración que caractericen el comportamiento de un niño en cualquier situación. Un chico que es honrado en una situación puede ser lo contrario en otra. Los niños que son menos inteligentes, emocionalmente inestables o no asisten a una Escuela Dominical, tienden a ser lentos para desarrollarse moralmente.[23] Los padres deben tener presente tanto la necesidad de enseñarles normas a sus hijos, como la de motivarlos a practicarlas. Por lo tanto, los padres cristianos señalan que la buena conducta agrada a Dios y él la recompensa.

Ya hemos mencionado la importancia de enseñar el dominio propio. Jack Hyles, un famoso pastor bautista, nos expone las áreas relacionadas con esta virtud. Se presentan algunas de forma parafraseada y adaptada:

- ✛ Un niño debe aprender que vale la pena sacrificar una gratificación inmediata y pasajera, para ganar un fin de valor permanente.
- ✛ Debe aprender que en el reino de Dios «deber» y «poder» están relacionados. Si la Biblia dice que «yo debo», quiere decir también que «yo puedo».
- ✛ Debe aprender a decirle «no» a lo malo.
- ✛ Debe aprender a no permitir ser arrastrado por lo que dice y hace el mundo.
- ✛ Debe aprender a no temer ser impopular.
- ✛ Debe aprender a dominar tanto su apetito como su mal genio.[24]

El pastor Hyles sugiere cuatro factores para motivar el dominio propio en el niño: (1) el tener una meta; (2) la posibilidad de recibir castigo si no ejerce el autocontrol; (3) el deseo de agradar a una persona importante para él; (4) el deseo de recibir palabras de elogio.[25] Podemos añadir que los principios inculcados en el niño son de mucha importancia también para motivar el dominio propio en él.

La formación de la personalidad de un individuo es incompleta, a menos que haya aprendido a trabajar y a tomar responsabilidades. Los pequeños de siete años pueden poner la mesa y ayudar a limpiar la casa y el patio. Conviene dar tareas específicas a los niños y aumentar su trabajo a medida que crezcan. Christenson nos aconseja: «Los padres deben preocuparse de que sus hijos desarrollen buenos hábitos de trabajo. El tiempo que ellos tengan para el juego y el descanso debe ser cuidadosamente proporcionado con el trabajo significativo y necesario. Los niños menores gastan en proporción más tiempo en jugar».[26] Aparte de la tareas asignadas por los padres, los niños deben aprender a mantener el aseo de sus dormitorios y a hacer sus tareas escolares en el hogar. Los padres que hacen las tareas escolares por sus hijos, les hacen un magro favor, los privan de un medio fundamental de aprendizaje y perjudican su desarrollo educacional.

El niño puede ser motivado a trabajar recompensándolo. Por ejemplo, si el niño cumple bien sus tareas, puede ser recompensado con ciertos privilegios, pero si no las cumple, pueden ser suspendidos los privilegios por algún tiempo. Muchas veces la aprobación o palabras de elogio de los padres valen más para recompensar al niño por su trabajo que cualquier otra cosa. Todo el mundo busca continuamente satisfacer sus necesidades emocionales, incluso su deseo de reconocimiento por lo que hace.

Conviene que los padres protejan a sus hijos de influencias malsanas. Según investigaciones recientes del Instituto de Salud Mental de los EE. UU., los programas de televisión que tienen un alto contenido de violencia, crimen y vicios, representan un serio riesgo para la educación, la cultura y la moralidad de los niños y los adolescentes. La televisión es una fuente de aprendizaje observacional (una conducta puede adquirirse y quedar almacenada por un tiempo hasta que se llegue a ejecutar, si se presentan las circunstancias apropiadas). Los niños entre los tres y los ocho años son particularmente susceptibles al aprendizaje observacional; aprenden conductas agresivas mirando la televisión, y se identifican con los personajes de la pantalla. Muchos de los programas de la televisión son el medio por el cual el niño obtiene del mundo de los adultos una imagen que es malsana y negativa. Le enseña un conjunto de valores, especialmente acerca de la violencia, que son inconsecuentes con los esquemas de una sociedad civilizada.[27]

Los padres cristianos que no eligen bien los programas televisados y no controlan a sus hijos en cuanto a lo que pueden ver, los exponen a influencias que son capaces de corromperlos. Además, es un error permitirle a los niños pasar una cantidad desmesurada de tiempo sentados ante el televisor o leyendo revistas de historietas. Los niños no deben ser dominados por ninguna actividad tan inútil; más bien deben tener la oportunidad de cultivar otros intereses y ocuparse en cosas de provecho.

A los padres les atañe enseñar a sus hijos respecto a Dios y el camino de la salvación. El método principal que Dios ha establecido para comunicar el evangelio a los niños, se encuentra en el círculo familiar (Deuteronomio 6:7). El padre es el sumo sacerdote del hogar; a él le corresponde establecer el altar familiar en el cual la familia lee la Biblia y ora junta. Un destacado educador evangélico testificó lo siguiente sobre el impacto que le hicieron las devociones familiares: «Había ocasiones cuando a todos nosotros (los niños) nos disgustaban. Pero el mensaje que nos alcanzó era que mis padres no querían que el círculo familiar estuviera incompleto en el cielo ... y que nos comunicaban valores eternos».[28]

Para hacer interesante y exitoso el altar familiar, es necesario elegir un tiempo en que toda la familia pueda reunirse y que no haya apuros. Conviene limitarlo de ocho a diez minutos, permitir que todos los hijos tengan oportunidad de leer una porción bíblica (alternando entre sí en distintos días) y dar lugar para que ellos puedan hacer preguntas. También se debe alternar a las personas que oran (un hijo debe orar un día y otro en el siguiente). Las peticiones deben ser específicas, y reconocidas las respuestas de Dios. Muchas familias usan libros de lecturas devocionales además de la Biblia. Naturalmente, la porción bíblica debe ser más o menos corta y tomada preferiblemente de las historias del Antiguo Testamento o las partes del Nuevo que son comprensibles para los niños.

5. **Aconsejar a los padres y a sus hijos**. Conviene que el pastor brinde clases a los padres para enseñarles a comprender, a disciplinar y a guiar a sus hijos. También es probable que tenga la oportunidad de asesorar a los padres que tienen problemas con sus hijos. Muchos de los problemas relativos a los niños provienen del hecho de que los padres no comprenden a sus hijos y no saben cómo actuar para evitar sus problemas, ni resolverlos. Están a menudo tan involucrados emocionalmente, que no pueden ver con claridad los factores de su problema.

El pastor escuchará tanto a los padres como al hijo. Le puede preguntar al niño a solas: «¿Cómo te parece el problema?» «¿Qué piensa tu padre de ti?» Generalmente es importante saber cuál es el concepto que el niño tiene de sus padres y de sí mismo. Con los padres, el pastor puede explorar la situación que hay en el hogar y los factores relacionados con el problema, y sugerir posibles soluciones. Si los niños son más maduros, puede aconsejar a los miembros de la familia en grupo.

Ya hemos considerado las raíces de varios problemas respecto a los niños. Examinaremos algunos casos específicos que pueden arrojar más luz sobre su conducta.

María, una niña de diez años, ha tenido problemas en la escuela. Demanda mucha atención de su profesora, no estudia bien ni rinde según su capacidad, no muestra mucho dominio propio y se encoleriza fácilmente.

Al hablar con la niña, el consejero descubrió que los padres exigían demasiado de su hija en cuanto a su rendimiento en la escuela. Cuando no obtenía buenas notas, se enojaban y la reprendían. El padre en particular la criticaba, tenía poca paciencia con ella y nunca expresó su aprobación. Además, los padres mostraban parcialidad para con su hermano. Por fin, María sintió que no podía agradar a sus padres. Aunque se esforzaba, no podía cumplir con sus expectativas; si no se esforzaba, la criticaban por igual. Entonces dejó de luchar. Pensaba: «No vale la pena».[29]

Rubén es una persona a quien le gusta atraer la atención sobre sí en su clase de la Escuela Dominical. Siempre distrae la atención de sus compañeros y ocasiona problemas. Algunos niños prefieren que los tomen por molestos antes de pasar inadvertidos, pues para ellos el anonimato es algo insoportable. Puede ser que Rubén sea mimado en exceso o no reciba la atención debida en su hogar, y se sienta rechazado. El maestro experimentado con los niños sabe que no basta por sí solo refrenar su comportamiento; es necesario también darles alguna faena para que les infunda un sentido de importancia, sin tener que recurrir a la conducta inaceptable.

A Jaime no le importan las palizas; sigue comportándose mal. ¿Por qué? Quizás su padre lo haya castigado con demasiada frecuencia y con demasiada severidad. A veces los padres se tornan violentos con sus hijos cuando no saben cómo resolver pequeños problemas de comportamiento, antes de alcanzar un grado de extrema irritación. Si el padre grita y vocifera, si fustiga y flagela emocionalmente a sus hijos, es probable que se originen hostilidades y agresividad en ellos, pues los niños imitan a su modelo. En cambio, si el padre no los disciplina, si permite que sus hijos lo desafíen y actúen como les venga en gana, es posible también que sus hijos se transformen en seres egoístas y violentos. Lo ideal es administrar la disciplina en proporción al acto, inmediatamente después de la mala conducta, y sin pasión. También le debe dar cariño en dosis correctas.

Susana, de doce años, es tímida, retraída y está afectada por un complejo de inferioridad. Es muy susceptible, cree que es blanco de todas las críticas, tiende a evitar la participación en toda clase de competencias por temor a exhibir su inferioridad. Reacciona de forma excesivamente favorable a la adulación, pues con ella siente que se eleva su personalidad menoscabada. No se lleva bien con los demás. Tiende a referirse a otros de forma poco respetuosa, con manifestaciones de envidia, desprestigiando o criticando a las personas ausentes; pero en presencia de ellas, suele deshacerse en adulaciones y cumplidos. En otras ocasiones demuestra agresividad y hostilidad. Apela a menudo a la «racionalización» para justificar sus fracasos.

Oscar Ahumada Bustos observa que un niño que tiene un acusado complejo de inferioridad, tiende a reaccionar de forma inadaptada ante tres esferas: en cuanto a la amistad, prefiere el aislamiento; en la escuela, llega tarde o simplemente deja de ir a ella; respecto al problema sexual, incurre en anormalidades. Si no se resuelven estas tres áreas, es poco probable que se solucionen los «problemas de la vida» que el niño habrá de enfrentar cuando crezca.[30]

Si un niño fracasa continuamente o es menospreciado por sus padres, maestros o compañeros, le resulta difícil aceptarse como una persona digna. A veces el niño se siente indigno porque sus padres tienen un complejo de inferioridad. En otros casos, el niño se siente inferior porque sus padres exigen demasiado de él o lo rechazan, sin darle el amor y el respeto debidos. Collins sugiere algunas maneras de aumentar la estimación propia de un niño:

- Se debe alentar al niño a fijarse metas que sea capaz de alcanzar. Esto no significa que debamos desalentar la ambición. Más bien quiere decir que las aspiraciones del niño deben ser realistas para que no fracase continuamente.
- Se le debe ayudar a comprenderse a sí mismo, y cuanto mejor conozca sus capacidades y sus debilidades, tanto más fácil le resultará aceptarse.
- Se debe alentar a los demás a aceptar al niño.[31]

No es fácil criar a un niño mediante una buena enseñanza y proporcionándole un medio ambiente ideal para su desarrollo. Pero es de gran valor amoldarlo según el plan divino y encaminarlo en sendas de justicia, utilidad y contentamiento. Tenemos un mensaje de Dios a los padres en las palabras de una princesa egipcia: «Lleva a este niño y críamelo, y yo te lo pagaré» (Éxodo 2:9). El pastor-consejero puede jugar un papel importante en ayudar a los padres a cumplir un encargo tan elevado.

Notas

1. James Dobson, *Family under fire*, 1976, p. 12.
2. Biblia y medicina psicológica, apuntes compilados para el *Christian Fellowship* de Gran Bretaña por un grupo de destacados médicos especialistas y psiquiatras, s.f., p. 41.
3. L. F. Frank, *On the importance of infancy*, 1966, pp. 116,117, citado en Collins, *Hombre en transición, op. cit.*, p. 45.
4. Collins, *Hombre en transición, op. cit.*, p. 48.
5. *Ibíd*, p. 49.
6. James Dobson, *Atrévete a disciplinar*, 1970, p. 26. (Esta sección sobre la disciplina contiene muchos de los pensamientos del doctor Dobson.)
7. *Ibíd.*, pp. 25-27.
8. Citado por Larry Christenson, *La familia cristiana*, 1970, p. 102.
9. Christenson, *op. cit.*, p. 102.
10. Dobson, *Atrévete a disciplinar, op. cit.*, p. 28.
11. *Ibíd*, p. 33.
12. Christenson, *op. cit.*, p. 85.
13. Dobson, *Atrévete a disciplinar, op. cit.*, p. 46.
14. Christenson, *op. cit.* p. 127.
15. *Ibíd.*, p. 120.
16. David Wilkerson, «*We need a woodshed revival*», citado por Christenson, *op. cit.*, p.
17. Christenson, *op. cit.*, p. 65.
18. Dobson, *Atrévete a disciplinar, op. cit.*, pp. 52,53.
19. Dobson, *Atrévete a disciplinar, op. cit.*, pp. 52,53.
20. Collins, *Hombre en transición, op. cit.*, p. 54.
21. Christenson, *op. cit.*, p. 98.
22. Collins, *Hombre en transición, op. cit.*, p. 69.
23. *Ibíd*, pp. 69,70.
24. Jack Hyles, *How to raise children*, 1972, pp. 18-27.
25. *Ibíd.*, pp. 15-18.
26. Christenson, *op. cit.*, p. 72.
27. El diario de Santiago, Chile, *El Mercurio, Revista del domingo*, 11 de noviembre de 1979, p. 8.
28. Dobson, *Family under fire, op. cit.*, p. 50.
29. Russell J. Becker, *Family pastoral care*, 1965, pp. 98-129.
30. Bustos, *op. cit.*, p. 215.
31. Collins, *Hombre en transición op. cit.*, p. 73.

Capítulo 12

LA ADOLESCENCIA

*N*o cabe duda alguna de que la adolescencia tiene sus complicaciones; sí que las tiene. Se la describe como «los años tumultuosos» marcados por el desarrollo, el conflicto y la tensión. Los adolescentes quieren ser comprendidos y aceptados por los padres y por otros adultos, pero en vez de ello a menudo son el blanco de las críticas; quieren hacer valer su independencia, pero a veces se vuelven infantiles en su dependencia. Los adultos se preguntan muchas veces qué hacer con los jóvenes, y estos, otras tantas, qué pasa con ellos mismos.

Es la etapa en la que se fijan metas en la vida y en la que tratan de establecer su identidad. Es el período en el que los jóvenes se ven obligados a tomar decisiones que afectarán toda su vida. Es la edad de lo nuevo, del cambio, de la inestabilidad, de los aires de grandeza, de los momentos de desaliento, de la alternación entre dependencia e independencia, que hace a sus padres preguntarse: ¿Cuál será el papel de mi hijo hoy?

¿Qué es la adolescencia? Por regla general, se define como el período de la vida entre la niñez y la edad adulta. El proceso comienza con la pubertad (doce o trece años de edad para las chicas, y alrededor de catorce o quince años para los muchachos). Lo difícil es determinar cuándo acaba. Unos dicen que a los dieciocho o diecinueve años y otros, a los veintidós o veinticuatro; o sea, desde la pubertad hasta que la persona adquiera una profesión o un estado matrimonial responsable, o una actividad que le permite desenvolverse de forma autónoma y libre. Nos limitaremos a considerar el período comprendido entre la pubertad y los veinte años.

La adolescencia, tal como la conocemos en las áreas urbanas, es propia de nuestro siglo; por lo menos en la actualidad se acentúan los problemas que ocasiona. Dice el siquiatra chileno Armando Roa: «Sólo la civilización científica y tecnológica moderna, por su alta complejidad, exige de sus miembros prolongadas maduraciones antes de asumir responsabilidades definitivas». Cuanto más desarrollada es la cultura, tanto más larga y difícil es la transición entre la niñez y la madurez. Hoy, el adolescente tiene que esperar de cuatro hasta ocho años antes de ser reconocido como adulto y recibir privilegios de tal, como el derecho de ganarse la vida y casarse. El ingreso del individuo a la sociedad se hace cada día más complicado, y esta etapa intermedia, más marcada y determinante en el desarrollo de las personas. En las áreas rurales, la transición de la niñez a la edad adulta no lleva consigo tantos problemas como en la de los jóvenes de las ciudades.

Es importante que los consejeros cristianos que se ocupan de los adolescentes sepan las características y problemas de ellos. Puesto que la adolescencia es el período de crisis religioso en que la mayoría de los hijos de creyentes toman la decisión de seguir a Cristo o de abandonar la fe de sus padres, es preciso que el consejero sepa cómo ayudar espiritualmente a los adolescentes y cómo ayudar a sus padres a comprenderlos. También el aumento de la delincuencia juvenil nos obliga a comprender mejor a los adolescentes y a esforzarnos en tomar medidas tanto correctivas como preventivas.

1. **Características de los adolescentes**. Consideremos las peculiaridades de los jóvenes en la edad de la adolescencia. Tengamos presente, sin embargo, que los adolescentes tienen entre sí diferencias individuales; cada uno reacciona un poco distinto ante los cambios y presiones de esta etapa. En el viaje hacia la madurez, crecen físicamente, buscan su identidad e independencia, encuentran nuevas maneras de relacionarse con sus padres y con otras personas, incluso con el sexo opuesto, y eligen su vocación. El medio ambiente en que se mueven los jóvenes difiere de uno a otro. Y aun cuando dos individuos del mismo ambiente afronten el mismo problema, es probable que uno reaccione de modo diferente al otro.

a) *Cambios físicos*. El primer ajuste importante de la adolescencia tiene que ver con el cambio biológico. Nos interesa considerarlo, pues el desarrollo físico del adolescente juega un papel importante en su concepto de sí mismo e influye en su comportamiento.

La primera etapa de la adolescencia, entre los once y los quince años, se caracteriza por un repentino «brote de crecimiento», con un aumento acelerado de peso y de estatura. El crecimiento más rápido ocurre en el año de la pubertad (época en que maduran las funciones reproductivas), generalmente a los doce años para las muchachas y a los catorce para los muchachos. En el espacio de un año, el joven puede aumentar hasta doce kilos de peso y crecer hasta diez o doce centímetros. Parece tener un apetito insaciable.

Sin embargo, el crecimiento no es uniforme es todas partes del cuerpo. Por ejemplo, el corazón crece más rápidamente que las arterias, resultando así un aumento de la presión arterial. Es por ello que los adolescentes se quejan con frecuencia de palpitaciones, mareos, desvanecimientos, dolores de cabeza y desasosiego. La desigualdad del crecimiento se observa también en el desarrollo del rostro, los músculos y los huesos. Este desarrollo desproporcionado explica en parte la torpeza de los movimientos del adolescente. Por regla general, los jóvenes varones tienen más dificultades en regular los movimientos de las manos y los pies que las muchachas, pero las jovencitas también pueden sentirse torpes y tener miedo de hablar.[1]

En esta etapa las nuevas energías e impulsos sobrepujan a veces el dominio que el adolescente ejerce sobre sus nervios y su mente. Esto explica las perturbaciones de carácter emocional que prevalecen durante este período. El jovencito se vuelve irritable y voluble. La alegría y la melancolía, el entusiasmo y el desánimo se suceden con extraordinaria rapidez.[2]

El «yo» de los adolescentes puede sufrir fuertes golpes. Los miembros de la familia del adolescente a veces hacen chistes acerca del rápido crecimiento y la torpeza del joven, y este se acompleja. También su voz cambia y es difícil dominarla. En ambos sexos, una secreción aceitosa a menudo tapa los pequeños conductos de la piel, produciendo espinillas, granitos y olores corporales. En algunos jovencitos se desarrollan lentamente las características masculinas o femeninas del cuerpo; y es motivo de gran preocupación, pues para ellos su desarrollo físico y su apariencia tienen mucha importancia. ¿Qué me está pasando?, se preguntan. ¿Es mi cuerpo suficientemente varonil, o femenino? A las chicas les importa mucho la ropa; pasan mucho tiempo ante el espejo arreglándose. Aquellos adolescentes cuya maduración física ocurre después que la del promedio, tienden a sentirse inadecuados e inferiores. Todos estos cambios pueden ser causa de avergonzamiento y tener efectos sicológicos.

No es de extrañarse que los adolescentes parezcan un poco aletargados y perezosos. Su falta de aplicación y apatía general se deben al hecho de que casi toda la energía se aplica a su rápido crecimiento. Además, los cambios glandulares exigen un reajuste físico. Durante esta etapa quisieran dormir hasta las diez de la mañana y arrastrarse por la casa el resto del día.

Mucho del crecimiento en la adolescencia se relaciona con el desarrollo del sistema reproductor. Los cambios sexuales pueden clasificarse en dos categorías: los primarios que tienen que ver con la maduración de los órganos sexuales, y los secundarios que se refieren a los cambios físicos que no están relacionados directamente con las partes genitales. Por ejemplo, en las muchachas se desarrollan los pechos y se ensanchan las caderas; en los jóvenes varones se ensanchan los hombros.[3] Cuando los órganos de la reproducción comienzan a funcionar como en un adulto, el adolescente ha llegado a la pubertad. La edad en que esto se efectúa varía mucho, a veces dos o tres años, y depende de diversos factores entre los cuales están el clima, las condiciones de vida y las diferencias físicas de cada persona. El joven varón sabe que ha llegado a la pubertad cuando experimenta las emisiones nocturnas de semen (poluciones). «Aunque este es un hecho normal, muchos jóvenes no comprenden lo que está sucediendo y tienen demasiada vergüenza para preguntar de qué se trata o para comentarlo con otra persona».[4]

En el caso de la muchacha, el funcionamiento de su sistema reproductor se reconoce por la menarquia, o sea, la primera menstruación. Cuando esto ocurre, puede ser que se asuste, o aun sienta horror, si no ha sido preparada de antemano. Collins observa:

> Este horror a veces dura toda la vida, por lo que la menstruación es siempre temida. Esto es muy probable si los períodos son acompañados por dolor y otras molestias físicas. Otras chicas experimentan trastornos emocionales durante la menstruación, así como incapacidad de estudiar, perturbaciones y a veces, resentimientos. Un adulto benévolo y cooperador puede hacer mucho para influir en la actitud de una jovencita con relación a este y otros cambios sexuales.[5]

Es muy importante que los padres sean comprensivos con los adolescentes y les expliquen el significado de los cambios físicos y de las emociones resultantes, especialmente en cuanto al desarrollo sexual.

b) *La búsqueda de la realidad.* La adolescencia es un período de cuestionamiento referente a muchas cosas, incluso a la religión. El adolescente quiere descubrir por sí mismo la realidad en su derredor. Va dejando el mundo de fantasía de la preadolescencia y piensa más en lo práctico. Ve a los demás con más realismo. Por ejemplo, al compañero universitario ya no lo ve con «anteojos de color de rosa», sino tal como es. Uno de los acontecimientos más típicos e impresionantes de la adolescencia es el descubrimiento súbito de que las personas no son como parecen ser. Queda algo desilusionado con algunas personas, incluso, a veces, con sus propios padres. Durante la niñez, la persona acepta incondicionalmente las creencias de sus padres, pero al llegar a la adolescencia se produce un cambio. Ya no acepta ideas y enseñanzas sin examinarlas. Emplea el raciocinio para conocer y juzgar lo que escucha y lee, incluso las doctrinas religiosas. De ahí resultan las perplejidades, las preguntas, y los grandes conflictos mentales en los adolescentes evangélicos. Luisa de Walker señala que entre los doce y los diecisiete años de edad, el setenta y cinco por ciento de los alumnos varones y el sesenta y cinco por ciento de las alumnas, abandonan la Escuela Dominical para nunca regresar.[6] Es un período de crisis espiritual.

Si un muchacho no ha tenido la experiencia de la salvación, es particularmente vulnerable a las dudas; a menudo está dispuesto a poner en tela de juicio las doctrinas cristianas o simplemente a no darles lugar en sus pensamientos. La existencia de Dios y la inmortalidad no son preocupaciones fundamentales de muchos adolescentes. Después de un período de cuestionamiento respecto a la religión verdadera (trece a catorce años) realizado en la intimidad, ya a los dieciséis o diecisiete años se discuten con cierta frecuencia asuntos de este tipo, hasta llegar a la actitud religiosa definitiva alrededor de los diecinueve años.

Los padres creyentes no deben sorprenderse si su hijo adolescente formula preguntas tales como: «¿Por qué Dios no hizo a la raza humana de tal manera que no pudiera pecar?», o «Si Dios es el Dios de amor, ¿por qué permite que los hombres se maten unos a otros?» No es que rechace lo que se le ha enseñado, sino más bien que demanda bases racionales para sus creencias. Rechaza el razonamiento que afirma: «Es así porque es así».[7] Conviene que los padres estudien libros de apologética (evidencias cristianas) para poder contestar las preguntas de sus hijos. También los maestros de la Escuela Dominical deben dar a los adolescentes las explicaciones de lo que parecen errores en la Biblia o contradicciones entre la Biblia y la ciencia: Algunas iglesias tienen clases especiales sobre el tema.

Los adultos deben tener mucha paciencia en cuanto a las dudas de los adolescentes. Y no sirven las respuestas dogmáticas; tienen que estar «preparados para presentar defensa» ante el adolescente que les demande razón de la esperanza que hay en ellos. Pero deben presentar los argumentos de defensa con «mansedumbre», no reaccionando fuertemente frente a lo que les parece rebelión o incredulidad de parte del joven; no deben discutir acaloradamente con él. Más bien, conviene aceptarlo como sincero, escucharlo bien y tratar de colocarse en su lugar. Una madre cuenta cómo su hijo confesó: «A veces dudo de la misma existencia de Dios; me siento culpable. ¿Es pecado, mamá?» Ella contestó: «No es pecado, David, pues es normal tener tales pensamientos cuando se es adolescente».

Los padres deben darse cuenta de que «los adolescentes pasan por un túnel oscuro y necesitan ver la luz al final del mismo». Es tarea de la iglesia ayudar a los padres a comprender a sus hijos y a prestarles ayuda en su viaje por el túnel en su búsqueda de la realidad.

c) *Desarrollo social*. El adolescente abandona paulatinamente el estrecho punto de vista social de la época de su niñez. Tiene ahora una nueva conciencia de sí mismo y un creciente interés respecto a otras personas. Le interesa mucho saber lo que otros piensan acerca de él, especialmente los del sexo opuesto. Sin embargo, a menudo le es difícil relacionarse bien con los adultos, aunque desea ardientemente ser adulto y ser aceptado por ellos. Hay factores que le impiden realizar tal deseo. La timidez que resulta de su torpeza, a veces hace que el adolescente se sienta incómodo ante la presencia de personas mayores. Tampoco sabe siempre comportarse aceptablemente ante ellas.

Su disposición de ánimo fluctúa entre la timidez, la reticencia, la jactancia y la rudeza. Esta conducta frecuentemente causa molestias a los adultos.

Hay en el adolescente el inherente y ardiente deseo de pertenecer al grupo, de ser miembro de él, de identificarse con los demás. Dado que no existen puertas por las cuales pueda entrar en el mundo de los adultos, le parece que la única solución es volverse más íntegramente al grupo de sus compañeros para encontrar la aceptación y comprensión que desea.[8] El adolescente cree que tiene que adaptarse a las actitudes y costumbres de sus compañeros para ser socialmente aceptable y para estar al nivel de ellos. Por lo tanto, se amolda a sus normas aun cuando la conducta resultante no agrade a sus padres o viole sus convicciones. El grupo le brinda al adolescente la oportunidad de aprender a adaptarse socialmente.

El adolescente con deseos de independizarse del dominio paterno, frecuentemente se asocia con otros jóvenes de su misma edad que también tienen la misma aspiración. El grupo le ofrece seguridad social y un escape de los irritantes controles paternos, le proporciona un estado social legal y privilegios de grupo. «La adhesión servil a las últimas novedades relacionadas con el vestir, el lenguaje, los intereses y la música llega a ser muy importante, porque le brinda solidaridad a la pandilla y ayuda al individuo a ser aceptado por el 'grupo excluyente'».[9]

d) *Sexo y amor*. El preadolescente es homosocial, es decir, juega casi exclusivamente con niños del mismo sexo. A esta edad, los niños varones menosprecian a las niñas, y las niñas piensan que los niños son «demasiado bruscos y molestos». Con el advenimiento de la pubertad, la persona siente atracción creciente hacia el sexo opuesto. Los adolescentes se preocupan mucho por su apariencia; y si son mujeres, por la figura (el cuerpo como sexo y como lo que luce o desluce). También existe la preocupación por saber cómo actuar en presencia de personas del sexo opuesto.

El desarrollo afectivo tiene sus etapas. El joven comienza por una fase de pasión idealizada (las expresiones de afecto no son físicas) que corresponde a la edad de los doce a los quince años. Este es el enamoramiento de un personaje de su edad, o algo mayor, a quien puede conocer o no. Se llama amor de adolescencia o amor pueril. Es la época en que todo el interés se concentra en una persona, en verla y saber de ella, en nombrarla por cualquier motivo. Pero si esta llega a darse cuenta del interés que despierta, el enamorado se sonroja, pierde el habla, se siente avergonzado. Pueden surgir intensos sentimientos, pero generalmente terminan en «dolorosos fracasos».

Es evidente que cuando la formación sexual es adecuada, contribuirá tanto a que el joven vaya pasando por las diferentes etapas de su desarrollo de forma normal, como a que se enfrente a su vida amorosa y sexual futura con naturalidad y madurez. Dice Pearlman:

> La ignorancia no es inocencia y no tenemos derecho alguno a ocultarles a las niñas lo que deben saber a fin de precaverse de los peligros que las acechan. La vida de la joven puede formarse o mancharse fácilmente ... Anhela recibir afectos, y si no los recibe de forma espontánea, irá en busca de ellos. El corazón predomina sobre el cerebro, y se la puede guiar y dirigir mejor por medio de sus sentimientos o afectos. Las tendencias hereditarias (instintos) ejercen su mayor influencia en esta época.[10]

Según el grado de confianza, el adolescente consultará sobre los temas de amor y sexo con los padres o profesores o, si estos canales están cerrados, la información provendrá de sus compañeros, de revistas, películas, etc., «fuentes en general, riesgosamente deformadoras». La vida joven requiere una mano hábil en el timón para guiarla a fin de que no dé en los escollos. Es importantísimo que los padres gocen de la confianza de sus hijos y los aconsejen bien. Asimismo, no conviene permitirles salir solos (el joven y su amigo) hasta que tengan dicesiete o dieciocho años. Tampoco conviene que comiencen a salir solos o estén siempre en compañía de la misma persona del sexo opuesto, sin haber tenido trato primero con muchas personas de ambos sexos.

El amor y la amistad, propiamente, se dan a partir de los dicesiete o dieciocho años. Es el llamado tercer período de la adolescencia. Al principio de la adolescencia, el amor es idealizado, pero a medida que el joven crece y aumentan los impulsos sexuales, las expresiones de afecto son tanto físicas como espirituales. Ahora las parejas se juntan, hablan de proyectos, se ayudan, hacen planes para el futuro y se imaginan que podrían casarse en unos años.

e) *Idealismo.* Los adolescentes admiran las cualidades que hallan en otros, tales como valentía, veracidad, fe y abnegación, y aspiran a tenerlas. Buscan un ideal, una norma por la cual conducirse. Se crean ídolos y se identifican con ellos. Entre ellos pueden estar un profesor, un cantante, un amigo mayor o un personaje de televisión. Sueñan con estructurar un mundo nuevo que esté al servicio del hombre y de la sociedad. Están impacientes por llegar a la perfección, idean elevados proyectos y esperan alcanzarlos en breve tiempo. Cuando fracasan, se tornan deprimidos.

Aunque los adolescentes tienen ideales muy elevados, experimentan repetidos fracasos: quieren ser fieles a sus principios pero a menudo no lo logran. En las iglesias donde se presenta una norma inalcanzable y se censura a los jóvenes que no la cumplen, dichos jóvenes tienden a desanimarse en cuanto a la religión y a dejar la iglesia.

Un miembro de una iglesia comentaba: «Parecía que nuestra iglesia estaba llena de adolescentes, y los adolescentes estaban fervientes en el Señor. El pastor apreciaba a los jóvenes y los animaba a seguir luchando a pesar de sus altibajos. Tenía paciencia con nosotros aun cuando no teníamos victoria completa sobre nuestros vicios. Prohibía terminantemente que los mayores censuraran a los jóvenes. Pero también tenía tantas actividades para los jóvenes, que prácticamente no teníamos tiempo para meternos en cosas malsanas».

De qué manera las iglesias necesitan padres, pastores, maestros de Escuela Dominical y líderes juveniles que muestren paciencia con los jóvenes, que los orienten y que canalicen su idealismo hacia actividades y proyectos prácticos.

f) *Independencia e identidad.* Es importante que durante la adolescencia la persona aprenda a tomar sus propias decisiones, a asumir responsabilidades y a dejar atrás finalmente la vida protegida y dominada por sus padres. El deseo del joven de independizarse y establecer su propia identidad es normal, pero a veces toma una forma equivocada. Puede degenerar en rebelión ante la autoridad. El adolescente aspira a la libertad y autodeterminación, pero la necesidad de estudios prolongados resulta en una dependencia prolongada de los padres. Depende del horario, el dinero y las comodidades de ellos.

Según el sicólogo Erick Erickson, el problema que para el adolescente es más importante que el de independizarse, es encontrar un «sentido de identidad», un concepto claro de sí mismo. Busca respuestas a las preguntas: ¿Quién soy yo? ¿Cuáles son mis valores? ¿Qué propósito tengo en la vida? ¿Cuáles son mis metas en ella? ¿Hacia dónde voy? ¿Cuáles son mis puntos fuertes y mis debilidades?[11] Armando Roa, en su libro *¿Qué es la adolescencia?*, dice que la mal llamada crisis de identificación es más bien una crisis de perplejidad. La misma consiste en sentirse perdido cuando se pregunta qué es lo experimentado por los supuestamente normales respecto a sexo, amor, vocación profesional, religión y política.

Si el adolescente no encuentra claramente las respuestas, puede sentirse amenazado a medida que se acerca a la edad adulta. Muchos jóvenes alternan entre períodos de confianza y dudas, de optimismo e inseguridad. También la crisis de la identificación puede hacerse más pesada por circunstancias adversas, tales como enfermedad, un defecto físico o presiones del medio ambiente. Si el joven se ve a sí mismo como una nulidad o una persona mala, actuará defensivamente; puede tratar de evadir las demandas del proceso de maduración. Por ejemplo, puede postergar responsabilidades, no asistir a la escuela, no trabajar y aun recurrir a las drogas o caer en la delincuencia. Tal persona necesita sentirse aceptada y apoyada por otros, para poder superar sus sentimientos de indignidad.

La iglesia puede ayudar a los jóvenes en cuanto a encontrar su identidad. Puede hacerlos sentirse aceptados y dignos, puede aconsejarlos en cuanto a sus preguntas y ayudarles a encontrar la voluntad divina.

2. **Los padres y los adolescentes**: El Jefe del Departamento de Orientación de la Universidad Católica de Chile, Germán Rivera, está consciente de que hay grandes problemas sexuales, de delincuencia y de incomunicación. Pero, según su experiencia, tres de cada cuatro muchachos se entienden con sus padres y cuentan con un hogar bien constituido.[12] El resto no se entiende con ellos. Consideraremos algunas áreas problemáticas.

a) *El distanciamiento entre las generaciones.* Muchos de los conflictos existentes entre padres y adolescentes resultan por la falta de comprensión y comunicación. Con frecuencia los jóvenes afirman que los padres no los escuchan, no los entienden y no les dan el respeto y cariño necesarios. Es obvio que los adolescentes que experimentan vacuidad y confusión, «necesitan desesperadamente tener padres inteligentes y comprensivos a quienes poder recurrir en momentos de crisis personales».[13] En cambio, a menudo no hay intento serio ni deseo por parte de los jóvenes de comprender y respetar el punto de vista de sus padres. Piensan que los padres están atrasados en sus ideas y no saben mucho. Pasan la mayor parte de su tiempo libre con sus compañeros y a veces son agresivos y apáticos en casa. También hay casos en que el adolescente se avergüenza de sus padres, de su hogar, de su reputación, al ver que ellos no se visten ni hablan como los padres de sus compañeros. Collins, acertadamente, describe el problema:

La tan discutida «brecha entre las generaciones» se agranda aun más, cuando los rápidos cambios sociales y culturales dan a los padres y a sus vástagos experiencias muy distintas, de tal modo que tienen muy poco en común. Además, la falta de experiencia puede causar también falta de comunicación. Cuando los miembros de la familia aprenden a conversar acerca de sus problemas, la vida del hogar es más feliz, pero lamentablemente muchas familias nunca han discutido problemas significativos, y resulta difícil comenzar a hacerlo cuando los adolescentes están luchando por su independencia.[14]

Algunos padres, con la mejor de las intenciones, tratan de aconsejar a sus hijos adolescentes, pero a veces lo hacen sin comprenderlos bien. Hay quienes no los escuchan primero, y en otros casos les dan consejos con demasiada frecuencia y demasiado pronto. También resulta contraproducente presionar a los adolescentes.

b) *El choque entre las normas del hogar y las del grupo de los compañeros del adolescente.* Los adolescentes desean sobre todo la buena voluntad y la estimación de sus compañeros. Lo que más aflige es estar en desacuerdo con el grupo. Por lo general, temen que se los considere «anticuados» o «pasados de moda». Consecuentemente, el adolescente a veces hace oídos sordos a los consejos de sus padres, considerándolos anticuados. El problema se torna más agudo en los casos en que el muchacho elige malas compañías.

Conviene que los padres estimulen a sus hijos para que traigan sus amigos a casa, pues de esa manera estarán en condiciones de conocer a sus amistades y emitir así un juicio justo con respecto a si son adecuados o no. Cuando los padres dan la bienvenida en la casa a los compañeros de sus hijos, lo más probable es que estos inviten a sus compañeros a su casa. Les asaltarán así menos tentaciones de mantener amistades lejos de la vigilancia de sus padres.[15]

Lo ideal es que los adolescentes evangélicos formen su propio grupo en las escuelas y mantengan normas cristianas. En una escuela secundaria de Buenos Aires, los adolescentes de varias denominaciones evangélicas trabaron amistad entre sí, recibieron permiso para reuniones juveniles en la escuela, y testificaron decididamente a sus compañeros inconversos. Esto se tradujo en más de setenta conversiones en un solo año. También es muy importante que la iglesia local proporcione un programa de actividades tanto religiosas como de diversión para los adolescentes. Muchas iglesias evangélicas de América Latina dan lugar a los jóvenes en los cultos para que participen activamente. Por regla general, los jóvenes son el elemento más dinámico de la congregación, y a veces toman la delantera en las actividades evangelizadoras.

c) *La lucha para lograr la autodeterminación.* El adolescente hace intentos para «despegarse de las faldas de la madre» y para ser reconocido como una persona digna y capaz de tomar sus propias decisiones. Por lo general, los padres reconocen la importancia de que se independice, pero a su vez quieren protegerlo de errores y de la corrupción. Es difícil lograr el equilibrio de «aflojar las riendas en el momento oportuno y en la dirección adecuada, sin tenerlas tan tirantes que el niño se resista, ni aflojarlas tan de golpe que lo pongamos en peligro».[16]

A menudo a los padres les parece que su hijo no ha demostrado suficiente madurez para concederle la libertad que exige, especialmente si se comporta mal, si es desordenado o insensato y si elude las tareas de la casa. Aumenta el problema si los padres discrepan entre sí en cuanto a sus conceptos sobre el comportamiento de su hijo. Tal actitud deja al adolescente sin saber cómo comportarse o qué puede esperar de ellos. También el joven se resiste a las restricciones inmotivadas y a las reglas inexplicadas. Se pregunta: «¿Por qué no me permiten bailar? Todos los otros jóvenes bailan».

Los adolescentes a veces reaccionan más ante la negativa a sus exigencias. Se enojan, no escuchan los consejos u opiniones de sus padres, dicen a todo que no. No les parece bueno el mismo programa de televisión que a los demás, no les gusta la comida que preparan en su casa ni la ropa que les compra su mamá. El joven puede ser egocéntrico, envidioso, hostil y rencoroso.

E. Lakin Phillips, sicólogo y escritor, brinda a los padres consejos referentes a controlar a los hijos adolescentes. Algunos son:

1) No es perjudicial exigirle al adolescente que haga algún trabajo útil en casa y en la comunidad. Si espera recibir de los demás, también debe rendir servicios a aquellos. Debe entender que hay dos caras en la moneda. La responsabilidad debe recaer tanto sobre él como sobre los padres y la sociedad.

2) La salud mental no depende de recibir todo lo que quieren, ni es importante que los jóvenes reciban inmediatamente lo que quieren. Pero sí es importante que aprendan a sacrificar, postergar, escoger, y asumir responsabilidad cuando yerran o eligen mal.

3) Los padres y las escuelas deben darles a conocer sus expectativas. Deben ser firmes, justos y consecuentes, pues son actitudes claves. Los padres ceden a las presiones ejercidas por los adolescentes, porque imaginan que el joven se perjudicará si no satisfacen sus deseos. Su porfía, sus berrinches y su mal humor se interpretan erróneamente como un «trastorno emocional» que requiere tratamiento. Lo que no deben hacer es ceder a los antojos de los adolescentes. Deben ser firmes y consecuentes.

4) Los padres deben darles a entender a los jóvenes que podrán luchar con ellos, pero que no pueden triunfar; que sepan que los padres son más sabios y fuertes que ellos. Si a los padres les falta fuerza, el adolescente no los respetará.

5) Deben saber dónde están sus hijos, saber cuándo están en la escuela, cuándo con sus compañeros y cuándo con una persona del sexo opuesto. Deben determinar la hora en que han de volver a casa. Es imprescindible que los padres sean firmes y consecuentes. No deben sucumbir ante ningún pretexto o presión juvenil para hacerles conceder privilegios inmerecidos. Es necesario que sean firmes, pero a la vez han de explicarles que entienden lo que los jóvenes quieren, pero que no sería para su bien concederles lo que piden.

6) Deben darse cuenta de que la disciplina no es mala, ni anticuada, ni perjudicial. Nadie ha logrado nada importante si no ha logrado, primero la autodisciplina. El antiguo y venerable dicho: «Conócete a ti mismo», será imposible de realizar sin autodisciplina.

El individuo que no conoce la autodisciplina está enfermo, pues no puede dominarse a sí mismo ni dominar a otros. Los padres deben evitar ser personas sin dominio propio ante su hijo. Es mejor ser un poco fuerte y a veces estar equivocados, que perder siempre la batalla con el joven.

7) Que sepan que el respeto es un elemento indispensable del amor. Es improbable que pueda existir amor maduro sin tener respeto, porque el amor tiene que ser edificado sobre los fundamentos de firmeza, de justicia y de un proceder consecuente; sobre fundamentos de confianza mutua, los cuales permiten el desarrollo siempre creciente del afecto.[17]

Collins recomienda lo que se denomina el «control democrático» sobre los adolescentes. Este método comprende conversaciones entre los niños y los padres respecto a las normas para lograr una mutua comprensión. Abarca cinco principios:

❧ Comunicarle al adolescente qué se espera de él y por qué.

❧ Antes de castigar al joven, se deben considerar los motivos por los cuales se produjo la infracción.

❧ Sólo se castiga cuando la infracción fue deliberada.

✻ La severidad del castigo debe ser en proporción a la gravedad de la falla.

✻ El castigo debe relacionarse íntimamente con la falta y no ser infligido con el fin de humillar o poner en aprietos al infractor.[18]

Los jóvenes desean con todo su corazón ser considerados como adultos, y les ofende ser tratados como niños. El castigo físico es el máximo insulto: se castiga a los adolescentes con la pérdida de ciertos privilegios, privaciones financieras y distintos tipos de penas no físicas.[19] Es interesante notar que los adolescentes, por más rebeldes que sean a veces, quieren tener padres que les brinden estabilidad, aliento, protección, normas de conducta y consejos cuando sean necesarios.[20]

Un niño es como un arbolito recién plantado junto al cual se entierra una vara gruesa para que crezca derecho. Nada se logra con poner la vara cuando el árbol ya inició su crecimiento en mala dirección. La vara solo se quita cuando el tronco tiene suficiente consistencia para continuar su desarrollo correcto. De la misma manera, los padres dan más libertad al niño en la medida en que este va adquiriendo el criterio necesario para hacer buen uso de esa libertad. Una época adecuada para que los padres comiencen a quitarles a sus hijos los lazos de control puede ser alrededor de los trece años, para que, en una situación normal, a los dieciocho años pueda tener una autodisciplina cabal. Naturalmente, los adolescentes varían el uno del otro y mucho depende de cómo reacciona cada joven.

d) *Preparación de los adolescentes para mantener su fe en Cristo.* ¿Qué seguridad tienen los padres de que sus hijos seguirán en el camino cristiano? Al ver que sus hijos han llegado a ser adolescentes, los padres se preocupan sabiendo que su influencia sobre ellos va disminuyendo, entre tanto que la influencia del grupo de sus compañeros va en aumento. Además, los profesores y otros adultos que no tienen la religión cristiana pueden influir en las actitudes y los valores del joven. ¿Han de intervenir los padres antes de que sea tarde? Pero, ¿qué pueden hacer? Es cada vez más difícil vigilar a sus hijos en cuanto a elegir a sus compañeros y regular el uso de su tiempo y sus actividades. Si son demasiado estrictos, pueden alejarlos, y esto puede costar el proceso de identificación con ellos. He aquí algunas sugerencias para los padres:

Es fundamental que los padres sean consecuentes al vivir su fe. El adolescente es buen observador y es propenso a dudar de la religión de sus padres si estos titubean, si tienen sus altibajos espirituales o les faltan las virtudes cristianas. Conviene que busquen primeramente el reino de Dios y que no sean materialistas que tratan de cubrir su materialismo con un poco de religión.

Pueden preparar a sus hijos para enfrentar las ideas anticristianas precaviéndolos de que las creencias y normas de la fe serán criticadas. Los padres deben presentarles los argumentos hostiles en pequeñas dosis y a la vez los contraargumentos cristianos. Es una forma de vacunarlos. Hablarán acerca de las doctrinas cristianas y explicarán por qué tanta gente no cree en Cristo. Naturalmente, las explicaciones deben coincidir con la realidad. Por ejemplo, no deben insinuar que los materialistas son insinceros; el adolescente pronto conocerá a muchos inconversos que son personas responsables social y moralmente.

Conviene que los padres tengan momentos devocionales interesantes con la familia en los cuales los adolescentes pueden participar y charlar con toda franqueza acerca de sus experiencias y problemas espirituales. También deben crear un ambiente familiar que conduzca a relaciones armoniosas entre los padres y sus hijos. Proporcionarán oportunidades para que los jóvenes asistan a los cultos y participen en las actividades juveniles de la iglesia. Muchísimos jóvenes se convierten o se consagran en campamentos juveniles. Sin embargo, hay ocasiones en que es contraproducente obligarlos a asistir a ciertos cultos, ya que esto puede ponerlos más duros contra la fe. Sobre todo, los padres creyentes deben orar continuamente por sus hijos, encomendándolos al Señor y confiando en su poder salvador y guardador. Entonces pueden tener la confianza de que, no obstante los desvíos ocasionales del camino, los jóvenes han recibido la buena enseñanza que algún día los restaurará.

3. **La delincuencia juvenil**: No cabe duda de que se ve un deterioro en la conducta de muchos adolescentes. Es la consecuencia de varios factores: los medios de comunicación bombardean continuamente a los niños y jóvenes con una filosofía materialista y carente de valores espirituales y morales. Por ejemplo, se calcula que un joven de veinte años habrá presenciado dieciocho mil asesinatos o muertes violentas presentados en la televisión. Se recalca la importancia del sexo y de las cosas que den satisfacciones inmediatas. Vivimos en una sociedad en la que prevalece la permisibilidad y la libertad excesiva. Las escuelas públicas a menudo no imponen normas morales ni disciplinan adecuadamente. También, el ocio de muchos jóvenes les proporciona la oportunidad de ocuparse en actividades malsanas. Idean aventuras destructivas para escaparse del aburrimiento.

Sin embargo, la mayoría de los jóvenes que se comportan mal de vez en cuando, no son delincuentes, en el sentido exacto del término. Se llama delincuentes juveniles a los de menor edad que se dedican a la conducta antisocial tal como el robo, el vandalismo, los actos de violencia, la prostitución y hasta el homicidio. Narramore señala las características comunes de tales individuos. Algunas son:

- Desprecio a las normas y reglamentos.
- Falta de dominio propio.
- Patrones sexuales desviados.
- Incapacidad de diferir los placeres inmediatos.
- Relaciones sociales superficiales.
- Habilidad de razonar y culpar a otros por la conducta propia.
- Frecuencia de lenguaje obsceno.
- Deseo de ser «importante».
- Desprecio por los derechos de propiedad ajena.
- Discrepancia entre el desarrollo de la inteligencia y el de la conciencia.[21]

Frellich observa que el delincuente juvenil es incapaz, por lo general, de pensar con realismo; considera solamente los fines inmediatos en cuanto a sus relaciones personales y sociales. Desea conseguir lo que quiere y conseguirlo inmediatamente. No sabe negar o postergar la satisfacción de sus deseos, a fin de conseguir una satisfacción más amplia y permanente en el futuro. Actúa como si el mundo entero girara alrededor de él. Las personas y cosas le parecen medios para obtener sus fines, especialmente sus propios placeres. No ve razón por la que sus deseos no sean satisfechos directamente tan pronto como los sienta, y no le preocupa el daño o pena que cause a otros. Piensa solamente en sí mismo.[22]

Los delincuentes juveniles caen en dos categorías: los que se aíslan de otras personas (o son aislados por otros) y actúan independientemente, y los que llegan a ser delincuentes por asociarse con un grupo cuya actitud y conducta son antisociales.

¿Por qué los adolescentes llegan a ser delincuentes? Algunos sicólogos señalan el papel que juegan su medio ambiente y sus problemas. Sin embarg,o es un hecho evidente que en una situación en la que dos individuos muy similares enfrentan el mismo problema, a menudo reaccionan de manera diferente. La mayoría de los niños que residen en barrios de deterioro no son delincuentes, ni tampoco son delincuentes la mayoría de los hijos de padres de escasos recursos económicos o los niños de las ciudades. Juega el factor de la decisión personal.

En la mayoría abrumadora de los casos de delincuencia, hay evidencia del fracaso de la vida del hogar: un padre abandona al otro, la separación, hijos naturales, falta de compatibilidad entre los padres, u otros factores. Los esposos Sheldon y Eleanor Glueck hicieron un estudio sobre mil adolescentes delincuentes. Encontraron que el cincuenta por ciento de los delincuentes se habían metido en problemas antes de tener ocho años, y el noventa por ciento, antes de llegar a los once años. Había deficiencia en cinco áreas de la vida del hogar:

- La disciplina que ejercía el padre.
- La supervisión de la madre.
- El afecto paternal.
- El afecto maternal.
- La cohesión de la familia (la fuerza que une a sus miembros).[23]

Tres relaciones entre padres e hijos producen muchas veces personalidades antisociales: (a) *Rechazo*. El individuo es de un hogar en el que se siente no deseado y no querido. Su conducta antisocial puede ser motivada por el deseo inconsciente de castigar a sus padres, los cuales lo rechazan, o castigarse a sí mismo por sentir hostilidad hacia ellos. (b) *Los mimos excesivos*. El niño que recibe todo lo que desea, no aprende a restringir sus impulsos ni postergar la gratificación de sus deseos. Acostumbrados a toda clase de privilegios, estos niños se crían egoístas y sin consideración hacia los demás. (c) *Falta de identificación*. El niño aprende identificándose con un adulto que llega a ser su modelo. Muchos antisociales vienen de hogares rotos o de hogares en los que uno de los padres estaba ausente por períodos prolongados.[24]

El concepto de sí mismo tiene gran importancia en cuanto a su conducta. Su concepto depende de sus aspiraciones, su sentido de valor y de poder o, en cambio, de sus sentimientos de debilidad, indignidad e inferioridad. Si su concepto está distorsionado, el individuo tendrá problemas. Las aspiraciones demasiado grandes son capaces de producir depresión a la persona que no puede alcanzarlas. En cambio, si existe un sentimiento de indignidad, este puede impedir que descubra y perfeccione las capacidades que la persona ya tiene.

Muchos delincuentes se desesperan en su ansia de recibir de la vida algo mejor de lo que han experimentado. Ya tienen antecedentes de delincuencia que los hacen aparecer como leprosos en la sociedad y no creen que puedan ser considerados tan dignos como otras personas de la misma edad.

Los esposos Glueck encontraron en sus estudios evidencia de que el delincuente juvenil trata de solucionar sus conflictos emocionales de manera diferente a la que emplean los no delincuentes. Tiende a expresar abiertamente su dificultad o a tomar acción. También tiende a aceptar más pronto una norma de conducta que permite licencia e irresponsabilidad. Muchos adolescentes normales tienden a reprimir sus emociones conflictivas y a desarrollar fuertes inhibiciones. Por lo tanto, los delincuentes tienden a ser menos neuróticos que los adolescentes no delincuentes.[25]

A menudo el adolescente que tiene tendencia a ser delincuente es un paria, un individuo rechazado por otros. Unirse con un grupo de delincuentes es un medio de satisfacer sus necesidades emocionales. Encuentra aceptación, compañerismo e intimidad con otros. Esto le proporciona la solución al problema: «¿Quién me comprenderá y me amará?» Se dedica a su nuevo modo de vivir, y dondequiera que vaya, es uno de ellos. Aunque la sociedad lo rechace, sabe que a los ojos de sus compañeros tiene importancia por sus hechos antisociales. También es alguien a quien la sociedad ya no puede pasar por alto. Se destaca por su mala conducta. Y como algunos niños rechazados por otros, aprenden a llamar la atención comportándose mal. El delincuente deliberadamente llama la atención sobre sí delinquiendo.

Con frecuencia, el individuo adopta la norma del grupo, porque quiere sobre todo ser aceptado en su seno. Por ejemplo, Edit decide unirse a un grupo de muchachas, a pesar de que no le causa agrado alguno practicar la licencia sexual que las caracteriza. Se adapta a la norma de ellas para ser aceptada como una más. De la misma manera, Juan tolera que algunos de los miembros de su grupo fumen marihuana, aunque se da cuenta del peligro de la droga. Admira la valentía de sus miembros en sus andanzas delictivas y está dispuesto a pagar el precio para ser parte de ellos.

¿Qué pueden hacer los padres al ver que su hijo tiende a ser delincuente? Narramore nos aconseja:

> El niño que es prolongadamente desobediente y rebelde, requiere atención inmediata. Si se logran tomar medidas para aliviar sus trastornos antes de que se vuelvan demasiado graves, se evitarán sus muchas tribulaciones futuras. Tiene especial importancia que los maestros remitan a tiempo a tales estudiantes al personal de orientación escolar...
>
> Muchos de los métodos actuales de tratar la conducta delincuente no alivian los conflictos básicos del individuo. El encarcelamiento y el castigo pueden, en realidad, hacer que la persona se vuelva más hostil y rebelde, de modo que al recobrar la libertad vuelva a la conducta antisocial.[26]

Es difícil ayudar al delincuente juvenil. No hay soluciones fáciles fuera de la conversión profunda a Cristo. En primer lugar, encuentra aceptación y aprobación en el grupo de sus compañeros delincuentes. Si cambiara su conducta, tendría que apartarse de sus viejos compañeros, y esto le es muy difícil. Los jóvenes creyentes a menudo no están dispuestos a aceptar a alguien que ha sido delincuente o tiene tendencias a serlo. También, el consejero debe tratar de arreglar los problemas de la familia del delincuente juvenil. Por regla general, las actitudes familiares que contribuyen a la formación del carácter delictivo del joven no son fáciles de cambiar.

Muchas veces el adolescente busca compañerismo con delincuentes porque no ha encontrado satisfacción a sus necesidades emocionales en su propio hogar. A veces se puede solucionar el problema orientando a los miembros de la familia a reestructurar su manera de tratarse. En casos de una larga historia de agresividad, variabilidad e impulsividad, no es posible cambiar de la noche a la mañana al delincuente juvenil.

Se puede lograr mucho aconsejando a los padres que comuniquen claramente reglas sensatas y expectaciones a su hijo. Es importante enseñarle a ejercitar un dominio propio, mejor y a llevar una conducta más aceptable. También es necesario que se desarrolle la conciencia del adolescente. Pero los padres deben hacerlo con comprensión y amor. Lo que ha ocurrido en la vida de muchos delincuentes juveniles, es que los padres no han sabido la manera correcta de controlar a sus hijos. Resulta que el hijo reacciona mal; esto produce resentimiento y hostilidad en los padres, y retiran su afecto. Entonces el niño se endurece y se comporta peor.

Sobre todo, es necesario que el adolescente se comprenda a sí mismo, pues a menudo se engaña. Anda en tinieblas, pero se imagina que la oscuridad es luz. Por lo general, no quiere cambiar porque no se entiende a sí mismo. Su agresión sirve de disfraz para ocultar sus sentimientos de inferioridad e indignidad. Con frecuencia no emplea la fe en Dios como una manera de vivir, sino como un escape a las consecuencias de su mala conducta. Para él, Dios es un gran mago que puede rescatarlo de sus conflictos y ayudarle a evitar la realidad de su vida. Pero no quiere enfrentar su sentimiento de indignidad, pues le produce ansiedad, pánico, terror y culpa. Prefiere engañarse a sí mismo sintiéndose importante al desafiar a la sociedad.

El consejero debe aceptar al delincuente no como una persona inferior, sino como una persona de valor. Debe ganar su confianza. No debe hablar a sus espaldas con sus padres, pues es muy susceptible en cuanto a ser traicionado por un adulto. No debe ofenderse si el adolescente lo rechaza o menosprecia su oficio. J. L. Cedarleaf, pastor-consejero, se cuida de reaccionar mal ante la actitud de un delincuente:

> El rechazo se presenta de varias maneras. Puede ser que en un momento de enojo el delincuente encare la desesperación de su vida. Reconoce en cierta medida el uso de la fe como un medio de ocultarse. Ahora nos expone su alma. Si lo rechazamos, se verá tentado a ser más agresivo, y a la vez, tenderá a ocultar más profundamente la realidad. Conviene que vayamos más allá de la agresión, sin rechazarlo ni alentarlo.[27]

El consejero tratará de ayudar al delincuente a comprenderse a sí mismo y a comprender por qué sus padres imponen ciertas restricciones. También aconsejará a los miembros de la familia a fin de que entiendan los sentimientos y móviles del delincuente. Los padres deben «aprender a ver el mundo del adolescente a través de los ojos de este, y comenzar a entenderlo como una persona que se esfuerza por adquirir aceptación e individualidad».[28]

¿Qué puede hacer la iglesia para prevenir la delincuencia juvenil y para rehabilitar al joven rebelde? Mucho depende de su concepto de sí misma. ¿Es meramente una sociedad redimida o es una sociedad redentora? ¿Aceptará a los inadaptados? ¿Hay lugar para la madre soltera? ¿Para el delincuente juvenil? ¿Para el drogadicto? ¿O serán considerados como leprosos? ¿Cómo trata al niño que molesta a los demás en la Escuela Dominical? ¿Lo echa fuera o se esfuerza por comprenderlo y ayudarlo? ¿Enseña el pastor a los jóvenes a aceptar a una persona diferente a ellos? ¿Tiene la iglesia un programa de actividades, incluso recreación para los jóvenes? Por la gracia de Dios, la iglesia debe ser una comunidad de personas transformadas y transformadoras. Tal iglesia puede ayudar a los delincuentes juveniles.

Notas

1. Myer Pearlman, *El niño y el adolescente*, 1957, pp. 55,56.
2. *Ibíd.*, p. 60.
3. Collins, *Hombre en transición, op. cit.*, pp. 80-81.
4. *Ibíd.*, p. 80.
5. *Ibíd.*, p. 81.
6. Luisa Jeter de Walker, *Métodos de enseñanza*, 1951, p. 24.
7. Pearlman, *op. cit.*, pp. 62,63.
8. Francis I. Frellick, *Helping youth in conflict*, 1968, p. 29.
9. Collins, *Hombre en transición, op. cit.*, p. 87.
10. Pearlman, *op. cit.*, p. 77.
11. Erick Erickson, *Childhood and society*, 1963, e *Identity: youth and crisis*, 1968, citado por Collins, *Hombre en transición, op. cit.*, p. 83.
12. El diario de Santiago, Chile, *El Mercurio, Revista del domingo*, 21 de diciembre, 1979.
13. Dobson, *Atrévete a disciplinar, op. cit.*, p. 19.
14. Collins, *Hombre en transición, op. cit.*, p. 85.
15. Pearlman, *op. cit.*, p. 68.
16. Elizabeth Dowan y J. Adelson, *The adolescent experience*, 1966, p. 163, citado por Collins, *Hombre en transición, op. cit.*, p. 84.
17. E. Lakin Phillips, «Enhancing the parental role with adolescents», en la revista *The journal of pastoral care*, tomo XVIII, No. 3, otoño 1964, pp. 148-153.
18. Collins, *Hombre en transición, op. cit.*, p. 102.
19. Dobson, *Atrévete a disciplinar, op. cit.*, p. 61.
20. Collins, *Hombre en transición, op. cit.*, p. 88.
21. Narramore, *Enciclopedia de problemas sicológicos, op. cit.*, pp. 50,51.
22. Frellick, *op. cit.*, p. 50.
23. Sheldon Glueck y Eleanor Glueck, *Predicting delinquency and crime*, 1959.
24. Walter J. Coville, Timothy Costello y Fabian Rouke, *Abnormal psychology*, 1960, p. 127, citado por John Drakeford, *Psychology in search of a soul*, 1964, pp. 170,171.
25. Frellick, *op. cit.*, p. 59.
26. Narramore, *Enciclopedia de problemas sicológicos, op. cit.*, p. 55.
27. J. Lennart Ceaderleaf, «Light on the delinquent's darkness», en *Journal of pastoral care*, tomo XV11, otoño 1963, pp. 160 ss.
28. Narramore, *Enciclopedia de problemas sicológicos, op, cit.*, p. 56.

Capítulo 13

LA FARMACODEPENDENCIA:
ALCOHOLISMO Y DROGADICCIÓN

$\mathcal{E}$l uso excesivo del alcohol es uno de los problemas más perjudiciales en la vida nacional de varios países de América Latina. Por ejemplo, para Chile significa más de seiscientos millones de dólares anuales en pérdidas por ausentismo laboral, accidentes de tránsito, medicamentos, gastos médicos y hasta funerales. La suma equivale a la mitad de su exportación de cobre, la mayor fuente de sus divisas.[1]

Las consecuencias sociales son aun más dramáticas. En los hospitales del Servicio Nacional de Salud, una de cada tres camas para hombres está ocupada por un enfermo de cirrosis hepática causada por el consumo del alcohol. Cinco de cada cien chilenos mayores de quince años son alcohólicos. Según un artículo del diario «El Mercurio» de Santiago, un veinticinco por ciento de los suicidios de la nación se producen por estados depresivos, después de grandes borracheras.[2]

El problema del alcoholismo no se limita solo a Chile y a algunas otras naciones del Nuevo Mundo. Robert Muller, tercero en el escalafón de las Naciones Unidas después de Kurt Waldheim, reflexiona:

> Mis viajes por el mundo me han enseñado que lo que se dice de las personas puede aplicarse a las sociedades. Hay en esta tierra naciones que están lentas pero sostenidamente, bebiéndose a muerte. Se preguntan por qué su salud, su vitalidad, su confianza, su alegría y su optimismo están paulatinamente extinguiéndose; pero son incapaces de vislumbrar por un momento que la causa podría ser el abuso del alcohol.[3]

El uso abusivo de otras drogas es muy similar en su naturaleza y en sus efectos al de la ingestión de bebidas embriagantes. Sin embargo, la drogadicción es relativamente nueva y mucho menos arraigada en países de la América Hispana. Por lo tanto, dedicaremos la mayor parte del espacio de este capítulo al alcoholismo.

1. **¿Qué es el alcoholismo?** Muchas personas no distinguen entre el alcohólico y el individuo que ingiere excesivamente bebidas alcohólicas los fines de semana, o aun a diario, pero que puede dominar su deseo de beber. Tales bebedores son capaces de elegir la hora, la ocasión y el lugar de su diversión. En contraste, el alcohólico es quien no puede dejar de tomar todos los días, o quien cuando ha comenzado a beber es incapaz de detenerse.

El alcoholismo pertenece a la categoría de las enfermedades de adicción, y es la más común y devastadora de éstas. El alcohólico crónico es adicto física y sicológicamente a la droga llamada alcohol. Beber llega a ser la necesidad más imperiosa de su vida.

Necesita tomar continuamente para seguir funcionando y para evitar los síntomas que se producen cuando deja de tomar alcohol: temblores, alucinaciones y terror irracional.

A veces decide dejar de tomar, pero es incapaz de abstenerse de beber permanentemente. Cuando no bebe, está irritable, nervioso, deprimido y no duerme bien. Al volver a beber un trago, pierde todo su control sobre el deseo de tomar y no puede detenerse. «Yo me abstuve durante cuatro meses», confiesa un funcionario internacional de treinta y cuantro años, «y creí poder volver a beber normalmente. Me compré una cerveza. Me tomé una cerveza familiar. A la semana había regresado a mi cuota de media botella de whiskey al día». Cuando se llega a ser alcohólico, se es impotente para dejar el alcohol. Decirle a una persona así: «Deje de beber porque perjudica a su familia y a su trabajo», es tan inútil como decirle a un enfermo tuberculoso: «Deje de toser porque molesta a otros». El alcohólico es como un hombre en un pozo profundo; si no recibe ayuda le es casi imposible salir.

Esta enfermedad terrible no hace acepción de edad, sexo o niveles socioeconómicos. Confirma el doctor Enrique Duval, director de la Clínica Santa María de Santiago: «La clase alta bebe tanto como la baja. En la clase alta el alcohólico toma y come; el enfermo de la clase baja come menos, por lo que es más propenso a la cirrosis». Una sicóloga, María Teresa Dobert, añade: «En el caso del hombre, es algo terrible, pero en el de la mujer, el desastre es total». De los alcohólicos, el diez por ciento son mujeres y uno de cada doce consumidores de alcohol llega a ser alcohólico.

La pendiente por la que un individuo llega a ser alcohólico por lo general es predecible, aunque existen excepciones en las que algunos bebedores pasan hasta cuarenta años en la primera etapa y otros llegan a ser alcohólicos casi inmediatamente después de comenzar a tomar. Se trata de una cuesta abajo larga y profunda, pero poco pronunciada. El bebedor excesivo (una botella de vino diaria, como promedio) tarda entre ocho y quince años en convertirse en alcohólico.

Se denomina «prealcohólico» a la persona que está en la primera etapa o el período de los primeros síntomas. La persona comienza a tomar con frecuencia para aliviar la tensión y la fatiga, para quitar la desilusión, las frustraciones, y olvidar los problemas del hogar y de su trabajo. Es una especie de fuga, un escape a la realidad desagradable, ya sea obrero o ejecutivo dicho bebedor. El individuo desarrolla tolerancia, es decir, tiene que beber cada vez más cantidad de alcohol para «ponerse a tono». Además, no se notan tanto los síntomas de la ebriedad mientras toma excesivamente: puede caminar bien, hablar casi normalmente y la náusea tarda hasta el día siguiente.

El individuo aumenta su dependencia del alcohol para aliviar sus tensiones o penas. Otros síntomas se van agregando: se borra el recuerdo de lo que sucedió durante el estado de excitación alcohólica, se siente la cabeza más pesada, y siente apatía y sequedad en la boca al día siguiente. El segundo tramo, «la etapa crucial», comienza con la pérdida del control sobre su deseo de beber: toma compulsivamente. Ya no es capaz de detenerse una vez que comienza a beber, ni de resistir la tentación de tomar el primer trago. Ya no habla más acerca de tomar ni de las consecuencias que sufre al día siguiente. A menudo comienza el nuevo día tomando un trago. No quiere que los demás le llamen la atención sobre su vicio e inventa explicaciones en defensa de su conducta. Niega rotundamente ser alcohólico. Encubre en lo posible el hecho de que bebe excesivamente. Una profesora de educación básica, alcohólica en recuperación, cuenta:

Tenía que esconder la botella en la lavadora. Llegaba de la escuela y apenas saludaba a mis niños, me encerraba en el baño. Un trago largo me dejaba bien. Después ellos me descubrieron ... Tuve que ir variando los escondites.[4]

El alcohol comienza a ocupar el centro de la existencia. El alcohólico necesita tener disponible la botella en todo momento; si no, se siente incómodo; toma para calmar sus temores irracionales y sus nervios. Pierde el respeto de los suyos y muy pronto pierde su trabajo. Se aísla y llega a ser un enfermo de soledad, sin amigos verdaderos, sin posibilidades de distracción, sin un hogar cálido que lo acoja. Si hay tensiones en la casa, si se desconocen las caricias entre los esposos y los hijos, el alcohólico fácilmente compensa esas carencias en el bar más cercano. El aumento de la ingestión de alcohol alivia sus sentimientos de inferioridad y los reemplaza con arrogancia, agresividad y con el engaño de que tiene pensamientos grandiosos y es una persona destacada.

Al mismo tiempo experimenta, en las horas posteriores a su ebriedad, sensaciones de desplomamiento físico, nerviosismo, remordimiento; siente hastío de sí mismo. Sufre más intensamente la nausea y aumenta la tendencia a borrar el recuerdo de lo que pasó durante su reciente embriaguez. Pierde la consciencia y se duerme con facilidad en cualquier momento. Se deteriora su salud y necesita atención médica.

Se le llama «la etapa crónica» a la última fase del alcoholismo. Ahora, el individuo puede embriagarse con menos alcohol, y la ebriedad puede durar dos o tres días consecutivos. Aumentan la náusea, los dolores de cabeza y otras consecuencias físicas al despertarse de la embriaguez. Aparecen sensaciones de angustia, temblores, insomnio, irritabilidad. Se siente enfermo y deprimido continuamente, y toma un trago para aliviarse. El proverbista describe acertadamente al alcohólico de esta etapa (Proverbios 23:29-35). El sistema nervioso central decae; disminuye la capacidad de concentración. En las etapas más avanzadas se presentan alucinaciones durante el sueño, las que finalmente ocurren durante el día en horas de vigilia: sufre *delírium tremens*. Tiembla tanto, que le es difícil lavarse la cara o cepillarse los dientes. Parece que las piernas apenas lo sostienen.

Teme estar sin bebidas disponibles en algún momento, y esconde muchas botellas de vino en la casa, porque sufre dolores insoportables si deja de tomar. Ahora come poco o nada pues el alcohol esta siempre presente en su sangre. Alberga resentimientos amargos hacia otras personas; experimenta ansiedad, tensión, temores y pensamientos acerca de la muerte. Ya no trata de excusar o justificar su conducta. Por regla general, está dispuesto a recibir ayuda para ser liberado. Si no la consigue, morirá indefectiblemente. El alcoholismo es el suicidio a plazos. Las estadísticas demuestran que el alcohólico que comienza a beber a los veinte años muere a los cincuenta y dos. Su enfermedad ha acortado en doce a quience años su vida.

2. **Los estragos del alcoholismo**: El alcohol es una de las drogas más peligrosas que ingieren los seres humanos. Si se consume continuamente en grandes cantidades, ataca los sistemas circulatorio, respiratorio, digestivo y nervioso. El hígado del bebedor se altera casi desde el comienzo, y con él, todo su metabolismo. El alcohol irrita e inflama el estómago y los intestinos, y hace subir la presión arterial. El cuerpo lo utiliza como cualquier otro alimento, pero el alcohol carece totalmente de vitaminas, minerales y proteínas. No almacena energía ni genera tejidos. Los organismos desarrollan

dependencia del alcohol, y a un porcentaje de bebedores puede llevarlos a la muerte.

El alcohol engaña al individuo en cuanto a su efecto inmediato. Una alcohólica de treinta y ocho años decía: «Yo comencé a beber por motivos sociales... me desinhibía... pasaba el rato como mis amigos... me sentía inteligente, ocurrente». No obstante las sensaciones de esta mujer, el alcohol no es estimulante sino depresivo para el sistema nervioso. La persona no se torna brillante bajo la influencia del alcohol, sino que solamente se siente brillante. Los científicos nos dan el cuadro verdadero. En la fase de «ebriedad inaparente» se producen determinados efectos en la conducta del individuo: «Inhibición de las funciones síquicas, poco perceptible pero suficiente para condicionar un ligero grado de euforia y un complejo de superioridad, a la vez que disminuyen la concentración síquica, la memoria, la asociación de ideas y muy particularmente el tiempo de reacción psicomotriz».[5] No es de extrañarse que en la mitad de las muertes ocasionadas por accidentes de tránsito intervenga de alguna forma el alcohol.

El alcohol altera drásticamente la personalidad del individuo. Un hombre que es cariñoso y atento con su familia, cuando toma, puede tornarse ruidoso, abusivo, egoísta, irresponsable y cruel en el hogar. Sus normas de conducta cambian radicalmente. Se dice que «el alcohol disuelve la conciencia». El individuo no cumple con los valores inculcados en su juventud. Por regla general, les echa toda culpa de su conducta a su esposa e hijos, y gasta la mayor parte de sus entradas en el vicio. A menudo pierde su empleo y no puede sostener a su familia. Se aleja más y más de la sociedad.

Los más lamentables estragos hechos por el alcoholismo se encuentran en la familia del alcohólico. Los miembros de su familia sienten vergüenza por su conducta y procuran encubrirla. La señora debe darle las excusas al jefe cuando su marido no están en condiciones de trabajar. La familia a menudo se aleja de sus amigos. Un niño se lamenta:

> No puedo contar con mi padre. Dejé de traer a mis amigos a la casa porque estaba harto de ser mortificado por él ante ellos. No me gusta nada escuchar las querellas (de mis padres). Nunca se hablan una palabra cariñosa el uno al otro.[6]

Las tensiones aumentan, mientras que la esposa pone todo su esfuerzo para cambiar la conducta de su marido. Hay peleas violentas, ruegos, insultos y el empleo de toda estratagema por parte de ella para apartarlo del alcohol, pero nada surte efecto. Mientras más bebe el alcohólico, tanto más pelean. Ambos padres se sienten resentidos, amargados y tienen lástima de sí mismos. La situación existente en el hogar produce en los niños efectos emocionales que pueden ser devastadores. Por lo general, la madre se ve obligada a tomar las riendas en la familia, y a trabajar para sostenerla.

Mientras progresa la enfermedad, el alcohólico y su familia llegan a ser cautivos del temor, la desconfianza, el enojo, la ansiedad y la soledad. Las relaciones personales y sociales del alcohólico empeoran notablemente; hay falta de comunicación, y comienza la separación emocional y física entre él y los miembros de su familia. La esposa y los hijos comienzan a creer sus argumentos de que ellos tienen toda la culpa de su vicio. Poco a poco se van enredando emocionalmente, sintiendo temor y odio hacia él y hacia sí mismos. La familia se enferma en la misma medida en que se enferma el alcohólico.

Las mujeres a veces llegan a ser alcohólicas. Algunas esposas de bebedores excesivos acompañan a sus maridos en la pendiente cuesta abajo. En cierta manera, los hijos sufren más con una madre alcohólica que con un padre alcohólico, ya que reciben irregularmente el cuidado físico y el cariño maternal que tanto necesitan para desarrollarse normalmente. Al llegar a adultos, les cuesta amar a otras personas y establecer buenas relaciones sociales y matrimoniales.

Frank Dmuchowski, coordinador de prevención del Concilio de Alcoholismo y Drogadicción de Eau Claire, en los EE. UU., observa: «Parece increíble, pero es un hecho comprobado que muchos hijos de alcohólicos llegan a ser alcohólicos o se casan con alcohólicos».[7] No es que el alcoholismo sea algo que se transmite por herencia; más bien es probable que los hijos se sientan inseguros, descuidados y no amados por sus padres. Les falta disciplina consecuente y la guía paterna: siguen en los pasos de sus padres.

Así es que el alcoholismo es un problema familiar, una enfermedad que produce consecuencias emocionales, sociales, físicas y espirituales en todos los miembros de la familia. Es un solo individuo el que toma compulsivamente, pero un promedio de cinco personas se enferman como resultado de ello.

3. **Recursos para el tratamiento del alcoholismo**: ¿Queda esperanza para el alcohólico? Una de las organizaciones de abstemios, Alcohólicos Anónimos, afirma que entre el sesenta y cinco y el setenta y cinco por ciento de los alcohólicos que reciben su terapia, se recuperan y llevan vidas normales. Los tratamientos exigen abstinencia perpetua, es decir, tratarse implica no volver a probar una gota más de alcohol. Puesto que el alcoholismo es un problema espiritual, emocional y físico, es necesario tratarlo en los tres niveles simultáneamente.

El trato físico es el más fácil. La inyección de apomorfina (droga que provoca rechazo al alcohol) ayuda a que el paciente tome su decisión de no ingerirlo más. Si no cumple, el organismo responde con fuertes espasmos. Otra variante del tipo «reflejo condicionado» es la aplicación de descargas eléctricas cada vez que el paciente prueba el alcohol. Pero la mayoría de los centros de tratamiento carecen de instrumental y conocimientos para emplear este método. También esta técnica con frecuencia afecta la memoria de la persona.

Ambos sistemas (el eléctrico y el de la apomorfina) resultan muy adecuados para desintoxicar al paciente y mantenerlo abstinente en una primera etapa. Pero sin ayuda espiritual y sin apoyo sicológico, familiar y social, un período inicial no arregla nada; por lo general reinciden. El cuerpo se adapta pronto a la apomorfina, y disminuye progresivamente el efecto de la droga. Es preciso motivar al alcohólico a la abstinencia en un nivel más profundo.

En combinación con los sistemas de reflejos, o aisladamente, funciona también la terapia individual o de grupo. Los equipos de salud llevan a cabo terapias de grupo en los consultorios. También se desarrollan en los clubes de abstemios. En tales grupos, el alcohólico se encuentra con otros como él, que lo comprenden, e intenta fortalecer su decisión de abstenerse de beber. Se dice: «No hay nadie mejor que un alcohólico para salvar a otro».

La organización «Alcohólicos Anónimos» ha establecido grupos en varias ciudades de América Latina y ha tenido una buena medida de éxito en la rehabilitación de los alcohólicos. Los alcohólicos se mantienen abstemios ayudándose unos a otros y testificando acerca de sus victorias y de cómo las lograron. Se recalca la necesidad de vivir la vida de día en día, y sin quejarse del pasado ni preocuparse del porvenir. En las reuniones prevalece una actitud amistosa; no hay censura mutua, sino que existe en los miembros el deseo de ayudar a los demás. Aunque Alcohólicos Anónimos basa la liberación sobre la fe en Dios, no está afiliado a ninguna organización religiosa. Sus reuniones suelen iniciarse y terminarse con una oración.

La organización Alcohólicos Anónimos mantiene también grupos exclusivamente para amigos y parientes de alcohólicos. Para tener éxito, se requiere el apoyo persistente y reiterado de la familia y de los grupos de referencia (compañeros de trabajo, amigos y demás). Debemos tener presente que la familia del alcohólico está tan enferma como él. También necesita ser sanada.

El postulado del tratamiento que ofrece Alcohólicos Anónimos es que el alcohólico es completamente impotente en sí mismo para vencer su enfermedad y necesita rendirse incondicionalmente a Dios para ser liberado. Los doce pasos hacia la abstención son:

1) Hemos de reconocer que somos impotentes contra el alcohol; que nuestra vida se ha vuelto ingobernable.
2) Hemos de aceptar abiertamente que solo un poder superior al nuestro puede devolvernos la salud.
3) Tenemos que decidirnos a entregar nuestra voluntad y nuestra vida al cuidado de Dios *a nuestra manera de verlo*.
4) Tenemos que hacer un inventario íntimo y audaz de nuestro estado moral personal.
5) Hemos de reconocer delante de Dios, delante de nosotros mismos, y delante de cualquier otro ser humano, la naturaleza exacta de nuestros errores.
6) Estamos enteramente dispuestos a que Dios quite de nosotros todos estos defectos de carácter.
7) Le pedimos a él con toda humildad que quite nuestras deficiencias.
8) Hacemos una lista de todas las personas a quienes hemos hecho mal, y estamos dispuestos a desagraviarlos a todos ellos.
9) Desagraviamos a todos siempre que nos sea posible, salvo en el caso de que al hacerlo les provoquemos daño a ellos o a otras personas.
10) Continuamos haciendo un inventario personal y cuando estemos equivocados, estaremos prontos a reconocerlo.
11) Buscamos por medio de la oración y de la meditación, mejorar nuestro contacto consciente con Dios *a nuestra manera de verlo*, orando solo para conocer su voluntad en cuanto a nosotros y pidiendo poder para llevarla a cabo.
12) Habiendo tenido un despertamiento espiritual con motivo de estos pasos, tratamos de llevar este mensaje a los alcohólicos y de poner en práctica estos principios en todos nuestros asuntos.[8]

Los doce pasos contienen aspectos de la experiencia de la conversión evangélica. El reconocimiento del fracaso, la confesión de las faltas, el reconocimiento de Dios («un poder superior al nuestro»), y la obligación de llevar el mensaje a otros: todos son factores encontrados en la experiencia religiosa. Sin embargo, el concepto de Dios es deficiente, «un poder superior», y no hace mención de Jesucristo; necesita la interpretación neotestamentaria. Parece que Dios en su misericordia hace una obra en la persona, a pesar de que la persona carece de un concepto cabal de él. Por supuesto, es necesario llevarla a un conocimiento de la persona de Cristo, a fin de que tenga la vida eterna.

Una mujer que llegó a ser alcohólica antes de tener veinte años, había presenciado la destrucción de su matrimonio y de su hogar. Procuraba cada vez más dejar la botella, pero sin éxito. Por fin fue a Alcohólicos Anónimos. Experimentó la conversión. Usaba las siguientes palabras para describir cómo se sentía antes y después de su conversión:[9]

ME SENTÍA	ME SIENTO	
inestable	tranquila	
tensa	segura	
nerviosa	calmada	He aprendido lo
culpable	contenta	que significan
avergonzada	agradecida	la humildad
presionada	limpiada	y la meditación.
incapaz	en mi propio juicio	
incierta	receptiva	
indigna	deseosa de orar	
desconcertada		

Los Alcohólicos Anónimos recalcan que es necesario que el alcohólico «llegue al fondo», o mejor dicho, que llegue al punto de desesperación en el cual la angustia es insoportable, y se dé cuenta de que nada tiene por delante sino miseria; que llegue al punto en que desespere de poderse ayudar a sí mismo, pues no le quedan más medios o recursos para salir del abismo.

Después de rendirse a Dios, el alcohólico tiene que desarrollar y mantener la humildad. Un orador que habló a un grupo de abstemios, los felicitó por su abstinencia. Un abstemio lo reprendió diciéndole que ahora iba a embriagarse. «¿Por qué», preguntó el orador. Le contestó: «Usted no sabe mucho acerca de los borrachos. No pueden aguantar el elogio». Si el alcohólico en recuperación comienza a pensar que es capaz por sí mismo de dominar su deseo de beber, tratará de tomar con moderación, y volverá a su vieja vida. La humildad puede evitarle tal error.

Es necesario insistir continuamente en los doce principios de los Alcohólicos Anónimos. Duane Mehl, alcohólico curado, comenta:

A mi parecer, los grupos de Alcohólicos Anónimos que conversan todas las semanas sobre los doce pasos, aprenden más acerca de la manera de recuperarse que cualquier otra índole de grupo. En las reuniones, todo el mundo tiene la oportunidad de reflexionar sobre el asunto de la reunión o de charlar sobre las necesidades del momento ... Charlando ... obliga a tener presente continuamente que tiene un problema ingobernable con el alcohol; se identifica con los otros alcohólicos en la sala, y nota que necesita la ayuda de ellos.[10]

Si el alcohólico en tratamiento reincide, es preciso que se arrepienta y comience de nuevo con los primeros principios, sin descuidar ninguno. Los que trabajan con los alcohólicos necesitan ser comprensivos y pacientes, pero a la vez no deben aceptar las excusas del reincidente ni compadecerse de él, pues tal procedimiento solamente debilitaría su capacidad de abstinencia. Deben ser firmes y exigir que el alcohólico en recuperación sea responsable.

4. **Consejería al alcohólico y a su familia** Es importantísimo que el consejero no considere al alcohólico ni como un pecador vil y despreciable, ni como un ser debilucho. Aunque la Biblia denomina pecado a la embriaguez, debemos darnos cuenta de que el individuo que toma compulsivamente es un enfermo. El alcoholismo comienza con el pecado de beber en exceso, pero este se convierte en una enfermedad crónica. Condenando al alcohólico no se logra más de lo que se obtiene juzgando a la persona enferma de cáncer o al endemoniado. Además, condenar al alcohólico solamente aumenta su ya pesado complejo de culpa y lo lleva más profundamente al abismo del alcoholismo.

Nadie puede ayudar al alcohólico hasta que él mismo se dé cuenta de que es alcohólico y de que es completamente impotente en cuanto a gobernar su problema. Cuando llega a este punto, entonces está en condiciones de evaluar su relación con Dios, con su prójimo y consigo mismo. Tiene que ver que las consecuencias de su enfermedad son peores que el dolor que experimentaría al dejar de beber. Tiene que llegar a una crisis: únicamente cuando se sienta vencido, podrá abandonar los grandiosos conceptos de sí mismo y aceptar el tratamiento. Para ayudar al alcohólico a llegar a este punto, conviene conseguir la cooperación de su familia y de su jefe.

La familia generalmente contribuye de forma inconsciente al problema del alcohólico, rescatándolo de las consecuencias desagradables de sus embriagueces. La esposa fiel encubre su condición dándole excusas al jefe por su ausencia del trabajo, lo busca y lo lleva a la casa cuando no puede volver solo, le quita la ropa y lo pone en la cama, le sirve de enfermera al día siguiente y termina asumiendo toda la responsabilidad de criar a los hijos y ganar la vida para la familia. Así lo libera de sus obligaciones domésticas y le da más tiempo para dedicarse a sus embriagueces.

A menudo el jefe lo ayuda a evitar las consecuencias de su ebriedad, pasando por alto su embriaguez en el trabajo y perdonando sus ausencias. No es crueldad hacer que enfrente sus responsabilidades y sufra las consecuencias de su conducta. No hacerlo es prolongar la pendiente y demorar la crisis en que se da por vencido y llega a estar dispuesto a recibir el tratamiento.

Otro error que cometen muchas esposas de alcohólicos es discutir con ellos cuando están ebrios, gritar, amenazarlos con abandonarlos si no dejan de beber, y luego ayudarlos a evitar las consecuencias de su conducta. Mientras más el alcohólico encuentre excusas para tomar, tanto más ella varía su conducta. Es inútil y perjudicial «predicarle» al alcohólico, echar en el desagüe su vino o bebida, amenazarlo y no llevar a cabo la amenaza.

Otro escollo es que el alcohólico rehúsa enfrentar la realidad acerca de sí mismo. Niega que exista el problema, que beba demasiado o que su conducta produzca dificultades. Afirma que funciona bien en su trabajo, y que no es él, sino su familia la que causa los problemas. «Si mi esposa no me presionara, yo no tomaría tanto. Yo no necesito consultar a un consejero; es mi señora la que necesita un tratamiento sicológico». Mientras aumenta la hostilidad entre los esposos, el alcohólico puede acusarla de ser infiel a sabiendas de que sus cargos son falsos. Se siente culpable pero no quiere admitirlo, ni a sí mismo ni a otros.

El pastor debe aconsejar a la familia del alcohólico. Explicará a la señora la naturaleza del alcoholismo y le recomendará que asista a las reuniones de terapia de grupo para las familias de alcohólicos. Le aconsejará que trate de vencer sus sentimientos de enojo, resentimiento, autoconmiseración y amargura. La familia no debe compadecerse del alcohólico ni rechazarlo; más bien debe entenderlo. No debe aislarse de la comunidad, sino que debe permanecer socialmente activa. Conviene que la señora les explique a los hijos acerca del alcoholismo. La madre y los niños deben adaptarse a un nuevo estilo de vida y dominar sus sentimientos negativos. Si la esposa quiere separarse de su alcohólico, a veces no conviene impedírselo, pues puede ser el factor que precipite que el alcohólico vuelva en sí y acepte ayuda. Sin embargo, es contraproducente abandonarlo por tres días o un mes y luego regresar a la casa. De allí en adelante el marido no creerá en las amenazas de ella.

Sobre todo es necesario enfrentar al alcohólico con la realidad de su enfermedad. Las personas que él aprecia o que son importantes para él, tales como su esposa, el jefe o los amigos, deben hablarle con solicitud y franqueza sobre la necesidad de buscar ayuda.

Este es el primer paso hacia la curación. No basta que él deje de tomar, aunque es un paso imprescindible. Necesita recibir también tratamiento médico y terapia de grupo. Muchos alcohólicos procuran dejar el vicio por su propia cuenta, y lo hacen por un período, desde tres semanas hasta cuatro meses, pero casi siempre vuelven a tomar. Es necesario que el alcohólico se dé cuenta de que no puede lograrlo por sí solo y necesita el poder divino para vencer. Para recibir dicho poder es preciso rendirse o entregarse a Dios. Luego debe mantener contacto diario con Dios para estar firme; vivirá día por día, sin remordimiento del pasado ni terror del futuro. También es necesario ser parte de un grupo de abstemios y persistir en la terapia de grupo.

Cuando el alcohólico acepta ayuda y comienza su viaje de regreso a la normalidad, es importante asesorar bien a su familia. Después de dos años de tratamiento, el cincuenta por ciento de los enfermos no mantienen la abstinencia. ¿Por qué? Mayormente porque no tienen el apoyo persistente y reiterado de su familia. Los miembros de la familia deben darse cuenta de que no existe una curación fácil para el alcoholismo; de que es probable que haya recaídas y una larga lucha; de que una vez que el alcohólico deje de beber, tendrá que abstenerse por completo.

Es necesario desintoxicar a la familia emocionalmente, porque está tan enferma como el alcohólico. Hay que reducir las tensiones. Los miembros deben perdonar completamente al alcohólico. No es fácil, ya que su conducta anterior ha causado mucho daño, vergüenza y dolor. Les cuesta creer que es sincero y que no les causará más dolor. También tienen que adaptarse al nuevo papel del alcohólico reformado. Ahora es un hombre sobrio y quiere ejercer su autoridad como cabeza de familia. Hace años que la madre ha manejado la familia y ha recibido el cariño de sus hijos. Ahora le cuesta entregar las riendas a su marido y ver que los hijos manifiestan su cariño hacia él y buscan sus consejos.

La señora puede desilusionarse al darse cuenta de que la recuperación de su cónyuge no soluciona todas las dificultades matrimoniales. A menudo no soluciona muchos de los problemas del hogar, pero sí proporciona una oportunidad mayor para enfrentar los problemas más profundos. También hay esposas que inconscientemente perjudican la rehabilitación de sus maridos porque tienen envidia del pastor, del médico, del jefe, o de los Alcohólicos Anónimos, pues pudieron lograr lo que ella no pudo.

El pastor debe esforzarse por ayudar al alcohólico. Sin embargo, con frecuencia encontrará en su camino trabas que se lo impiden. En muchos casos, el alcohólico proyecta su sentimiento de culpa al ministro. Le parece que es un «oficial de Dios» enviado a reformarlo y hace lo posible por eludirlo. Por más que el pastor demuestre su solicitud, el alcohólico a menudo mantiene tal actitud.

Es imprescindible que el consejero sepa dominar sus emociones, porque el alcohólico tiene una capacidad especial para despertar enojo, disgusto y crítica hacia la persona que procura hablarle acerca de su problema. Si el consejero se irrita o se enoja, pierde la confianza del alcohólico. El bebedor a menudo está bien consciente de su propio fracaso y se odia tanto a sí mismo, que busca en otros la confirmación de sus propios sentimientos. El enojo del consejero confirma su concepto de sí mismo y aumenta su sentimiento de culpa. Es probable que se aleje del consejero y vuelva a beber más. En realidad quiere ser ayudado, pero niega el hecho de que necesita ayuda.[11] Es contraproducente aconsejar a una persona que se halla en estado de ebriedad. No está en condiciones de tomar decisiones.

Hay casos en los que pastores u obreros cristianos han tenido éxito al evangelizar a los alcohólicos y han presenciado milagros de liberación. Se ven verificadas las Escrituras: «Dios ... nos levantó un poderoso Salvador»; «El Espíritu del Señor está sobre mí ... a poner en libertad a los oprimidos»; «Jesucristo es el mismo ayer, y hoy, y por los siglos» (Lucas 1:68,69; 4:18; Hebreos 13:8). El primer paso para ayudar al alcohólico es orar por él. Un hombre de Dios, S. D. Gordon, ha dicho: «Usted puede hacer más que orar después de haber orado, pero no puede hacer más que orar antes de orar».

El creyente que trabaja con el alcohólico debe recalcar los principios espirituales que se encuentran en los doce pasos de la organización Alcohólicos Anónimos; debe aconsejar a la familia del alcohólico y debe recomendar que tanto el individuo como su familia se reúnan con un grupo de abstemios. El alcohólico requiere mucho apoyo y por regla general, el pastor no tiene suficiente tiempo disponible para atenderlo adecuadamente. Thomas J. Shipp explica:

> El alcohólico nunca llama a una hora conveniente, y si usted no puede atenderlo cuando lo llame, puede que la oportunidad de ayudarle jamás vuelva a presentarse. No importa cuán importante sea la otra actividad de usted; él no entenderá por qué no lo puede atender. Al alcohólico, su reacción le transmitirá un solo mensaje: «Usted no quiere ayudarme», y se sentirá rechazado. Al alcohólico le parece que la ceremonia matrimonial, el funeral, la preparación de sermones, no son motivos adecuados para no atenderlo inmediatamente.[12]

En el caso de que no haya un club de abstemios en la comunidad, conviene que el pastor obtenga la ayuda de un ex alcohólico para apoyar al alcohólico en su lucha.

También debe animar a los creyentes a aceptar al alcohólico que se está recuperando. Algunos pastores proporcionan un lugar donde los abstemios puedan reunirse semanalmente. Al saber que la iglesia tiene vivo interés en ayudar a los alcohólicos, las personas con este problema recurrirán a ella. Sobre todo, el consejero debe ayudar al alcohólico convertido a crecer en el Señor. Tiene que aprender que la gracia de Dios le basta y que el poder divino se perfecciona en la debilidad. Cuando es débil en sí mismo, entonces es fuerte en el Señor (2 Corintios 12:9,10).

¿Debe el pastor enseñar la abstinencia total? ¿Qué enseña la Biblia? Hay seiscientos veintisiete versículos en la Biblia que hablan contra la ebriedad o el tomar alcohol excesivamente, pero no prohíben directamente beber de forma moderada (ver Proverbios 20:1; 23:29-35; Isaías 5:11-14,22,23; 28.3,7; Oseas 3:1; 4:11; 7:5; Amós 2·8; Efesios 5:18; Gálatas 5:21). El Antiguo Testamento prohíbe que los sacerdotes y reyes beban (Levítico 10:8-11; Proverbios 31:4,5). Los sacerdotes habían de abstenerse para que pudieran distinguir entre lo sagrado y lo profano; los reyes, para no olvidar sus decretos ni pervertir la causa de los desvalidos.

El Nuevo Testamento, sin embargo, enseña claramente que el cuerpo es el templo del Espíritu Santo y no debe ser contaminado (1 Corintios 6:12-20). Ya hemos considerado que el alcohol daña el cuerpo y la mente. Además, el apóstol Pablo da aviso de que uno puede exponerse al peligro de la tentación usando descuidadamente la libertad; la evasión deliberada a menudo es la mejor defensa (1 Corintios 10:1-12). Beber con moderación presenta para algunos la tentación de tomar en exceso; por lo tanto, «el que piensa estar firme, mire que no caiga». El creyente debe huir de la tentación. Además, el ejemplo de un creyente que bebe, puede ser tropiezo para un hermano débil. «Y por el conocimiento tuyo, se perderá el hermano débils por quien Cristo murió» (1 Corintios 8:11). Pablo aconseja: «Bueno es no comer carne» [ofrecida a ídolos], «ni beber vino, ni nada en que tu hermano tropiece, o se ofenda, o se debilite» (Romanos 14:21). Más vale la preservación de un alma inmortal que todo el placer que los hombres puedan disfrutar tomando. Conviene que los creyentes se abstengan completamente del alcohol.

5. **La drogadicción**: El problema del uso abusivo de drogas entre los jóvenes de América Latina no tiene las grandes proporciones que alcanza en los Estados Unidos. En gran parte, se debe al hecho de que las drogas son caras y, por regla general, los adolescentes latinos no tienen los recursos necesarios para comprarlas. Sin embargo, en países como Brasil, Argentina y Venezuela, se encuentran grupos juveniles que usan drogas, especialmente marihuana y anfetaminas, y en algunos países, cocaína.

¿Por qué emplean los adolescentes las drogas? El adolescente las usa por curiosidad, por moda, de forma de protesta o en busca de «suelo propicio». Por regla general, la iniciación se hace de amigo a amigo, o en un grupo social. Se reparten cigarrillos de marihuana y el no habituado no se niega a participar en ello para no pasar por «mojigato» o «simple». Sin embargo, la mayoría de los usuarios ocasionales la abandonan después de un tiempo, «al darse cuenta de que el paraíso prometido es superficial, repetitivo, no transferible a creaciones personales o sociales de ningún tipo».[13]

Los farmacodependientes usan las drogas por otros motivos. Al igual que en el caso de los alcohólicos, buscan un escape conveniente a sus tensiones y dificultades. La mayoría de los adictos a las drogas son personas solitarias, frustradas, irritadas, y por lo general, proceden de hogares divididos; se sienten rechazadas o inferiores. Bajo la influencia de las drogas se sienten libres de problemas. Se olvidan de su padre borracho y de su madre vagabunda. Pierden sus inhibiciones y sienten euforia. Se sienten competentes. Todo lo pueden mediante estas drogas que los fortalecen. En realidad, las drogas solo quitan temporalmente sus penas, preocupaciones y complejos. También el farmacodependiente sigue usando drogas para no sufrir la ansiedad y los dolores que acompañan al esfuerzo de dejarlas.

Se usan drogas estimulantes tales como anfetaminas y dexedrina para quitar el sueño y para excitarse. Inducen a la verbosidad, al desasosiego y a la superestimulación. Pero el uso excesivo produce insomnio, pérdida del apetito, nauseas, pérdida de inhibiciones, visión borrosa, agresividad y alucinaciones.

En contraste, las drogas depresivas (barbitúricos) son usadas normalmente para producir sueño, y se compran de forma de píldoras. El uso abusivo produce las siguientes consecuencias: incapacidad para pensar claramente, lenguaje aletargado, criterios defectuosos, coordinación disminuida. Con estas drogas se producen más muertes por dosis excesivas que por ninguna otra droga, y con frecuencia de forma accidental.[14]

Técnicamente la marihuana es un sedante, pero el efecto inicial es estimulante. Al fumarla, el individuo experimenta casi de inmediato una sensación de euforia, una especie de delirante frivolidad y un ligero mareo. Luego aumenta la sensación y la persona se siente liviana, casi a punto de flotar. Se pierden toda noción de tiempo y la orientación espacial. Un policía describe algunos de los efectos:

> ¿Recuerdas cómo la música del tocadiscos sonaba mucho más fuerte y te reíste cuando Bill comentó que la música parecía en colores, pantalla gigante y tridimensional, todo en uno? Cuando dejaste tu asiento para buscar un vaso de agua, te pareció medir tres metros de altura e instintivamente te agachaste al pasar por la puerta de la cocina ... Te pareció que tus pies estaban a un metro del piso.[15]

La marihuana, cuando se la usa regularmente, impide las funciones mentales, quita la energía y causa fatiga y apatía. Esteban, un adolescente que la fuma casi a diario, cuenta que ahora obtiene malas notas en la escuela y le cuesta concentrarse y recordar. «Todo lo que me gustaba, ahora es aburridor. Ya ni me interesan las chicas. Siempre me siento, cansado».

Si alguien conduce un auto bajo la influencia de la marihuana, presenta las mismas características de un ebrio, o peor, puede tener alucinaciones y perder el dominio del vehículo.

Aunque se dice que la marihuana no produce tanta dependencia física como algunas otras drogas, se admite que el usuario se torna sicológicamente dependiente de ella. Pero el médico Walter Lehmann afirma que ha visto a muchos jóvenes sufriendo de terrible ansiedad, insomnio, traspiración excesiva, falta de apetito y nauseas, al tratar de dejar completamente la droga.[16] Además, la marihuana lleva a otras drogas más adictivas y más dañinas.

Diversas investigaciones de científicos han arrojado evidencias de que el fumar crónicamente marihuana daña el cerebro, altera el metabolismo y afecta los pulmones.

Parece que los peores daños tienen que ver con el cerebro y la reproducción, pues la marihuana tiene afinidad con el cerebro y con las glándulas sexuales. Disminuye la cantidad de espermatozoides en el hombre y puede dañar permanentemente los óvulos de la mujer. Quedan por ver las trágicas consecuencias en la próxima generación.[17]

Tal vez la heroína sea la droga más popular, la más esclavizadora y la más devastadora de las que usan los drogadictos adinerados. Se asimila por aspiración y más a menudo por inyecciones. Produce la sensación inmediata de que se flota sobre una nube, se siente relajamiento y se esfuman todos los problemas. La heroína alivia el dolor y produce euforia, pero la tolerancia siguiente exige una dosis mayor, hasta que la persona necesita una inyección cada ocho horas.

Llega a ser tan esclavizadora que toda la existencia del usuario tiene como única meta y propósito inyectarse heroína en el brazo. Si trata de dejarla, tiembla como una hoja, siente frío y calor a la vez, transpira profusamente, vomita, y no puede comer ni dormir bien. Es muy peligrosa, y una dosis excesiva puede matar. Nueve de cada diez drogadictos se enferman de hepatitis por las agujas sucias, el algodón contaminado y la heroína sucia de las inyecciones. En pocos años se destruye el cuerpo y la persona muere.

¿Qué se debe hacer para ayudar al farmacodependiente? La hospitalización puede romper la dependencia física en el transcurso de tres semanas, pero dado que queda el deseo ardiente de ingerir las drogas, tal programa no basta por sí solo. La conversión a Cristo ha probado ser la manera más eficaz de efectuar la liberación. El consejero le demuestra al drogadicto que es impotente por sí mismo, que el Señor puede romper el poder esclavizador de la droga, que Dios quiere ayudarle. Pero es necesario que la persona se rinda a Cristo y le dé las riendas de su vida. Diversas porciones de las Escrituras, tales como los Salmos 91 y 31, ayudan al individuo a creer. También la oración es un factor importantísimo. Al aconsejar a un usuario de drogas, no conviene reprender o moralizar. El farmacodependiente ya conoce el mal de las drogas, pero está «enganchado», impotente para romper el hábito. Es inútil decirle: «Tiene que ser resuelto, fuerte, y dominar su deseo de ingerir la droga». Un drogadicto describe la dependencia mental:

> Hay algo dentro de uno que lo *obliga* a enviciarse de nuevo. Es algo fantasmal, horripilante, que le susurra a uno. Le damos nombres a este fantasma: es el mono que está sobre las espaldas o el buitre que anda por las venas. Y no podemos deshacernos de él...[18]

El pastor no debe darle dinero al adicto. A veces un farmacodependiente viene al ministro del evangelio pidiendo consejos y oración. Le dice: «Quiero ser liberado del hábito. ¿Puede ayudarme? Al ganar la confianza del pastor, le pide dinero para comprar drogas. Los drogadictos llegan a ser muy astutos en el asunto de aprovecharse de otros. Muchos varones farmacodependientes roban dinero y las mujeres a menudo recurren a la prostitución.

A menos que Dios quite la dependencia física de las drogas, es necesario que el adicto reciba tratamiento en el hospital. Por regla general, no es demasiado doloroso ser privado de las drogas cuando uno es tratado así. En contraste, los centros de rehabilitación del famoso David Wilkerson practican la «cesación abrupta total» de las drogas. Logran la abstención de una forma más rápida, los dolores duran tres días, en comparación con tres semanas en el hospital; luego la persona sufre algo por un mes, y está liberada. El dolor es más intenso pero pasa más pronto también. Algunos creyentes interceden en la capilla mientras otros están con el paciente leyéndole versículos de la Biblia, orando con él y animándolo. La cesación abrupta total de las drogas es más eficaz y los dolores que sufre el paciente lo hacen menos dispuesto a volver a usar las drogas en el futuro.[19]

Aun en casos de usuarios de marihuana, es necesario tener un programa de rehabilitación. El autor de este estudio ha observado en la Argentina la conversión de grupos enteros de jóvenes que usaban drogas. Asistieron a la iglesia por un mes o más y luego volvieron a las drogas. ¿Qué podemos hacer para ayudar a estos convertidos? La experiencia nos muestra que no surte efecto enviarlos a un club de abstemios de alcohol, pues los drogadictos y los alcohólicos no se llevan bien entre sí.

Se han formado grupos similares, Narcóticos Anónimos, que han tenido cierto éxito. Es necesario que los líderes de tales grupos sean completamente libres de drogas, fuertemente motivados a quedar libres y capaces de enfrentar a otras personas y desafiarlas a llevar una vida libre de drogas. Los doce pasos de Alcohólicos Anónimos son muy buenos para los drogadictos. También es preciso aconsejar a las familias de los farmacodependientes.

Los centros de rehabilitación, como los que ha organizado David Wilkerson, han tenido mucho éxito. Son hogares en que los miembros de pandillas y grupos de drogadictos pueden reunirse con obreros cristianos que son especialistas en ayudarlos. Viven en un ambiente de disciplina y afecto. Participan en los cultos de oración y estudios bíblicos; observan cómo los creyentes viven y trabajan; y a ellos mismos se les asignan trabajos.[20] Después de desarrollarse espiritualmente, son despedidos e integrados a iglesias en las cuales la gente está dispuesta a aceptarlos. En Caracas, Venezuela, existe uno de estos centros, que se llama «Hogar Vida Nueva».

Otra forma de separarlos de su medio ambiente tentador es proporcionar una casa para drogadictos en rehabilitación. Pueden trabajar en algún empleo durante el día, y dormir y pasar sus horas libres en la casa. Hay obreros cristianos que les ayudan en su vida espiritual y los dirigen en actividades sanas. Pueden participar también en la vida social de la iglesia.

El pastor puede ayudar mucho al drogadicto, aconsejándolo, apoyándolo y alentándolo. La relación con un drogadicto suele ser turbulenta: este lo pondrá a prueba, lo amenazará o lo tratará de manejar. El ministro del evangelio debe estar preparado para enfrentar tales situaciones con comprensión, amor y firmeza. Debe estar dispuesto a pasar mucho tiempo ayudándolo. Si el drogadicto lo llama para hablar con él, conviene darle prioridad. Si no, es probable que el aconsejado vuelva a tomar drogas. El adicto no es capaz de soportar mucha ansiedad. Probablemente habrá recaídas y la persona comenzará muchas veces a abstenerse de nuevo.[21] Pero con la ayuda divina y el apoyo del pastor, el drogadicto puede ser liberado. A medida que crece espiritualmente y madura emocionalmente, experimentará la victoria sobre la farmacodependencia.

Notas

1. El diario de Santiago, Chile, *El Mercurio, Revista del domingo*, 30 de septiembre, de 1979.
2. *El Mercurio*, Santiago, Chile, 27 de enero de 1980.
3. *El Mercurio, Revista del domingo*, op, cit.
4. Ibíd.
5. *El Mercurio*, 13 de enero de 1980.
6. Pauline Cohen, *How to help the alcoholic*, 1970, p. 10.
7. La información fue proporcionada en una entrevista.
8. Traducción tomada de Gary Collins, *Personalidades quebrantadas*, 1978, p. 177.
9. Harry M. Tiebout, «Alcoholics anonymous, an experiment of nature», en la revista *Pastoral psychology*, abril, 1962, pp. 43-57.
10. Duane Mehl, *You and the alcoholic in your home*, 1979, p. 57.
11. Joseph L. Kellerman, *Alcoholism, a guide for the clergy*, s.f., p. 10.
12. Thomas J. Shipp, *Helping the alcoholic and his family*, 1966, p. 98.
13. Citado de Armando Roa, *¿Qué es la adolescencia?* en *El Mercurio, Revista del domingo*, 24 de octubre de 1979.
14. Dobson, *Atrévete a disciplinar*, op. cit., pp. 213,214.
15. Ibíd., p. 205.
16. Walter X. Lehmann, «Marijuana alert, 11, Enemy of youth» en la revista *Reader's Digest*, diciembre, 1979, p. 145.
17. Peggy Mann, «Marijuana alert, 1, Brain and sex damage» en la revista *Reader's Digest*, diciembre, 1979, p. 145.
18. David Wilkerson, *La cruz y el puñal*, 1978, p. 180.
19. Ibíd., pp. 180-185.
20. Ibíd., p. 123.
21. Tommie L. Duncan, *Understanding and helping the narcotic addict*, 1965, p. 137.

Capítulo 14

EL CONTROL DE LAS EMOCIONES

$\mathcal{D}$ ios nos creó capaces de experimentar emociones: amor, enojo, repugnancia, congoja, temor, culpa, gozo, exaltación y otros sentimientos. Las emociones tienen una parte importantísima en los logros más nobles y útiles del hombre, pero también contribuyen a los actos más trágicos de su vida. Surgen a partir de un estímulo, externo o interno, y afectan el organismo y la conducta de la persona. Precipitan cambios químicos y neurológicos en el cuerpo. Por ejemplo, cuando una persona siente miedo, la adrenalina de las glándulas suprarrenales fluye en el organismo, late más rápidamente el corazón, se dilatan las pupilas, y todo el cuerpo se pone alerta para huir o para defenderse.

La emoción fuerte es muy eficaz para preparar el cuerpo para una emergencia: (1) Hace posible que la persona haga un esfuerzo durante un período prolongado sin sentir fatiga. Por ejemplo, los soldados en combate a menudo pueden estar en actividad veinticuatro horas sin dormir. (2) El cuerpo, en estado de alerta, es capaz de hacer algo que requiera una fuerza extraordinaria. Un hombre asustado en un incendio, recogió una caja fuerte y la llevó fuera de la casa; luego se necesitaron tres hombres para entrarla de nuevo. (3) La emoción fuerte tiende a hacer insensible el cuerpo al dolor. Dos hombres airados que se dan golpes apenas sienten dolor.

A veces experimentamos alguna emoción fuerte de la cual no nos damos cuenta. El temor puede manifestarse como tensión; el enojo como heridas emocionales, depresión o insomnio. Cuando se despierta una emoción, debe ser expresada de una manera correcta. Si no se expresa, se acumulará y aumentará. Las emociones negativas no expresadas a través de actividades sanas tales como trabajo, diversión o hablar con otros acerca de los sentimientos, suelen afectar adversamente los órganos del cuerpo y producir problemas emocionales. Como consecuencia, las personas sufren de úlceras, artritis y neurosis.

¿Por qué una persona reacciona de forma diferente a otra? Cada individuo reacciona emocionalmente en parte por sus experiencias de la niñez, y en parte por la influencia de su medio ambiente. Se aprende a expresar las emociones o a inhibirlas. También, cada persona es diferente porque recibe por herencia ciertas características de sus padres. Otro factor que juega un papel importante en la expresión de los sentimientos es la escala de valores. Si un joven cree, por ejemplo, que no es varonil llorar, inhibirá el impulso de derramar lágrimas.

Las emociones intensas, tales como ansiedad, temor y enojo, a menudo perjudican nuestra capacidad de percibir y pensar con lucidez y nos estorban al solucionar los problemas. El temor puede exagerar la gravedad del problema, paralizarnos e impedir toda acción constructiva. Por regla general, el enojo o deseo de vengarnos se traduce en una conducta insensata y contraproducente. Los padres de un niño rebelde suelen estar tan enredados emocionalmente en su situación, que perjudican la objetividad necesaria para ayudar a su hijo.

¿Cómo se pueden controlar las emociones de una manera sana? El primer paso es entregarse a Cristo y experimentar el nuevo nacimiento. Aunque la persona inconversa es capaz de lograr el equilibrio emocional hasta cierto punto, el creyente tiene la gran ventaja de recibir una nueva naturaleza, el potencial del Espíritu Santo y los medios espirituales para contrarrestar el poder de su naturaleza caída. Sin embargo, no debemos pensar que la persona desequilibrada o dañada por sus emociones, llega a sanarse emocionalmente y a ser espiritualmente madura de manera automática al convertirse al Señor. El crecimiento espiritual es un proceso, y una parte de dicho proceso es madurar emocionalmente. Es importantísimo someterse por entero a Dios y permitir que el Espíritu Santo produzca los frutos espirituales en su vida (Gálatas 5:22,23).

Otro paso fundamental es aprender a reaccionar correctamente ante las emociones. Hay gente que da rienda suelta a sus sentimientos y eso puede ser muy dañino. Algunas personas tratan de negar que existen, o los reprimen en seguida. Pero no expresarlos, a menudo es contraproducente. Puede ser que tal individuo llegue a ser incapaz de sentir emoción o que la emoción se vuelva hacia adentro y tome otra forma que suele ser malsana. La solución es aprender a reconocer sus emociones y a expresarlas de una manera constructiva.

La Biblia presenta un gran principio que puede ayudarnos a dominar las emociones destructivas: es el control sobre los pensamientos. A menudo las emociones surgen, aumentan o se reducen a causa de los esquemas de pensamiento que tenga la persona. Por ejemplo, si el capataz censura exageradamente a un obrero por haber cometido un error, dicho obrero puede pensar en la injusticia del patrono hasta que su enojo llegue a grandes proporciones, o bien, controlar sus pensamientos negativos y así disminuir su ira. De la misma manera, el joven que ha sido estimulado sexualmente por un episodio erótico presentado en la televisión, o bien aumenta su pasión meditando sobre el asunto, o la hace mermar pensando en algo más edificante. Los pensamientos y la imaginación son los que alimentan las emociones. Por eso, el apóstol Pablo habla acerca de la «renovación» del entendimiento, de «ocuparse» de «las cosas del espíritu» y de la importancia de pensar en «lo justo ... lo puro ... lo amable» (Romanos 12:2; 8:5-8; Filipenses 4:8).

Consideremos en detalle algunas de las emociones destructivas y la manera de controlarlas. Puesto que el pastor ya sabe mucho acerca del aspecto espiritual del tema, a veces se recalcarán más los factores sicólogos que los espirituales.

1. **Enojo**: Son innumerables los estragos causados por el enojo no controlado: ruptura de amistades, peleas vergonzosas, niños vapuleados, pérdida de posiciones vocacionales y hasta actos criminales. El enojo es una emoción proporcionada por Dios; sirve como mecanismo de defensa contra la injusticia, la amenaza de peligro, el insulto y la injuria. No obstante, debe ser dominado. «Sea ... tardo para airarse; porque la ira del hombre no obra la justicia de Dios ... Mejor es el que tarda en airarse que el fuerte; y el que se enseñorea de su espíritu, que el que toma una ciudad» (Santiago 1:19,20; Proverbios 16:32).

La Biblia reconoce que hay lugar para airarse; no toda ira es mala: «Airaos, pero no pequéis; no se ponga el sol sobre vuestro enojo» (Efesios 4:26). Jesús se enojó al ver la profanación del templo, y al ver la reacción de los fariseos en la ocasión en que sanó al hombre de la mano seca (Marcos 11:15-18; 3:5). Moisés se indignó cuando los israelitas le rindieron culto a un becerro de oro (Éxodo 32:19,20), y Dios lo respaldó cuando el caudillo reaccionó enérgicamente. Un famoso predicador, J. H. Jowett, observaba: «Una vida incapaz de enojarse está destituida de la energía necesaria para toda reforma ... Si una ciudad ha de ser purificada de su inmundicia, la obra tendrá que ser realizada por almas que ardan con enojo moral».

Al estudiar las ocasiones en que Jesús se enojó, es interesante hacer algunas observaciones: (1) Se dirigió contra el mal; (2) no fue motivado por el orgullo herido, ni por fines egoístas; (3) Jesús atacaba la maldad y no tanto a los malhechores. También se ve el amor de Cristo tras su enojo: «Mirándolos alrededor con enojo, entristecido por la dureza de sus corazones» (Marcos 3:5). Se apenó por su dureza, pues los amaba. Al igual que Jesús, Moisés amaba a los israelitas, y el castigo que fue administrado, no fue motivado por el deseo de vengarse, sino para disciplinarlos.

¿Cómo podemos dominar nuestro enojo? En primer lugar, es necesario que hagamos dos cosas básicas: reconocer que existe, y comprender que no es malo en sí mismo. Hay personas que se sienten culpables si experimentan enojo u hostilidad, y recurren a mecanismos de defensa para negar que existen estos sentimientos (ver capítulo 3); no admiten ni ante sí mismas que están enojadas. Otras, vuelcan sus sentimientos en su interior, y se odian o sienten remordimiento y se acusan a sí mismas. Pero estas no son soluciones verdaderas. Al contrario, impiden que la persona dé pasos constructivos para controlar sus emociones.

El segundo paso es analizar los motivos de nuestro enojo: ¿Fue causado por la maldad de otras personas o es meramente la manifestación de nuestra carnalidad? ¿En verdad hemos sido injuriados? En realidad alguien nos ha privado de algo que nos corresponde?

Frank B. Minirth y Paul D. Meier, siquiatras evangélicos, señalan que hay tres causas principales en la cólera errada:

a) El egoísmo, o sea, el enojo por deseos egoístas que no se satisfacen. Por ejemplo, el evangelista que ora por los enfermos se enoja cuando nadie sana, y reprende a los creyentes por su incredulidad. ¿Se preocupa más por lucir sus poderes sobrenaturales que por traer honor al nombre de Cristo? Muchas veces nos enojamos cuando algo o alguien estorba la realización de nuestros planes o ambiciones.

b) La tendencia perfeccionista. Hay gente que se mide con su propia y arbitraria vara de perfección, y se enoja contra sí misma cuando no logra el nivel que se ha propuesto. También exige demasiado de otras personas. Le resulta difícil soportar la más mínima desviación de lo que considera ser la medida de lo excelente. Imaginemos cómo sufren su esposa, sus hijos y las personas que hay en su derredor.

c) Albergar sospechas. La persona susceptible tiende a sospechar de otras y a menudo interpreta mal las situaciones. Si alguien no la saluda, piensa que la pasó por alto a propósito, y se ofende. El individuo que tiene tendencias paranoicas es enceguecido por su propia ira reprimida; la proyecta a otros y piensa erróneamente que se enojan con él. Jesús se refirió a esta clase de persona al describir al hombre que mira la paja en el ojo de su hermano pero no se da cuenta de la viga en su propio ojo.[1]

Si una persona se enoja por un motivo pecaminoso, conviene que le pida perdón a Dios no solamente por su ira, sino también por su debilidad. Debe procurar tener victoria sobre su egoísmo, perfeccionismo o espíritu de sospecha.

En cambio, si el enojo fue provocado por alguna injusticia, conviene en la mayoría de los casos hablar con la persona que lo ofende. Jesús dijo: «Si tu hermano peca contra ti, ve y repréndele estando tú y él solos; si te oyere, has ganado a tu hermano» (Mateo 18:15). La palabra griega traducida por «reprender», significa «convencerle de su falta» o «hacerle reconocer su mal». Es obvio que la persona ofendida no debe tratar de humillar y castigar al ofensor, pues los dos deben hablar «solos» para que no se divulgue el problema. El gran propósito es «ganar» a su hermano, ganado tanto para sí mismo como para la comunión continua con Dios; es decir, restaurarlo. Se requiere autocontrol, amor y tino para lograr este fin.

No es la voluntad divina que el creyente tome venganza. Le atañe a Dios, el justo juez, quien por sí mismo conoce perfectamente los motivos del corazón para juzgar y castigar. «Mía es la venganza, yo pagaré, dice el Señor» (Romanos 12:19). Lo que le toca al creyente es perdonar, según el contexto del versículo que habla acerca del trato con un ofensor (ver Mateo 18:23-25). Aun en casos en que el ofensor no se arrepienta, es imprescindible perdonarlo y en el mismo día. El apóstol Pablo dijo: «No se ponga el sol sobre vuestro enojo» (Efesios 4:26).

Dos personas que guardan rencor en su corazón y se desquitan, solamente alimentan y perpetúan sus sentimientos de hostilidad, creando un círculo vicioso de enojo, desquite y más enojo. Además, a la larga, es la persona que guarda rencor la que sufre más, pues su emoción negativa corroe su espíritu y su cuerpo: puede provocarle úlceras, hipertensión sanguínea, colitis, artritis, cardiopatías, jaquecas, cálculos renales y muchas otras enfermedades.

Hay varias ventajas en comunicarse con el ofensor. Son las siguientes: (1) Nos ayuda a darnos cuenta de que nos sentimos enojados; es mucho mejor comunicar la emoción que reprimirla y luego sentirnos frustrados y deprimidos. (2) Nos ayuda a perdonar. No es necesario comunicar nuestro sentimiento para perdonar, pero nos ayuda a no guardar secretamente el rencor. (3) Dios puede emplear nuestras palabras para hacerle reconocer al ofensor que se ha comportado mal. (4) Puede conservar la intimidad en la amistad o en el matrimonio. Por ejemplo, la esposa que no comunica verbalmente su emoción negativa suele hacerlo de otras maneras, tales como preparar tarde la cena o quemar la comida. (5) Generalmente produce respeto en los demás, pues indica que no somos cobardes y que podemos controlar nuestras emociones. (6) Evitará que se divulgue el chisme. Si no comunicamos al ofensor el hecho de que estamos ofendidos, es probable que les contemos a otros lo que ha pasado y así pongamos en marcha una cadena de chismes.[2]

Lo que hemos considerado hasta este punto se refiere a agravios y asuntos serios. Naturalmente, no conviene ventilar nuestros sentimientos todas las veces que nos sentimos irritados. Sería contraproducente permitir que el enojo u hostilidad perjudique nuestras relaciones con los demás o que nos pongamos nerviosos por demoras insignificantes, falta de cortesía por parte de otros u otras situaciones un poco irritantes. Si uno se enoja con su jefe a veces, sería contrario a lo que quiere obtener, hablar con él, comunicándole el hecho de que está enojado. Más bien, conversar con su propia esposa acerca del problema podría ayudarle a comprender de una manera más objetiva la situación. También, trabajar enérgicamente, jugar al fútbol o trotar, pueden soltar la tensión. Sobre todo es aconsejable hablar con Dios acerca de su problema y de su enojo.

Hay personas que no descargan su enojo contra la persona que les ofende sino sobre un sustituto menos amenazante. (Ver capítulo 3, sección 5.) Por ejemplo, la señora se enfada contra su marido pero tiene miedo de reaccionar ante él. Reprende desmesuradamente a su hijo y así dirige su emoción contra alguien que no es capaz de desquitarse. Se disipa la ira de la señora pero probablemente produce dolor y resentimiento en el niño.

En conclusión, el enojo no es pecaminoso en sí mismo, pero puede ser destructivo si uno da rienda suelta a sus sentimientos o los expresa para lastimar a otros. A menudo es necesario enfrentarse a la persona que ofende, pero no con el motivo de herirla ni de vengarse. Si le habla acerca de la ofensa o de alguna cosa irritante, esto debe ser llevado a cabo con autocontrol y tino, y con la motivación de solucionar el problema. Los cónyuges, en especial, deben atacar su problema y no atacarse el uno al otro. Finalmente, el creyente debe perdonar al ofensor y buscar la liberación de todo rencor y amargura. Es la voluntad de Dios que perdonemos, y es un peso indispensable para gozar de salud física y mental.

2. **Temor y ansiedad**: El temor tiene muchos grados y toma varias formas: preocupación, afan, timidez, apocamiento, ansiedad, alarma, espanto y consternación. Dios nos da la capacidad de temer, pues es necesario un buen caudal de precaución para la autoconservación. Los niños deben aprender a evitar el tránsito peligroso, el fuego, los enchufes eléctricos, los sitios altos y muchas otras situaciones peligrosas. La preocupación moderada puede servir para motivarnos a trabajar bien, a tomar pesos para asegurar el futuro y a comportarnos moralmente. La Biblia apela al instinto del temor para motivar la obediencia a Dios, pues señala las consecuencias de la desobediencia. La preocupación no excesiva puede prepararnos para la crisis. Por ejemplo, I. L. Janis observa que los pacientes que no se preocupan por la inminencia de una cirugía seria, son menos capaces de soportar el dolor y las tensiones emocionales de su convalecencia que los pacientes que tienen cierto temor de antemano. Parece que estos han ensayado mentalmente el peligro inminente y están mejor preparados para sufrir.[3]

Sin embargo, si la preocupación y la ansiedad llegan a ser crónicas o excesivas, perjudican sustancialmente al individuo. En primer lugar, la persona disipa su energía preocupándose por lo que puede pasar y no le queda suficiente fuerza para enfrentar objetivamente su problema y solucionarlo. Por ejemplo, un conductor al que siempre le preocupa llegar a tener un accidente automovilístico, es probable que lo sufra. La persona que siempre tiene miedo es menos flexible y tiene menos inventiva que otras. Llega a tener una orientación defensiva, que la conduce a emplear mecanismos mentales como la negación y la racionalización.

En segundo lugar, la ansiedad crónica pone continuamente en alerta el sistema nervioso, lo que es innecesario y dañino para el cuerpo. El corazón late más rápido, los músculos se tornan tensos y se inhibe el sistema digestivo. Estas reacciones capacitan al cuerpo para tensiones de corta duración, pero si la alerta continúa, la fuerza se agotará, transformándose en cansancio crónico y enfermedades sicosomáticas.

Finalmente, la ansiedad crónica quita el gozo de vivir. La persona perpetuamente afanosa se preocupa por las cosas que no suceden, y a menudo es sorprendida por las tensiones y consecuencias de su ansiedad.

¿Por qué sufren los hombres de ansiedad y preocupación? Hay situaciones amenazantes tales como una crisis en la familia: la falta de empleo, una enfermedad grave o el mal comportamiento de algún miembro familiar. Algunas personas se sienten insuficientes en cuanto a cumplir los requisitos de su trabajo o en cuanto a agradar a su cónyuge y mantener su afecto. Muchos universitarios se sienten inseguros, pues les falta la capacidad o el dominio propio para estudiar bien y aprobar sus materias. Conviene que busquen asesoramiento vocacional.

Otras personas tienen ansiedad porque su conciencia está cargada de culpa (ver Proverbios 26:26). Una joven vino al autor de este estudio buscando consejo. Temblaba de miedo. Al explorar su problema, admitió que había llevado una vida muy liviana teniendo relaciones íntimas con los maridos de muchas mujeres. Cuando le confesó su pecado a Dios y le pidió perdón, sintió una paz profunda en su alma. También hay personas que tienden a sentirse inseguras al enfrentar una nueva situación o al dejar la vida acostumbrada y entrar en lo desconocido.

Muchas personas se preocupan excesivamente porque sus valores están distorsionados. Jesús amonesta acerca del «afán de este siglo y el engaño de las riquezas» (Mateo 13:22), y Pablo advierte acerca del «amor al dinero» (1 Timoteo 6:10). Los bienes materiales no son malos en sí mismos, pero los hombres son engañados por sus deseos respecto a ellos. La tentación típica de los ricos es la avaricia y la de los pobres la ansiedad. Es insensato acumular tesoros en la tierra, dado que son tan inciertos y pasajeros; el afán es innecesario, pues el creyente tiene un Padre celestial que cuida de él (Mateo 6:19-34). El Señor no prohíbe, por supuesto, la previsión o el hacer un esfuerzo para proveer las necesidades de la vida, sino que quiere alejarnos de aquella preocupación que destruye nuestra paz y nos impide ser útiles.

La ansiedad irracional o infundada es, tal vez, la más difícil de vencer. Aunque no hay motivo aparente para provocar ansiedad, el individuo se siente ansioso y por regla general, la ansiedad es crónica. En otros casos, cosas al parecer insignificantes provocan excesiva ansiedad. ¿Cómo se origina dicha emoción? En algunos casos, las personas aprendieron a tener ansiedad porque sus padres eran temerosos y propensos a preocuparse. Narramore comenta: «Algunos padres van más allá de los límites razonables, e infunden en sus hijos temores innecesarios, advirtiéndoles en cuanto a situaciones que verdaderamente no son peligrosas».[4] También la ansiedad es contagiosa. Los hijos imitan a sus padres.

La mayoría de las personas ansiosas provienen de hogares rotos o que tienen problemas emocionales. La rigurosidad excesiva, la dureza paterna, la disciplina variable e inconsecuente, la falta de cariño, la crítica excesiva y los choques entre los padres, contribuyen a la ansiedad crónica de los hijos. En tales casos, la persona ansiosa necesita sobre todo del cariño de las personas allegadas.

¿Cómo se puede controlar la ansiedad? En primer lugar, es preciso reconocer que se la tiene. Negar que la tiene no le ayuda en nada al individuo. Luego conviene distinguir entre la ansiedad verdadera y la que es irracional. ¿Existe un peligro verdadero? ¿Es exagerada la ansiedad o es proporcional al peligro? (A las personas cansadas o desanimadas, los problemas les suelen parecer enormes o exageradamente amenazantes.) ¿Es provocada por alguna situación real o solamente refleja un penetrante y esparcido complejo de inferioridad y un sentimiento de insuficiencia?

Si proviene de un sentimiento de inadecuación para enfrentar una situación, conviene tomar medidas para prepararse. Por ejemplo, uno puede hacer preparaciones para la vocación, el matrimonio, el nacimiento de los hijos y la ancianidad. Si sabemos lo que nos espera y cómo enfrentar las situaciones, nos sentiremos más suficientes y confiados.

Si la preocupación es provocada por problemas verdaderos, conviene que la persona los encare y no procure ignorarlos o evitarlos. Debe estudiar su situación y formular soluciones. Luego, es fundamental poner en acción dicha solución. El consejero puede ayudarle a ver objetivamente los peligros y a encontrar soluciones.

El pastor debe señalarle al creyente ansioso que los inagotables recursos divinos se encuentran a su disposición. «Por nada estéis afanosos, sino sean conocidas vuestras peticiones delante de Dios en toda oración y ruego, con acción de gracias. Y la paz de Dios, que sobrepasa todo entendimiento, guardará vuestros corazones y vuestros pensamientos en Cristo Jesús» (Filipenses 4:6,7. Ver también 1 Pedro 5:7 y Salmo 37). A continuación, el creyente debe centrar sus pensamientos en Dios y no en sus problemas (Isaías 26:3). Finalmente, debe aprender a vivir día por día (Mateo 6:25-34). La confianza en Dios, sin embargo, no excluye la necesidad de actuar con prudencia a fin de solucionar vuestros propios problemas, sino que es el medio para quitar la ansiedad destructiva. «Todo lo puedo en Cristo que me fortalece».

3. **Culpa.** «Pastor, tengo que confiarle a alguien mi sentimiento de culpa, de otro modo voy a volverme loca», dijo una mujer que parecía cansada y deprimida. Esto es típico de muchísima gente que se siente culpable. M. Gelven, en su libro *Guilt and Human Meaning* [La culpa y el significado humano], observa: «De todas las formas de sufrimiento mental, tal vez ninguna otra es tan penetrante e intensa como el dolor de la culpa».[5]

Aunque el sentimiento de culpa a veces nos aflige, tiene un propósito muy beneficioso; sirve de aviso de que algo está mal en el alma, y en nuestra relación con Dios y con los hombres. Indica que hemos violado principios morales y éticos en los cuales creemos: o hemos hecho algo que consideramos malo, o dejado de hacer algo que debiéramos haber hecho. Por lo general, nos sentimos culpables, indignos, ansiosos y llenos de remordimiento. Igual que el dolor de la enfermedad señala la necesidad de tomar medidas para sanarse, el sentimiento de culpa da aviso de que uno debe arrepentirse y rectificar el daño que ha cometido. El tormento de sentirse culpable tiene el propósito de llevarnos a la limpieza de la confesión; y esta restaura la comunión con Dios.

a) *La conciencia.* Los sentimientos de culpa están estrechamente relacionados con la conciencia. La conciencia es, en cierto sentido, la facultad que nos da la noción del mal y del bien, pero sirve mayormente de juez mediante el cual el hombre juzga sus acciones. En el Antiguo Testamento se describen las reacciones de la conciencia: «Se turbó el corazón de David, porque había cortado la orilla del manto de Saúl» (1 Samuel 24:5), y en la reacción de Adán y Eva después de haber pecado: «...se escondieron de la presencia de Jehová Dios» (Génesis 3:8). Si nos comportamos mal, la conciencia nos hace sentir indignos y culpables; si nos conducimos bien, nos hace sentirnos más dignos, más contentos y más libres de ansiedad.

La conciencia es naturalmente sensible en cuanto a no perjudicar las relaciones con personas apreciadas y amadas por el individuo. El niño se siente culpable cuando desobedece a su padre, especialmente si su desobediencia lleva consigo la posibilidad de quedar alejado de él. Cuanto más el uno ama al otro, tanto más se siente culpable si lo ofende. También la posibilidad de ser castigado es un factor que produce sentimiento de culpa y de ansiedad.

Sin embargo, la conciencia por sí sola no es una guía infalible de conducta, ni es siempre la voz de Dios: la conciencia no juzga según la escala de valores que aceptamos. El rey David, por ejemplo, no se sentía culpable por estar casado con varias mujeres, pero el creyente no podría ser polígamo y a la vez tener una conciencia limpia. El selvático que mata a su enemigo no sufre el mismo remordimiento que tendría el hombre civilizado que es homicida. ¿Por qué? El uno tiene más luz que el otro, y sus valores difieren de los del otro. Para el creyente, la conciencia perfectamente iluminada es la que está informada y guiada por la Palabra de Dios.

Aparentemente, hay gente cuya conciencia no funciona bien. ¿Por qué? Un hombre de ingenio comentó: «Lo que parece una conciencia limpia en algunas personas no es nada más que una memoria corta». La Biblia señala que es posible que la conciencia de un creyente falle por no estar bien informada (1 Corintios 8:7), por estar herida (1 Corintios 8:12), por estar contaminada (1 Corintios 8:7; Tito 1:15), o por estar cauterizada (1 Timoteo 4:2). Por esto, es preciso que sea informada por el Espíritu Santo a través de la Palabra. También es necesario que el creyente obedezca inmediatamente a su conciencia; de otro modo puede debilitarse, como en el caso de Félix, que se demoró en arrepentirse y luego parece que no sintió más la convicción del Espíritu Santo (Hechos 24:25-27).

b) *La culpa ficticia.* Se nota que hay creyentes que van al altar y se confiesan a Dios, pero no se sienten perdonados ni aliviados. En algunos casos, la confesión no está acompañada de un arrepentimiento verdadero; es decir, la persona no está dispuesta a dejar su pecado o a desagraviar a la persona ofendida. Otras personas no tienen fe para recibir el perdón de Dios: dudan de que Dios esté dispuesto a perdonarlas. Pero es probable que en la mayoría de los casos, el individuo sienta culpas irreales, irracionales o ficticias.

Siempre existe la posibilidad de que nosotros, los predicadores, tendamos a ser legalistas y así cargar con culpas irreales la conciencia de nuestros oyentes. Es fácil desviarse de las enseñanzas claras de las Escrituras y centrar la atención en cosas insignificantes. Debemos tener siempre presente la doctrina de la gracia y el hecho de que la santidad verdadera comienza en el corazón, mayormente en los pensamientos y en los motivos (ver Mateo 15:1-20; Romanos 14:17). Es demasiado común entre algunos pastores pasar mucho tiempo predicando contra el atavío femenino. ¿Tienen cierto elemento de razón los sicólogos que explican esos duros e incesantes ataques verbales de esos predicadores contra la ropa femenina, como la proyección de sus propios sentimientos de culpa? Según ellos, tales predicadores se sienten culpables de ser atraídos físicamente por las mujeres, y reaccionan acusándolas indirectamente de hacerse seductoras.

Muchos creyentes confunden la tentación con el pecado, y por lo tanto, se sienten culpables continuamente. Experimentan enojo, terror, tristeza, deseos sexuales y vergüenza. Estas emociones son normales; no son pecaminosas en sí mismas. «Cuando Satanás quiere obrar a través de nuestra naturaleza pecaminosa, sugiere que reaccionemos de una manera inmoral o incorrecta; experimentamos la tentación».[6] Pero la tentación tampoco es pecado. Jesús «fue tentado en todo según nuestra semejanza, pero sin pecado» (Hebreos 4:15).

Nadie debe sentirse culpable a menos que haya transgredido deliberadamente la ley de Dios, y esto tiene que ver con la voluntad. Debemos aprender a aceptar nuestros sentimientos y tentaciones sin sentir culpa ni vergüenza, y así nos identificaremos con el Señor.

Se observan en algunas personas sentimientos de culpa que son irracionales; no tienen bases verdaderas, o si parecen tenerlas, son insignificantes, indignas de producir sensaciones fuertes. ¿De dónde vienen? Muchos de los sentimientos de culpa ficticia son el resultado de experiencias habidas en la niñez. Los padres cuya conducta se caracteriza por la censura, la acusación y la condenación, inculcan sentimientos de culpa en sus hijos. Narramore comenta:

A muchos niños se los hace sentirse culpables por actos que no tienen que ver con la transgresión de las leyes de Dios. Los padres, maestros y otros adultos a menudo tratan a los niños de una manera que los hace sentirse culpables e indignos. Cuando los niños crecen en un ambiente que les produce graves sensaciones de inseguridad e ineptitud, comienzan a reaccionar ante las frustraciones y conflictos de un modo intropunitivo.[7]

El doctor P. Quentin Hyder añade:

Los padres no perdonadores que castigan excesivamente, aumentan el sentimiento [ficticio] de culpa. [En cambio], el castigo adecuado y debido, administrado con amor y con explicación, quita el sentimiento de culpa. Algunos padres no brindan suficiente estímulo, elogio, agradecimiento, felicitaciones o aprecio ... Por mucho que el niño haga en la escuela, en los juegos, en los deportes o en su conducta social, los padres le hacen sentir que están insatisfechos porque no lo hizo aun mejor. El niño se ve a sí mismo como un fracaso constante, y lo han hecho sentirse culpable por haber fallado. [Físicamente] crece convencido de que si en algo no alcanza la perfección, entonces es un fracaso. Por más que procure, y aunque haga todo lo que pueda, sigue sintiéndose culpable e inferior...[8] (Las palabras entre corchete son del autor de este estudio.)

c) *Manifestaciones y reacciones de culpa.* A menudo las personas cargadas de culpa se sienten ansiosas, cansadas y deprimidas; algunas sufren dolores de cabeza y otros síntomas físicos. Hay personas que tratan de arreglarse con sus sentimientos de culpa condenándose exageradamente y odiándose a sí mismas; tal reacción, por lo general, ocasiona que la persona tenga un concepto muy deficiente de su propio valor y crea que será censurada y mirada en menos por los que la rodean; y pronto será víctima de la depresión.

Muchas personas se sienten especialmente culpables por albergar hostilidad contra sus padres, cónyuges, hijos u otros parientes cercanos. Por ejemplo, si un individuo siente hostilidad hacia su madre, es probable que se pregunte a sí mismo: «¿Cómo es posible que yo tenga aversión por la persona que ha hecho tanto por mí?» Su conciencia responde: «Porque eres malo». Esto se traduce en un daño severo a su autoestimación. Se siente indigno. Una reacción común ante la culpa, es el autocastigo. El individuo piensa: «Tengo que pagar el precio de mi pecado; tengo que expiar mi maldad». Se cuenta de una niña observada a hurtadillas por su madre: comía bombones que le fueron prohibidos. Cada vez que tomaba un bombón, se daba un golpe en la mano con la que llevaba el dulce a la boca.[9] Así se castigaba a sí misma. Hay personas propensas a tener accidentes porque tienen el deseo inconsciente de castigarse. Otras provocan situaciones en las que pueden ser humilladas o perjudicadas. La penitencia y la costumbre de los monjes de flagelarse, sirve para satisfacer el deseo de purificarse mediante el autocastigo.

Otra manera por la cual el individuo trata de aliviar su culpa es por medio de la compensación, es decir, por las buenas obras. Por ejemplo, el tendero que engaña a sus clientes, aplaca sus sentimientos de culpa aportando a los pobres en ocasiones especiales, o el marido infiel se vuelve muy generoso con su señora.

Algunas personas reaccionan ante la culpa proyectando sus fallas a otros. El individuo rehúsa reconocer su falta. Antes bien, critica a los demás y les atribuye sus propios defectos. A menudo se siente hostil hacia su prójimo por causa de sus propios sentimientos de culpa.

Todas estas maneras de reaccionar ante la culpa son alternativas de una calidad muy inferior a la que tiene la solución que nos ofrece la Biblia: el perdón de Dios. No hay otro remedio eficaz para liberarse del sentimiento de culpa, y de la culpa misma.

El perdón divino tiene ciertos requisitos para ser eficaz.

(1) El individuo tiene que reconocer el pecado por lo que realmente es. Si el consejero se dedica a tratar de convencer al consultante de que su pecado es una insignificancia que Dios puede pasar por alto, el resultado será que el perdón le parecerá algo sumamente barato que «convierte el acto, en algo superfluo y desprovisto de todo sentido».[10] El sicólogo James Dittes afirma:

> La verdadera liberación solo es posible cuando la persona siente que la raíz de su culpa ha sido alcanzada por la expiación y el perdón ... Una represión suave o un simple «está bien, no te preocupes» no sirven para aligerar el peso de una conciencia oprimida y agobiada por la culpa, y le deja solo el sentimiento desolador de que nadie puede entender ni aceptar la intensidad de su propia experiencia.[11]

(2) Es preciso sacar a la luz el pecado y no procurar reprimirlo. Si el consultante lo reprime, queda como un elemento destructor en su personalidad. Grounds observa: «El sentimiento de que el individuo ha obrado mal y merece ser castigado, sentimiento que se esconde en algún rincón de su mente, es como una boba de tiempo que puede explotar en cualquier momento».[12] La confesión a Dios trae a la luz el temido pecado; es el acto en el que el individuo enfrenta su pecado y se enfrenta a sí mismo; también debe llevar a la reconciliación con la persona ofendida.

(3) El perdón divino se basa en la obra expiatoria de Jesucristo. Este es el corazón del evangelio. La Biblia reconoce la terrible realidad del pecado, pero también presenta una expiación tan grande que satisface a la justicia divina. La confesión y la fe apropian los méritos de la cruz.

(4) El perdón divino restaura cabalmente al consultante a la aceptación incondicional por Dios. Al igual que el padre en la parábola recibió al hijo pródigo, Dios nos recibe con alegría y respeto cuando nos volvemos a él. No hay período de prueba ni perdón parcial. La persona es declarada absuelta y aceptada, declarada como si nunca hubiera pecado. Además, le proporciona la paz apetecida en el corazón. Jorge León afirma: «La seguridad del perdón de los pecados es la fuerza terapéutica más grande que existe».[13]

(d) Consejería a los que se sienten culpables. Es importante aceptar incondicionalmente al aconsejado cargado de culpa. Aceptarlo, tal como es, es abrir la puerta para la confesión y fortalecer su voluntad para dar pasos hacia la restitución. El pastor debe animarlo a hablar con libertad acerca de su falta, no condenándolo ni consolándolo prematuramente, sino dándole tiempo para que el arrepentimiento haga su obra completa. Debe permitir que la persona confiese adecuadamente su pecado y se dé cuenta de que el pecado no es una insignificancia. Es necesario confesar a Dios, pero también la confesión a su prójimo es terapéutica. Santiago dice: «Confesaos vuestras ofensas uno a otros, y orad unos por otros, para que seáis sanados» (5:16). Limpiada la conciencia, el enfermo puede tener fe en Dios para ser sanado.

El pastor debe escuchar la confesión del asesorado con comprensión, pero a la vez debe resistir la tentación de indagar detalles de pecados tan íntimos como la inmoralidad. Si lo hace, el asesorado pronto se dará cuenta de que el consejero está motivado por una curiosidad morbosa, más bien que por la compasión cristiana. También existe el peligro de que la persona, sintiendo la presión de su culpa, relate innecesariamente pormenores y luego se arrepienta de haberle revelado demasiado al pastor. De allí en adelante puede sentirse incómoda en su presencia.

Conviene que el consejero reconozca las formas destructivas de confesión. El aconsejado a veces esquiva la causa verdadera de su culpa y confiesa meramente cosas menos graves. Entonces conviene que el pastor le ayude a encarar la verdadera fuente de su culpa. En cambio, hay personas superescrupulosas que convierten pequeños montículos de faltas en montañas de culpa. Otras se revuelcan en sus sentimientos de culpa. Confiesan cada vez más su pecado y parecen renuentes a creer que Dios las ha perdonado. Usan la confesión como un medio de castigarse a sí mismas. También hay individuos que emplean la confesión como sustituto del verdadero arrepentimiento. La palabra arrepentimiento, en el original, *metanoia*, significa «cambiar de opinión o voluntad», incluso sentir pesar por algo, y dejar el mal. En el caso de la culpa neurótica, como la persona que se odia a sí misma, puede ser necesario remitirla a un sicólogo.

El individuo susceptible a la culpa ficticia, a menudo encuentra difícil aceptar el perdón divino; es incapaz de liberarse de pensamientos mortificantes referentes a su pecaminosidad y culpa. Es que se siente inseguro, indigno y procura infligirse el castigo que cree merecer.[14] La única solución para la culpa ficticia es comprenderla y evaluarla conforme a su naturaleza de complejo. El pastor debe explicar la dinámica de sus sentimientos.

A veces es aconsejable que la persona que ha ofendido a otra, si esta ya no existe, se confiese a un sustituto. Por ejemplo, una señorita dejó a su padre viudo para servir al Señor en una iglesia situada lejos de la casa de su padre. Él protestaba amargamente y censuraba la religión de su hija, y algunos años después se suicidó. Luego, la pastora se sintió tan culpable, que dejó su ministerio y se aisló de sus amigos creyentes. Ahora repite cada vez más: «Ojalá pudiera pedirle perdón». Cree en el perdón divino, pero para ella, no le basta por sí solo. Conviene que confiese su falta a un pariente muy allegado que pueda representar al difunto.

A las personas supersensibles a sus faltas conviene enseñarles que nadie es perfecto: «Todos pecaron, y están destituidos de la gloria de Dios». Dios no es un juez severo ni un tirano que tiene el látigo en la mano observándolas para encontrar sus faltas y castigarlas por ellas. Es un padre amoroso y perdonador. Además, la santificación (crecimiento a la imagen de Cristo) es un proceso. No se perfecciona de la noche a la mañana. Sobre todo, es necesario escuchar la resonante voz de Dios. El joven Martín Lutero, cargado de sentimientos de culpa, no pudo encontrar alivio hasta que un monje anciano lo consoló: «¿Cree usted en el credo apostólico?» «Por supuesto», respondió Lutero. «Entonces, ¿qué me dice de la frase, 'creo en el perdón de los pecados'?» Tenemos algo mejor que el credo, que es la Palabra de Dios. «Si nuestro corazón nos reprende, mayor que nuestro corazón es Dios» (1 Juan 3:20).

Notas

1. Frank B. Minerth y Paul D. Meier, *Happiness is a choice: a manual on the symptoms, causes and cures of depression*, 1979, pp. 150,151.
2. *Ibíd.*, pp. 153,154.
3. Citado por James C. Coleman, *Contemporary psychology and effective behavior*, cuarta edición, 1979, p. 388.
4. Clyde M. Narramore, *Psicología de la felicidad*, 1974, p. 91.
5. Citado por Coleman, *op. cit.*, p. 391.
6. Paul L. Warner con Sam Crabtree, Jr., *Feeling good about feeling bad*, 1979, p. 24.
7. Narramore, *Enciclopedia de problemas sicológicos*, *op. cit.*, pp. 42,43.
8. O. W. Hyder, *The Christian's handbook of psychiatry*, 1971, citado por Minirth y Meier, *op. cit.*, p. 72.
9. Karl A. Menninger, *The human mind*, 1969, p. 333.
10. Vernon Grounds, *El evangelio y los problemas emocionales*, s.f., p. 123.
11. Citada por Grounds, *op. cit.*, p. 124.
12. *Ibíd.*, p. 125.
13. León, *Psicología pastoral para todos los cristianos*, *op. cit.*, p. 134.
14. Narramore, *Enciclopedia de problemas sicológicos*, *op. cit.*, p. 43.

Capítulo 15

LA DEPRESIÓN Y EL SUICIDIO

*E*l salmista no es la única persona que ha dicho: «¿Por qué te abates, oh alma mía, y te turbas dentro de mí?» (Salmo 42:5). Grandes varones de Dios: Moisés (Números 11.10-15), Elías (1 Reyes 19:3,4,10,14) y hasta el valiente Juan el Bautista (Mateo 11:2,3) han pasado por el «pantano del desaliento» en el camino a la Nueva Jerusalén. Todos nosotros, sin excepción, a veces nos sentimos deprimidos en mayor o menor grado. Felizmente, para la mayoría de la gente, los períodos de depresión duran poco tiempo. Hay personas, sin embargo, que la experimentan crónicamente. Afecta seriamente la salud y, en casos extremos, puede terminar en el suicidio.

Es de extrañarse que mucha gente no distinga entre la depresión y la infelicidad pasajera. Esta es provocada en gran parte por circunstancias adversas, pero la persona no pierde su perspectiva ni la esperanza, y puede funcionar normalmente. En cambio, la depresión afecta la disposición entera de la persona, determinando cómo se ve a sí misma, a sus circunstancias y a los demás. La persona deprimida tiene un concepto pesimista de la vida; le parece que todo es gris o negro. «Es vulnerable a lo amenazante y hasta las frustraciones insignificantes pueden aumentar sus sentimientos depresivos».[1] Piensa que todo cuanto hace le sale mal, y se siente incompetente, inadecuada e indigna de amor; se rechaza a sí misma; se hunde en la apatía. Dice dentro de sí: «La vida es un valle de lágrimas; no vale la pena vivir».

Aunque la depresión es un enemigo formidable para muchas personas, no deben considerarse sus víctimas obligadas. El famoso estadista y emancipador de la gente de color de los Estados Unidos, Abraham Lincoln, dijo: «La mayoría de la gente es tan feliz como decida serlo». Era una persona propensa a estar deprimida, y sufrió muchas desilusiones. En un punto de su vida, pensó en el suicidio como salida, pero prefirió superar su depresión y ser feliz. Logró la paz interior y la felicidad durante los últimos años de su vida.

El pastor evangélico debe tener la misma confianza que tenía Lincoln, y así ayudar a las personas deprimidas a salir «del pozo de la desesperación». A menudo sus consejos pueden llegar a impedir que tales individuos se quiten la vida. Para ayudarlos, sin embargo, es preciso que antes se entienda bien la naturaleza de la depresión y se sepa cómo se puede vencer.

1. Síntomas de la depresión: Los síntomas típicos de la depresión, desde la moderada hasta la más fuerte, son fáciles de reconocer. Comprenden lo siguiente:

a) Pérdida del apetito y la consecuente pérdida de peso en un período relativamente breve. (Algunos individuos deprimidos, sin embargo, comen en exceso y engordan.)

b) Un marcado cambio en los hábitos de dormir. Algunos deprimidos duermen demasiado y se despiertan cansados, pero la mayoría sufren de insomnio. Si se ponen a dormir de noche, se despiertan en las primeras horas de la madrugada y no pueden volver a dormirse. Siempre se sienten cansados física y emocionalmente. Disminuye la rapidez al pensar y al hablar.

c) Sentimientos de culpa e indignidad. Muchos deprimidos se censuran duramente a sí mismos y se sienten culpables cuando no tienen culpa. Otros censuran a su prójimo y se ensimisman en su propia conmiseración. El individuo suele juzgarse pecador e indigno; cree que merece castigo por sus faltas o por no lograr sus propias metas. Exagera sus deficiencias e ignora sus virtudes; puede angustiarse por algún desatino que cometió hace años. Si es creyente, tiende a tergiversar la Palabra de Dios, fijándose en los versículos que enseñan la condenación e ignorando las promesas de gracia y perdón. Piensa que ni Dios ni los hombres lo quieren. Cree que es una nulidad y que no sirve para nada.

d) La apatía, el desgano y la actitud de «no me importa». Los deprimidos a menudo descuidan su apariencia. El hombre se preocupa menos de afeitarse y la mujer de arreglarse. Pierden interés en su trabajo, en sus actividades diarias y hasta en su recreación favorita. Por lo general, cesa el impulso sexual.

e) Ensimismamiento. El deprimido tiende a perder el afecto hacia los miembros de su familia, y a aislarse, evitando el compañerismo con ellos y con los demás.

f) Tristeza profunda y constante. El abatimiento está tan arraigado en su corazón, que finalmente se le refleja en el rostro. El deprimido no responde al buen humor de otros y se siente irritado por su alegría. A menudo llora. Es capaz de tener arranques de enojo por cosas insignificantes.

g) Desesperanza. Por regla general, se siente impotente para solucionar su situación y es incapaz de vislumbrar una salida. En el caso de la depresión fuerte, su tristeza se agudiza día a día, a menos que alguien logre animarlo a tener esperanza. No está en condiciones de tomar decisiones importantes, tales como cambiar de trabajo, renunciar a un puesto o separarse de su cónyuge.

h) Dolencias físicas varias: dolores en general, mareos, palpitaciones cardíacas, dificultades respiratorias, presión en el pecho, acidez estomacal y estreñimiento.

De vez en cuando la depresión se manifiesta en trastornos sicóticos caracterizados por períodos alternados de exaltación y depresión. En los períodos de exaltación el individuo es locuaz, entusiasta e hiperactivo; luego cae en una depresión tan profunda, que a menudo le dan deseos de suicidarse. Tales reacciones se denominan «reacciones maniacodepresivas». Por regla general, el pastor no es capaz de ayudar a tales personas. Los tratamientos incluyen empleo de medicamentos, terapia de electrochoque y sicoterapia.

2. **Causas de la depresión**: Aunque no se saben a ciencia cierta todas las causas de la depresión, algunas son bien conocidas. A veces es la reacción a una enfermedad prolongada, al agotamiento físico o emocional, a la perdida de un ser querido, a la ruptura de un romance, al rechazo por parte de personas apreciadas, o a la separación matrimonial. De todas las experiencias traumáticas que las personas enfrentan en la vida, parece que la peor es la pérdida por muerte del compañero de la vida, especialmente si la pareja es de edad avanzada. En muchos casos, el sobreviviente no se adapta a la pérdida, experimenta depresión y en breve tiempo muere. En muchos casos, la depresión aparece como respuesta a alguna tensión ambiental que la persona no puede

dominar. Entonces tiene la sensación de estar atrapada, al ser incapaz de remediar una situación insoportable.

Hay factores físicos que precipitan la depresión. Los estudios sobre la materia indican que hay personas propensas por naturaleza a estar deprimidas; todos los miembros de ciertas familias tienden a sufrir la misma emoción. Probablemente la tendencia es genética. También parece que a veces los cambios bioquímicos que ocurren en el cuerpo sirven de «depresivo provocadores». Por ejemplo, dichos cambios pueden ser del metabolismo, de las glándulas o del sistema nervioso. A menudo las mujeres sufren una crisis depresiva poco después de dar a luz un hijo o en el período de su menopausia, y necesitan de la comprensión y atención especial de sus maridos. La anemia, por regla general, va acompañada de depresión.

Algunas personas emplean la depresión como «una llamada de auxilio» (una muestra de que son indefensas, una súplica de afecto y seguridad o de ayuda para conseguir un objeto perdido). A veces las personas deprimidas usan su depresión para manipular a otras. Su estado llama la atención, es una excusa para evitar responsabilidades y un medio para provocar lástima. De modo especial, algunas mujeres recurren a esta estratagema.

Según los sicólogos evangélicos Frank Minirth y Paul Meier, las raíces de la mayoría de los casos de depresión son el enojo o la hostilidad vuelta hacia sí mismo y acumulada, o los rencores guardados en el corazón.[2] Algunas personas tienen miedo de expresar su ira y la reprimen. Sin embargo, el enojo reprimido puede dirigirse contra el individuo mismo. En tal caso, se acusa exageradamente a sí mismo y se siente culpable e indigno. Es la reacción en cadena que lleva a la depresión.

En otros casos, la persona guarda rencor contra individuos que la han ofendido. Los científicos han descubierto que el enojo acumulado tiende a agotar los ánimos en el cerebro (neurotransmisores que flotan en la sinapsis entre dos células de los nervios) y esto tiene por consecuencia la depresión.[3]

Es interesante que la mayoría de las personas deprimidas por enojo no se consideran iracundas.[4] El primer peso para ayudar a tales personas es hacerlas reconocer que la depresión que los afecta no es espontanea, sino resultado de factores ambientales presentes en la niñez del individuo.

La falta de autoestimación es uno de los mayores factores que producen depresión. Ya hemos notado también en lecciones anteriores que el complejo de inferioridad, por regla general, se origina en la niñez. La privación y el descuido de la madre, el rechazo, la excesiva solicitud paterna y las exigencias demasiado rígidas, a menudo desarrollan en el individuo un concepto muy deficiente de su propio valor. Se siente culpable, indigno e inseguro.

Una forma del complejo de inferioridad se manifiesta en el perfeccionista, o sea, la persona demasiado concienzuda, diligente e industriosa, que nunca se aprueba a sí misma. Hay individuos que trabajan diligentemente largas horas, pero se sienten culpables si dedican algunas horas al descanso y a la recreación; trabajan compulsivamente. Por regla general, logran mucho, pero nunca están plenamente conformes con sus realizaciones. La Haye nos cuenta un ejemplo: su hijo ejecutó su primer solo al piano en un culto. Tocó magníficamente y después su padre lo abrazó y lo felicitó por su excelente actuación. El niño ni siquiera esbozó una sonrisa. «No; no fue así», le contestó.

«Erré en una nota».[5] Muchas personas que logran grandes cosas, caen en esta categoría: médicos, hombres profesionales, científicos y obreros cristianos.

A menudo los perfeccionistas son azotados por sentimientos de culpa. Luchan con una gigantesca conciencia que los amedrenta sin misericordia, porque no logran vivir de acuerdo a las normas que se fijaron. Sus fracasos los afectan más que a otros. Algunos se obsesionan con sus propios defectos. Muchas veces se desilusionan desmesuradamente por insignificantes desatinos que cometen. Su frustración no guarda relación con sus fracasos, y parecen olvidar que todo el mundo, en alguna ocasión, deja de estar a la altura de sus expectativas consigo mismo, con la sociedad y con Dios. Se rechazan a sí mismos. Tales personas son propensas a sentirse deprimidas.

En cambio, hay personas que están deprimidas porque se sienten culpables y, de hecho, lo son. En tales casos, la única curación es enfrentar su pecado, confesarlo, y reconciliarse con su prójimo. Algunos pastores-consejeros experimentados toman en serio lo que dice el consultante acerca de sus sentimientos de culpa; no atribuyen tales sentimientos a culpa ficticia alguna hasta que no encuentran evidencia de que no tienen su origen en una mala conducta. El pecado suele producir un círculo vicioso: la persona que peca se siente culpable y luego deprimida; así, vuelve a pecar para aliviar su depresión.

La soledad es a la vez causa y consecuencia de la depresión. Todos los seres humanos necesitan amigos íntimos con los cuales compartir su vida. Algunos individuos, sin embargo, temen ser rechazados si tratan de establecer amistades íntimas; no confían en las demás personas y se alejan emocionalmente. Otros intentan compensar su falta de amistades íntimas con unas cuantas personas, haciendo muchos amigos pero en un plano superficial. Esto no llena el vacío de su corazón. Muchas personas solitarias proyectan sus sentimientos a otras y se imaginan que no son ellas las que no quieren establecer amistades íntimas, sino las demás. Así, sienten resentimiento y hostilidad hacia su prójimo. También, la desdicha de muchos individuos emana del vacío de Dios que albergan en su interior. Les falta una relación personal con su Creador: guardan rencores contra él por haberlos privado de algo o de alguien que les era precioso.

Las personas que carecen de propósito en su vida pueden sufrir una depresión cuando tienen que enfrentarse a una crisis. El siquiatra Victor Frankl pasó varios años en un campo de concentración nazi. Observó que había prisioneros que no le veían ningún sentido a la vida, no tenían razón alguna para vivir, y ninguna fe en el futuro. Esos eran los que cedían a las influencias degeneradoras del campamento y abandonaban la lucha por la vida. En contraste, las personas que le veían algún sentido a la vida, que apreciaban la belleza de la naturaleza, que querían ayudar a otros y que creían que había algún propósito en el padecimiento, eran las que mantenían una estabilidad sicológica a pesar de sus sufrimientos.[6]

Muchas mujeres sufren de depresión al llegar a los cuarenta y cinco años. Ya no son atractivas físicamente como antes, sus hijos han dejado la casa para establecer sus propias familias, y se sienten casi solitarias. Les parece que han perdido su propósito de vivir; que ya no son útiles, y sucumben a la depresión.

Todos nosotros hemos observado a ancianos que mantienen una fe firme en el Señor, tienen un vivo interés en el bien de los demás y siguen activos visitando a los enfermos, e intercediendo ante Dios por otros. No queda lugar para que la depresión se albergue en ellos.

Se observa que con frecuencia las personas deprimidas sienten compasión de sí mismas. En vez de resistir la tentación de autocompadecerse, ceden y caen en la autoconmiseración. Si son creyentes, han pasado por alto las palabras del salmista dirigidas a su alma abatida: «Espera en Dios; porque aún he de alabarle» (Salmo 42:5). Según una anécdota de la reforma protestante, en cierta ocasión Martin Lutero se encontraba muy deprimido y rehusó ser animado. Su esposa se vistió de luto. Al verla, el reformador le preguntó: «¿Quién ha muerto?» «Dios», le contestó Catalina. Lutero de inmediato se dio cuenta de lo absurdo de su estado de ánimo y se serenó de nuevo.

3. **Consejería a las personas deprimidas**: Los deprimidos necesitan apoyo y ayuda. Muchos de ellos se aíslan y rechazan a los amigos cuando más los necesitan. A menudo los familiares del deprimido, ignorantes de la naturaleza de su estado, se exasperan ante su comportamiento. Por ello, cuando el deprimido más necesita de la comprensión y amor de los demás, se siente herido por las críticas y la falta de apoyo, lo cual complica todavía más el cuadro. No obstante, cuando se ensimisma, teme estar solo. No se entiende a sí mismo y se perjudica.

Es un gran error pensar que se puede animar al deprimido mostrándose muy jovial. El proverbista observó acertadamente: «El que canta canciones al corazón afligido es como el que quita la ropa en tiempo de frío, o el que sobre el jabón echa vinagre» (25:20). La persona que se pone muy alegre y chistosa, solamente irrita al deprimido. Tampoco conviene criticarlo por estar deprimido; necesita el máximo de comprensión. El pastor debe escuchar con empatía lo que le dice el deprimido, pero no conviene condolerse de él. No hay duda de que la compasión y la comprensión son apropiadas, pero los deprimidos ya han tenido excesiva conmiseración de ellos mismos. Si se conduele de la persona, esta aumentará su autocompasión y tenderá a hundirse más en la depresión. Contará de nuevo su problema, volviendo a abrir las heridas y prolongando la depresión. Centrará su atención en su sufrimiento en vez de buscar una solución.

El segundo paso para asesorar al deprimido es señalarle lo que le pasa y lo que hace. Es preciso que el consultante comprenda los factores por los cuales sufre la depresión. Luego, el pastor puede ayudarle a formular una solución y llevarla a cabo.

Con frecuencia es necesario aconsejar a los miembros de la familia del deprimido. Todo el mundo, en cierta medida, depende del concepto que sus seres allegados tienen de él; en efecto, a menudo la persona se evalúa a sí misma según la manera en que la tratan. Por ejemplo, una bonita señorita de diecisiete años que estaba muy deprimida, decía: «Soy una alumna promedio, pero no sé lo que puedo hacer con mi vida. No me siento atractiva, pero lo que más me molesta es la manera en que mi madre me trata. Me dice que soy gorda y estúpida. Cuando lloro, me pregunta por qué me pongo nerviosa. Algunas veces me enojo con ella: me trata como si la hubiera ofendido mortalmente. Arma un gran lío. Me acusa de ser malagradecida por todo lo que me ha dado. Mi padre nunca me defiende ni se defiende a sí mismo. Es una persona callada y tímida».

Es obvio que la madre es una mujer celosa y dominante, motivada inconscientemente por la envidia de la juventud y los atractivos de su hija, por el deseo de mantenerla dependiente de ella y de distraer la atención de sobre sus propias faltas. La raíz de la depresión de la joven se encuentra en la actitud de la madre.

Se ve en el relato de Elías, cuando estaba bajo el enebro, un modelo de cómo orientar al deprimido (1 Reyes 19). El profeta desilusionado deseaba morir. ¿Cómo curó Jehová el desánimo de su siervo?

(1) Proveyó lo que necesitaba físicamente. Después del tremendo entusiasmo del estímulo espiritual recibido en el monte Carmelo y de los veinticinco kilómetros que recorrió en la carrera hasta Jezreel, era natural que un abatimiento físico y emocional se apoderara de él. Dios sabía que el estado de ánimo de Elías se debía en parte a su situación. Por eso lo dejó dormir y luego le envió un ángel con comida. No lo censuró ni lo obligó a tomar una decisión. Algunos deprimidos necesitan, más que cualquier otra cosa, descansar y recuperar sus fuerzas y su salud. No están en condiciones de tomar una decisión importante.

(2) Jehová aclaró la visión del profeta sobre su situación, lo que deshizo sus pensamientos negativos. Primero, le hizo sacar a la luz sus sentimientos y así le dio la oportunidad de verse a sí mismo. En el pozo del desaliento, hablando en sentido figurado, Jehová le formuló preguntas escrutadoras. «¿Qué haces aquí, Elías?» De la misma manera, el deprimido debe hacer un inventario de su situación. ¿Por qué estoy en el pozo del desaliento? ¿Qué pienso? ¿Qué hago yo por salir de la depresión?

La respuesta de Elías da señales de conmiseración de sí. El profeta se quejó de que a pesar de todo su fervor por Dios, se encontraba solo, olvidado, arrojado de su país. Le parecía que el reino de Dios estaba por fenecer, que solo él era fiel y su situación era insoportable. Tal vez se sentía un poco enojado por el hecho de que Dios no hubiera intervenido decisivamente para castigar al débil rey y a su malvada esposa.

Dios le hizo saber que en realidad no era el único que sufría persecución y que permanecía fiel; que no estaba solo, y ni la verdad ni la fe morirían con él. Quedaban siete mil fieles que no habían doblado las rodillas ante Baal. Dios todavía vivía y su reino continuaría. El deprimido a menudo piensa que su caso es único y que es el más desgraciado de todos los mortales. Le parece que su situación carece de solución. Necesita saber que no le ha sobrevenido ninguna prueba que no sea común al hombre, que sus circunstancias no son tan lúgubres como le parecen, y que Dios es fiel; él no permitirá que sea tentado más allá de lo que puede resistir; Dios le dará una salida, o si no, le proporcionará la gracia para soportar.

(3) Jehová hizo que Elías desviara los ojos de sí mismo y le dio trabajo para hacer. Una de las mejores curas para la excesiva preocupación por sí mismo, es preocuparse por las necesidades de los demás. Si la persona se ocupa en una actividad de valor, o aun en un pasatiempo, se sentirá mas satisfecha y contenta. Pero a veces es difícil instar al deprimido a ocuparse en algo interesante: prefiere sentarse y cavilar en sus problemas.

(4) Dios le hizo saber a Elías que la situación no era controlada por Jezabel sino por Dios. Lo comisionó para que ungiera a los nuevos monarcas de Damasco y de Israel. La casa de Acab sería exterminada. Es importante que el deprimido sepa que Dios rige los destinos del hombre. No es víctima de las circunstancias de la vida. «Todo lo puedo en Cristo que me fortalece».

El pastor puede darle algunos consejos al deprimido adaptándolos, por supuesto, a su situación particular. Los sicólogos, Minirth y Meier sugieren los siguientes:[7]

1) Háblese a sí mismo de manera positiva. El deprimido tiende a criticarse y a tener rencor contra sí. Debe refrenar tal actitud y pensar positivamente. La señorita cuyo

novio, Jorge, deshizo el compromiso, puede hablarse a sí misma así: «¡Ay de mí! Jorge ha arruinado mi futuro. Es la única persona a la cual puedo amar y ahora me deja. ¿Cómo es posible que alguien pueda ser tan cruel? Es que no soy linda. Debería haber sido más atenta y amable. Pero ya es tarde...»

Sería mejor razonar así: «Me duele ser tratada así, pero es mejor que Jorge rompa nuestro compromiso ahora, y no que se case conmigo y luego se dé cuenta de que no me quiere. Además, hay muchos jóvenes, y seguro que algún otro me querrá. Bueno, la Biblia dice: 'A los que aman a Dios, todas las cosas les ayudan a bien.' El Señor tiene otro joven para mí».

Un famoso estadista era maniacodepresivo, pero ejercitaba magníficamente el autodominio. En medio de los momentos de más profunda depresión, solía decirse a sí mismo: «Esto también pasará». El deprimido no ve las cosas con claridad porque todo le parece sin remedio, y exagera los males. Por lo tanto, debe resistir la tentación de tomar decisiones que después puedan perjudicarle. Debe aconsejarse a sí mismo: «Mañana las cosas me parecerán menos amenazantes y más alentadoras».

2) Comprenda sus sentimientos pero ponga énfasis en su conducta. El individuo no ha sido guiado siempre por sus sentimientos, más bien sus sentimientos surgen a menudo de la forma en que este se comporta. Si se conduce mal, se sentirá mal y viceversa. Si decide querer a su cónyuge y lo trata con afecto, pronto sentirá amor por él.

No debemos permitir que nuestras emociones dominen nuestra conducta. Dios le dijo a Caín sobre su enojo: «¿... por qué ha decaído tu semblante? Si bien hicieres, ¿no serás enaltecido?» (Genesis 4:6,7). Si Caín dejaba de lado su odio, pasaría ese sentimiento y andaría erguido y sereno. La señora no dice: «No tengo ganas de levantarme esta mañana, y por eso no me levantaré». Se levanta a pesar de sus sentimientos y prepara el desayuno.

3) Haga un plan para vencer su depresión. No basta con decir que debe cambiar su conducta; debe preparar una lista de soluciones optativas, elegir una y ponerla por obra. Si no da resultado, elija otra y actúe para llevarla a cabo.

4) Haga nuevas amistades. Muchos deprimidos no tienen ningún amigo con el cual hablar. Un amigo verdadero puede comprenderlo, animarlo, y ayudarle a ver los problemas desde una perspectiva objetiva. Debe reconocer su miedo a ser rechazado y superar la tendencia a aislarse de los demás.

5) El perfeccionista debe darse cuenta de que todo el mundo a veces comete errores. Debe aprender a perdonarse y a ser más tolerante consigo mismo. Le es apropiada la oración atribuida a Reinhold Niebuhr: «Señor, dame serenidad para aceptar las cosas que no puedo cambiar, valor para cambiar las cosas que sí puedo, y la sabiduría necesaria para entender la diferencia».

6) Cuidado con mirar hacia adentro y hacer examen de conciencia. Las personas deprimidas tienden a juzgarse a sí mismas excesivamente.

7) Cuidado con emplear la depresión para manipular a otros, o con emplearla para aliviarse del enojo acumulado. El deprimido debe aprender a expresar sus emociones de una manera que no dañe a otros. Muchos individuos son demasiado pasivos y sufren el abuso de otros sin responder. Luego, su enojo se acumula y se convierte en depresión. Sería mejor expresar su cólera con medida, que ser pasivo y permitir que esta se acumule. Más vale responder que reprimir. En cambio, es importantísimo aprender a perdonar y a no guardar rencor.

8) Debe mejorar su concepto de sí mismo. ¿Cómo? Primero, la persona debe acercarse a Cristo y sentir su aceptación y amor. Cada creyente es hijo de Dios y tiene un lugar único en su maravilloso plan. Luego, le conviene mejorar su relación con los demás. Por último debe establecer metas dentro de su alcance y esforzarse por cumplirlas.

9) Ore diariamente y sature su mente con la Palabra de Dios. El creyente no lucha contra sangre y carne sino contra los principados de las tinieblas. Satanás emplea la depresión para volverlo inútil. Son verídicas las palabras del himno: «Dulce oración, dulce oración, dulce oración, que aliento y gozo al alma das». El escritor inspirado nos cuenta que David en su hora más negra «se fortaleció en Jehová su Dios» (1 Samuel 30:6).

A veces la depresión de un individuo es tan profunda y crónica, que el interés y apoyo del pastor, de los parientes o de los amigos no puede curarlo. Puede ser que el deprimido esté a punto de suicidarse o de sufrir un trastorno sicológico. Conviene complementar el apoyo emocional con medicamentos antidepresivos, terapia de electrochoque o una breve hospitalización. Sin embargo, algunos médicos ponen en tela de juicio la electroterapia, porque a menudo el paciente experimenta una pérdida parcial de la memoria. Con medicamentos, el resultado terapéutico se obtiene en un tiempo relativamente breve.

4. Suicidio: Algunas personas encuentran la vida tan desalentadora, que la única salida en la que piensan es quitarse la vida. La investigación científica arroja luz sobre lo que Menninger denomina «la última paradoja de la vida». Las mujeres son más inclinadas al suicidio, pero tres veces más hombres que mujeres que lo intentan, lo logran. Es que los hombres tienden a emplear métodos más violentos y mortíferos que las mujeres, y son menos inclinados a usar el suicidio como medio para manipular a otros.

Las personas que tienen más de cuarenta y cinco años y son profesionales, son más propensas a matarse que las de edad inferior y de clase humilde. Un factor importante es el aislamiento social: los divorciados forman el grupo más grande, luego los viudos y los solteros. Sufren de soledad, se sienten inferiores o no queridos. Muchos suicidios ocurren después del fallecimiento de un ser amado, tal como un cónyuge, en especial si la pareja había disfrutado un feliz y largo matrimonio. Un treinta y cinco por ciento se suicidan durante un trastorno emocional, como una gran depresión. Otros factores precipitantes son una prolongada enfermedad, el descenso en rango o valoración personal, sentimientos de culpa, intensa hostilidad vuelta contra la persona misma, y el despecho, o sea, el deseo de vengarse haciendo que otros se sientan culpables.[8]

Un individuo que ha perdido un puesto importante o ha sufrido una humillación muy penosa puede experimentar fuertes sentimientos de indignidad, futilidad, culpa y hostilidad. Inconscientemente le parece que el suicidio sería una buena manera de expresar su enojo contra la sociedad y a la vez de castigarse a sí mismo por su fracaso.

No todos los individuos que intentan suicidarse, desean quitarse la vida. A veces la persona solo piensa asustar a alguien, pero llega a quitársela por accidente, cuando nadie llega a tiempo para llevarla al hospital. Puede ser una petición de auxilio o un intento de presionar a otros. La mayoría de los individuos que piensan acabar consigo, hablan de ello antes de intentarlo: las estadísticas demuestran que ocho de cada diez personas que han intentado el suicidio han dado señales de antemano. Aunque solamente el noventa por ciento de los que hablan de la autoeliminación en realidad la intentan; vale la pena tomar en serio las señales.

El suicidio nunca es la voluntad de Dios; es un pecado, un acto egoísta y terrible. La tragedia del suicidio es que los individuos lo intentan cuando no son capaces de ver claramente su situación; no se suicidarían si comprendieran la naturaleza verdadera de sus circunstancias y si se dieran cuenta de que su problema es pasajero y solucionable. Con frecuencia los pacientes que intentaron sin éxito matarse y que se han recuperado en el hospital, no pueden comprender por qué deseaban quitarse la vida.[9]

El suicidio hace estragos entre los parientes sobrevivientes y entre los amigos. Los hijos o el cónyuge del suicida sienten vergüenza, y con frecuencia, se culpan a sí mismos. Los hijos de los suicidas también son más propensos a seguir el ejemplo de su padre o madre, y pueden terminar por quitarse la vida.[10] Si el suicida es un pastor o líder religioso, puede deshacer mucho de lo que ha logrado en su ministerio, y también es posible que provoque vituperio a la causa de Cristo.

5. **Consejería a los individuos que tienen impulsos suicidas**: El pastor que se acerca a los miembros de su congregación, a veces observa en algunos de ellos síntomas de depresión profunda o de impulsos suicidas. Con frecuencia, los amigos allegados al individuo, o miembros de su familia, responden mal a las señales que da el suicida potencial. Suelen decir con miedo: «¿Te has vuelto loco? ¡Qué salida más estúpida! Por favor, no lo hagas». Tales palabras solamente lo alejan más de los demás. Cuando no recibe aliento, y las personas con las que habla solo expresan miedo, aumenta su desesperación. Lo que necesita es comprensión y una actitud positiva por parte de sus allegados.

El primer paso para orientar a tal persona es escuchar con empatía lo que dice. Es contraproducente tratar de animarla antes de que haya logrado descargar sus sentimientos. Alguien ha dicho: «Las emociones suicidas le tapan los oídos al individuo».[11] El consejero puede ayudarle a hablar acerca de sus problemas, reflexionando de la siguiente forma: «Las cosas le parecen muy difíciles y penosas», o «Comprendo que se sienta desesperado». Si la persona llora, grita con enojo o se pone hostil hasta criticar al pastor, conviene permitirle que se exprese. De ninguna manera se debe tratar de discutir con ella. Le asegurará: «No es pecado tener estos sentimientos, pero mucho depende de lo que haga con ellos». No obstante, no debe condolerse de ella, ni manifestar preocupación. Es importantísimo que el pastor esté sereno, tranquilo, confiado y firme.

A veces, es necesario preguntarle a la persona si ha llegado a pensar en el suicidio. Algunas personas esquivan el asunto porque tienen vergüenza de mencionarlo. El consejero le preguntará también acerca de su motivo para pensar en suicidarse.

Después de expresar sus sentimientos, el individuo está preparado para recibir palabras de aliento. El consejero puede indicarle que muchas personas tienen impulsos suicidas. Expresará su confianza en que hay una solución al problema del deprimido (aunque en este punto no es necesario darle una solución). Evitará criticarlo, pues el suicida potencial es muy susceptible y se alejará en seguida si no siente que es aceptado incondicionalmente. El consejero averiguará los medios por los cuales la persona piensa quitarse la vida, y dará aviso a la familia a fin de que los aleje de su alcance.

Si el aconsejado se siente indigno, conviene preguntarle indirectamente acerca de sus logros y de las cosas que le dan satisfacción y así ayudarle a pensar en lo positivo. El individuo debe entender que tiene un papel muy importante en la vida de otras personas. «¿Qué les pasaría si usted fuera quitado repentinamente de este mundo?» El pastor debe ayudarle a ver que tiene un propósito para vivir y no es tan inútil como piensa. Es imprescindible que la persona se estime a sí misma.

Luego, el suicida potencial debe ver que hay soluciones para sus problemas. Posiblemente el consejero pueda ayudarle haciéndole recordar la manera en que superó otras situaciones similares y luego aplicando el método a su crisis actual. A veces es útil distinguir entre un deseo de morir y un deseo de aliviar la presión y los factores que la provocan. Muchas personas no quieren morir, pero tampoco quieren seguir sufriendo la tensión de su problema, depresión o sentimientos de culpabilidad e indignidad. Sobre todo, el pastor le animará a creer en las promesas divinas y orará con ella.

En casos de fuertes deseos de suicidarse, es aconsejable enviar al consultante al hospital, donde puede recibir antidepresivos y tratamientos. Tal vez no esté muy de acuerdo en este paso, pero después de recuperarse se sentirá muy agradecido. Naturalmente seguirá aconsejándole para solucionar su situación.

El suicida potencial necesita tener el apoyo y la ayuda tanto de su pastor como de las personas allegadas a él a través de un largo tiempo. No conviene dejarlo solo, pues la tentación de autodestruirse se presenta más fuerte cuando nadie lo acompaña. Conviene que el consejero asesore a los miembros de su familia. Muchas personas que piensan en la autoeliminación carecen de afecto y aprecio en su hogar.

Si una persona se mata, es imprescindible que el pastor hable inmediatamente con los miembros de la familia. Por regla general, ellos se sienten culpables y a veces hasta enojados con el difunto. El asesor les dará la oportunidad de expresar sus sentimientos. También conviene enviar a algunos miembros de la congregación para que apoyen a la familia en los momentos de congoja. Se pueden aplicar al caso las indicaciones que se encuentran en la próxima lección, que trata de cómo aconsejar a las personas que sufren una pérdida. El consejero dará los pasos necesarios para que la congregación acepte incondicionalmente a los sobrevivientes de la familia y para que sus miembros no se aíslen de la congregación ni de la sociedad. La familia necesita, por regla general, el apoyo del pastor y de los creyentes durante un período prolongado.

Notas

1. Narramore, *Enciclopedia de problemas sicológicos, op. cit.*, p. 169.
2. Minirth y Meier, *op. cit.*, pp. 47-50.
3. *Ibíd.*, pp. 111,112.
4. Tim La Haye, *Cómo vencer la depresión*, 1975, p. 91.
5. Ibíd., p. 50.
6. Collins, *Personalidades quebrantadas, op. cit.*, p. 49.
7. La mayoría de los consejos que aparecen en esta sección son tomados y adaptados de Minirth y Meier, *op. cit.*, pp. 174-193.
8. Collins, *Personalidades quebrantadas, op. cit.*, pp. 144,145.
9. Minirth y Meier, *op. cit.*, p. 33.
10. *Ibíd.*
11. Edward V. Stein, «The clergyman's role with the suicidal person» en *The journal of pastoral care*, verano, 1965, pp. 76-83.

Capítulo 16

ENFERMEDAD, PÉRDIDA Y CONGOJA

«*E*stuve ... enfermo, y me visitasteis». «Me ha enviado ... a consolar a todos los enlutados» (Mateo 25:36; Isaías 61:1,2). Una de las mejores oportunidades para ministrar en el nombre del Señor, se presenta cuando la enfermedad azota a algún miembro de una familia o cuando la muerte misma se acerca. Sin embargo, si el pastor no procede con sabiduría, es posible que su ministerio en este aspecto sea de poco valor, e incluso se malogren los resultados en ciertos casos. Russell L. Dicks observa:

> Ministrar a los enfermos y moribundos requiere más destreza que cualquier otro aspecto de la obra pastoral. Sin embargo, por la gran necesidad, se invita al pastor a visitar a los enfermos, sea que tenga o no tenga tal destreza. Si podemos evitar perjudicar a los enfermos, podremos ayudar al noventa por ciento de ellos.[1]

El peor error que el pastor puede cometer es no visitar a los enfermos y moribundos. A la vista de los miembros de la congregación, esto es imperdonable. Se ha desviado del camino de servicio que caracterizaba el ministerio de Jesucristo, quien dedicó mucho de su tiempo ministrando a las necesidades tanto espirituales como físicas. Al enfermarse, la persona siente más que nunca la necesidad de recibir una visita de su pastor. También en ocasiones de pérdida y congoja se presentan grandes oportunidades de consolar y apoyar a los afligidos.

1. **Consejería a los enfermos**: El Nuevo Testamento enseña claramente que los ancianos o pastores deben orar por los enfermos para que sean sanados (Santiago 5:13-16). Parece ser la voluntad general de Dios sanar a los enfermos. Todavía el toque sanador del Señor no ha perdido su antiguo poder. Alguien ha dicho: «Lo más maravilloso de los milagros es que a veces suceden». En muchísimas ocasiones Dios ha honrado la oración de fe sanando al enfermo, pero no siempre obra milagros y a veces no sana. No es el propósito de este estudio disertar sobre los motivos por los cuales Dios no sana milagrosamente a todos, fuera de observar que creemos que Dios tiene un elevado propósito al permitir que sus hijos sufran a veces. Esto da dignidad y significado al padecimiento humano.

El pastor visita a los enfermos para orar por ellos, para consolarlos y animarlos, y para fortalecer su fe asegurándoles que el gran médico está presente y tiene interés en ellos; para dar significado a sus padecimientos, y en aquellos casos en que el enfermo no mejora, alentarlo para que acepte su condición.

Si el enfermo está en su casa, conviene que el pastor avise a la familia, si es posible, que la visitará a cierta hora. Elegirá una hora conveniente para ellos. También procurará hacer la visita cuando haya tiempo para conversar en privado con el enfermo.

Hay algunas normas que se deben observar en las visitas que se hacen a los enfermos en el hospital. El pastor debe hacer visitas frecuentes pero breves, de diez a quince minutos. Debe elegir una hora en que no interrumpa la labor de los que trabajan con los pacientes, como sucedería a la hora de cambiar las sábanas o de servir la comida. Debe respetar los avisos puestos en la puerta del cuarto, tales como «no se admiten visitas». En las horas fuera del horario de visitas, pedirá el permiso de la enfermera para entrar, y así no mortificará al paciente.

Conviene que el pastor permita que el paciente tome la iniciativa para estrechar las manos y que se sitúe donde el enfermo pueda verlo sin tener que estirar el cuello. Nunca debe sentarse en la cama del paciente. Demostrará buen ánimo, pero no hablará en voz muy alta, y no contará chistes ni chismes. Hay ciertos temas que se deben evitar en las conversaciones. No se debe tratar sobre enfermedades de otros, ni las dificultades que nunca faltan. Hay personas que visitan al enfermo y le cuentan imprudentemente los detalles de una enfermedad similar de la señora García y de cómo fue operada. No conviene interrogar al enfermo acerca de su enfermedad, y menos aun al sexo opuesto. No comunicará cuál es el diagnóstico del médico ni contradecirá lo que el enfermo le dice. No le toca al pastor aconsejar al enfermo en cuanto al tratamiento de su enfermedad; esto le corresponde al médico. Por regla general, el pastor no se pondrá muy alegre ni jovial cuando visite al enfermo, pues tal actitud no cae bien cuando uno se siente mal o está ansioso. Tampoco ayudan los comentarios superficialmente optimistas, como: «No se aflija, estará perfectamente bien en poco tiempo». Puede ser contraproducente si el pastor se conduele mucho del enfermo. Lo que necesita más que ninguna otra cosa es la comprensión y el apoyo del pastor. Por lo tanto, el consejero debe estar tranquilo y sereno, y mostrarse comprensivo. En caso de que el paciente no quiera hablar, no conviene que el pastor lo obligue; su presencia silenciosa podrá ser de gran apoyo. Puede decirle al enfermo: «No se aflija si no tiene ganas de hablar. Comprendo cómo se siente».

Es un error hacer generalizaciones acerca de los enfermos, pues cada persona reacciona un poco diferente a las demás. Algunas se sienten solas, desalentadas o tienen miedo, y necesitan ser animadas; otras no se preocupan y no necesitan el apoyo moral del pastor. Muchos que padecen fuerte y prolongadamente, llegan a ponerse egocéntricos, pero otros no. Algunos enfermos en tal estado no piensan más que en su dolor; otros consideran el significado profundo de la vida y las consecuencias de la muerte.[2] Si son inconversos, probablemente estarán más receptivos al evangelio.

El pastor-consejero experimentado guiará la conversación a los intereses y necesidades del enfermo, o permitirá que este hable con toda libertad, y lo escuchará atentamente. Algunos pacientes que sufren dolor sienten miedo, frustración o ansiedad; se preocupan por lo desconocido de su enfermedad (por ejemplo, la operación puede indicar que tenga cáncer) o por la buena marcha de su familia. Si hablan acerca de sus temores, estos son sacados a la luz y pierden mucho de su fuerza.

Conviene elegir con esmero una porción bíblica apropiada. Si la persona está preocupada o se siente deprimida, lecturas tales como el Salmo 27:1-10 ó 34:1-8, pueden fortalecerla. No es aconsejable leer una porción larga, pero sí debe estar relacionada con las necesidades del paciente. También la oración debe ser breve y llena de fe y de esperanza. En casos en que el miembro conoce bien al pastor, a veces ayudará tomarle la mano cuando ore. Así el pastor comunicará su solicitud y cariño. Muchos pastores dejan alguna lectura devocional o una selección bíblica como *Jesús, Médico Divino*, publicada por la Sociedad Bíblica.

¿Cómo se debe ministrar al enfermo que va a ser operado? Algunos pastores visitan al enfermo una hora antes de que este pase a la sala de operaciones. Tal vez sea preferible visitarlo la noche anterior, pues casi siempre las enfermeras tienen que hacer algunos preparativos de última hora con el paciente antes de la intervención quirúrgica. De esta forma evitara interrupciones. El pastor fortalecerá la fe de la persona y la encomendará a las manos del gran Médico divino. En algunos casos, es necesario aumentar el deseo de vivir de la persona. También el pastor debe estar apercibido en caso de que el enfermo desee confesar sus pecados o recibir la seguridad de la salvación.

Después de la operación, por regla general, el paciente se siente muy mal. Si el pastor lo visita, conviene disuadirlo suavemente de hablar, leerle una porción bíblica muy breve, como el Salmo 23, y orar brevemente. En algunos casos graves basta que el pastor se pare en silencio algunos momentos al lado de la cama y luego se vaya. La presencia del representante del Señor invisible, infunde aliento.

Si el paciente ha perdido un miembro de su cuerpo, como una mano o un pie, conviene darle la oportunidad de que hable cuanto desee acerca de su pérdida, pero no obligarlo a hacerlo. El pastor procurará darle significado a la pérdida más bien que compadecerse de la persona que la ha sufrido. Es preciso tratar al manco como si fuera cualquier creyente, porque a él no le gustaría ser considerado como una persona diferente a la demás.

A menudo es necesario aconsejar a los miembros de la familia del enfermo, en especial durante el tiempo de crisis. Collins comenta:

> Podemos orar por las personas afectadas y juntamente con ellas también, dar paso a que se desahoguen de sus temores y frustraciones, orientarlas en lo que piensan en cuanto a por qué Dios ha permitido que surja esa situación, señalarles porciones pertinentes de la Biblia, y ayudarlas a tomar decisiones prácticas, como reorganizar la vida familiar cotidiana o evaluar las opciones médicas que el doctor puede presentar.[3]

La hospitalización de un niño presenta una situación diferente a la de un adulto. Al igual que los adultos, los niños sienten dolor, temen a lo desconocido y no desean ser separados de los otros miembros de su familia, pero no entienden lo que ocurre ni por qué sufren. A menudo interpretan la hospitalización como un rechazo por parte de sus padres o incluso como un castigo por su comportamiento del pasado. Algunos, especialmente en la edad de dos a cuatro años, protestan al principio, pero al ver que sus padres no los sacan del hospital, caen en el desaliento y la desesperación. Pueden llegar a ser cada vez más apáticos. Después de volver a su casa, con frecuencia tales niños se muestran exigentes y exageradamente dependientes de los demás, «ya que de este modo es como piden aceptación y consuelo».[4]

Es necesario que el consejero consuele al niño y no lo engañe. Mucho depende de la actitud del pastor:

Dado que los niños con frecuencia no son capaces de verbalizar sus temores y demás sentimientos, el consejero deberá estar apercibido para captar indicaciones no verbales. Muchas veces mediante la propia actitud y comportamiento es posible crear en el niño un sentimiento de confianza y una conciencia de que «todo irá como es debido; no van a olvidarme». También es posible orar con el niño y asegurarle que «Jesús estará ayudándote mientras estés enfermo».[5]

Conviene que los padres controlen sus temores en presencia del niño, porque cuando el hijo observe que sus padres están tranquilos, se sentirá más confiado. En los casos en que los niños están muy enfermos, a menudo los padres se sienten ansiosos, frustrados y un poco enojados contra Dios y contra el médico; muchos se sienten culpables. El consejero puede ayudarlos animándolos a expresar sus sentimientos, pero nunca delante del niño. También los ayudará alentándolos, explicándoles algo del significado de los sufrimientos, leyéndolos la Biblia y orando con ellos.

El problema de conciliar el sufrimiento humano con la existencia de un Dios que ama, es difícil para un inconverso, pero no presenta mayor dificultad para el creyente. Los hijos de Dios esperan con ansias el día en que el pecado y el padecimiento no existirán más. También pueden señalar que todas las aflicciones de la humanidad son examinadas e iluminadas por las Escrituras. Ningún otro libro trata tan profundamente el problema del dolor; su intensidad, su universalidad, sus varias formas y sus perplejidades, como lo hace la Biblia. Pero no contiene ninguna nota de desesperación, sino que le ofrece esperanza al creyente.

El dicho «Por donde pecas, pagas», no se aplica en la mayoría de los casos de enfermedad. Jesús afirmó que el defecto del hombre ciego de nacimiento no había sido causado por su propio pecado ni por el de sus padres (Juan 9:3). También negó que los galileos que murieron en la masacre instigada por Pilato, fueran más pecadores que los demás (Lucas 13:1-3). Es posible que en ciertos casos, la enfermedad sea la consecuencia, o incluso el castigo, por el pecado, pero por regla general, el castigo está reservado para el día del juicio. Tanto los justos como los injustos sufren en esta vida.

A menudo los escritores inspirados luchan con el problema: ¿Por qué sufren los justos? Pero no le echan la culpa a Dios. En la víspera de una catástrofe nacional, el profeta Habacuc canta: «Con todo, yo me alegraré en Jehová» (3:18). Job no entiende por qué tiene que sufrir, pero afirma: «Aunque él me matare, en él esperaré» (13:15). Las palabras del apóstol Pablo, preso en Roma, se hacen eco del canto de Habacuc: «Regocijaos en el Señor siempre». Y expresa en otra ocasión su sublime fe en la providencia divina: «A los que aman a Dios, todas las cosas les ayudan a bien» (Filipenses 4:4; Romanos 8:28). El escritor de la carta a los Hebreos señala una gran verdad referente a Jesús: «Por lo que padeció aprendió la obediencia» (Hebreos 5:8). Los hombres en cuyo corazón están los caminos de Dios, «atravesando el valle de lágrimas lo cambian en fuente» (Salmo 84:5,6). Así es: cambian los sufrimientos en fuentes de consuelo, de crecimiento espiritual y de gloria eterna.

2. **Orientación a los desahuciados**: Ministrar a un enfermo que no tiene esperanza de recuperarse, puede ser muy difícil para el pastor. Pocas personas quieren pensar en la muerte y casi todas se sienten incómodas ante su presencia. ¿Cómo puede el conse-

jero prepararse bien para este ministerio tan delicado? El primer paso es comprender a los desahuciados.

¿Cómo reaccionan los enfermos de muerte al acercarse a su fin? La siquiatra Elisabeth Kübler-Ross, y cuatro estudiantes de un seminario, entrevistaron a más de un centenar de moribundos e hicieron un estudio basado sobre las entrevistas. En su libro *On death and dying* [Sobre la muerte y el morir], la doctora Kübler-Ross indica que hay cinco etapas consecutivas por las cuales pasan los desahuciados:

(1) Negación de la realidad y aislamiento. Al saber que va a morir, el enfermo reacciona: «No, no puede ser. Esto no me puede ocurrir a mí». No quiere creer la noticia. Esta negación es una defensa, pues nadie quiere admitir que su propia muerte se acerca. El paciente busca evidencias de que el diagnóstico no es correcto, pero poco a poco se acostumbra a la idea de morir. La negación disminuye el impacto de la noticia.

(2) Enojo. Al aceptar la veracidad del diagnóstico, se pregunta: «¿Por qué yo precisamente?» y «¿Por qué no ha de ser un anciano o alguien que no le sirva de nada a la sociedad?» Expresa su frustración adoptando una actitud crítica y muy exigente ante el personal del hospital. También puede volverse en contra de sus seres amados, contra el pastor y hasta contra Dios mismo. A los parientes del enfermo les cuesta entender su actitud, y conviene que el consejero les señale que es solamente una reacción provocada por la frustración. Deben comprender al enfermo y no contestarle con indignación ni dejar de visitarlo. El desahuciado necesita que alguien escuche sus quejas y siga escuchándolo, sin procurar darle falsa esperanza.

(3) Regateo. Después del período de enojo, el desahuciado pasa por una etapa en la que trata de regatear con Dios para que le conceda una prolongación de la vida o el alivio del dolor. Por ejemplo, pide que le dé algunos meses más para presenciar la boda de su hijo u otro acontecimiento importante. Muchas veces promete servir a Dios fielmente si le prolonga la vida.

(4) Depresión. Al ver que su salud no se recupera, el enfermo de muerte se desanima. Experimenta congoja por tener que morir. La depresión puede tomar dos formas. La primera es que el desahuciado reacciona contra la enfermedad y sus consecuencias. Por ejemplo, extraña a sus familiares, es privado de su recreación y diversiones, o es menos atractivo físicamente que antes. La segunda forma de desaliento consiste en el pesar que experimenta al reflexionar acerca del futuro. Es la preparación para perderlo todo, es decir, para morir. Para el creyente, el morir es «ganancia», pues estará con Cristo, «lo cual es muchísimo mejor». Sin embargo, a menudo se preocupa por el bien de los familiares que van a quedar. En la etapa de depresión, la persona también necesita que otros la escuchen atentamente y con comprensión.

(5) Aceptación. La mayoría de los enfermos desahuciados llegan al punto en que no resisten más, aceptan el hecho de que van a morir, y así experimentan un cierto grado de paz. No debemos confundir aceptación con contentamiento; en esta etapa la persona está casi carente de sentimientos. Es como si la pena hubiera pasado y hubiera terminado la lucha; ya ha llegado la hora final antes de hacer el último viaje. Los pacientes pierden todo interés en los asuntos de los demás y hablan poco. Desean que se los deje tranquilos o por lo menos, que no se los moleste con noticias de problemas o asuntos del mundo exterior. Saben que pronto fallecerán. Si han padecido mucho, es probable que quieran morir. No se comunican mucho con los demás, pero desean que

sus amados estén cerca de ellos, pues reciben consuelo sabiendo que no se los olvida cuando el fin se acerca.

La doctora Kübler-Ross señala que no todos los desahuciados llegan a reaccionar según el patrón de las etapas descritas. A veces los pacientes alternan la secuencia de las fases; algunos experimentan dos o más simultáneamente. Es probable que no se observen las cinco etapas en las personas cuya enfermedad es de corta duración. Casi todos los enfermos de muerte tienen momentos de esperanza en los cuales creen que se van a recuperar. Cuando dejan de expresar esperanza, suele ser signo de fallecimiento inminente.[6]

¿Cómo se puede aconsejar a los moribundos? Es fundamental que el consejero tenga una actitud sana con respecto a la muerte. Collins observa: «Los médicos, los familiares y aun los pastores y demás dirigentes de la iglesia tienden a evitar al paciente moribundo ... Incluso cuando el pastor efectúa una visita, es frecuente la tendencia a leer una porción de la Escritura y orar, pero eludiendo toda alusión a la muerte o a las necesidades y preocupaciones de los moribundos».[7]

La muerte, en especial la de un creyente, no debe ser considerada como algo espantoso, terrible y misterioso. Al contrario, es una parte normal de la vida. Según la revelación bíblica, es una transición de una etapa a otra; es abandonar el cuerpo para estar con el Señor, como lo dice Pedro (2 Pedro 1:14). Es algo semejante a la experiencia de los israelitas, que dejaron sus tiendas de peregrinaje en el desierto para vivir en casas permanentes en la tierra prometida. Aunque la separación está llena de pena para los que se quedan, es algo temporal que durará solamente hasta la resurrección.

El acto final de partir de esta vida terrenal no es necesariamente algo doloroso o penoso. La doctora Kabler-Ross y el doctor Raymond Moody entrevistaron a centenares de personas que habían llegado al umbral de la muerte, o habían sido declaradas como clínicamente muertas, pero volvieron a vivir. Estas personas describieron la experiencia como tranquila y sin dolor. Salieron del episodio sin tener más miedo de morir.[8] Juan Bunyan, en su inmortal libro *El peregrino*, nos da un cuadro de la muerte de un cristiano usando la figura del cruce de un río. Al comenzar a sumergirse, exclama: «Me anego en las aguas profundas, todas sus ondas y sus olas pasan sobre mí». Esperanza, su compañero, contesta: «Ten buen ánimo, hermano; siento el fondo y es bueno». Para el creyente, el río de la muerte tiene fondo y es bueno. Además, el cristiano tiene la promesa de Dios mismo: «Cuando pases por las aguas, yo estaré contigo; y si por los ríos, no te anegarán» (Isaías 43:2).

No es cosa morbosa reflexionar sobre su propia muerte y conversar abiertamente con respecto a los pasos que los familiares han de dar después de dicho acontecimiento. El pastor debe animar a sus miembros a hablar con franqueza y naturalidad sobre el tema y hacer preparativos para tal eventualidad. Entonces, cuando un miembro fallece, la muerte no es algo insoportable para los sobrevivientes. Pocas esposas están preparadas para adaptarse a las nuevas responsabilidades de la viudez, pues a veces el fallecimiento de su marido es repentino.

Hay algunas normas generales que pueden guiar al pastor en la labor de orientar a los desahuciados. Debe estar disponible para visitar y apoyar tanto al paciente como a la familia de este. Les dará la oportunidad de expresar sus sentimientos: de culpa, de terror y de frustración. Les leerá una porción bíblica, los alentará y orará con ellos.

Puede ayudar a los familiares a comprender las reacciones del desahuciado y señalarles que ellos también pasarán por etapas similares a las del enfermo. Tal vez sea necesario ayudarlos a hacer planes para el futuro. Aunque pocos médicos quieren que se le comunique al paciente el hecho de que va a morir, los estudios demuestran que el ochenta por ciento de los desahuciados desean saberlo. Además, la mayoría de los enfermos de muerte saben intuitivamente cuándo están muriendo, de modo que es aconsejable que se enfrenten abiertamente con la realidad. Así, tanto el desahuciado como la familia pueden hablar libremente acerca del futuro y comunicarse mejor entre sí.[9] Por supuesto, el pastor sugerirá que la familia informe a la persona que está enferma de muerte, pero no la obligará a hacerlo.

El propósito principal al orientar al enfermo de muerte es ayudarle a aceptar su muerte como algo natural y prepararlo para ese momento.

Ante el enfermo de muerte, el pastor debe ser un «oidor» atento. Es importante que el desahuciado exprese sus sentimientos. Si trae a la luz los temores al principio de su enfermedad, no se afligirá tanto en los últimos días de su vida. Muchas personas mortalmente enfermas se preocupan por el futuro de sus familiares; otras tienen más miedo de la agonía que de la muerte misma, y necesitan información. Algunas temen perder el control sobre los sentimientos, sobre las facultades mentales, o sobre las funciones de su cuerpo. También muchas tienen miedo de estar solas. La soledad en la muerte es muy penosa.

Puede ser que el desahuciado quiera hablar acerca de sus fracasos y arreglar cuentas con otros. A veces los pacientes quieren saber el significado del padecimiento o de la vida de ultratumba. No es necesario que el pastor les dé todas las respuestas. Puede responder: «No sé», o «A mi parecer es un misterio». Después de conversar acerca de las cosas de interés para el enfermo, el pastor debe leer una porción escogida de la Biblia y orar. Si el paciente está muy débil y no quiere hablar, el pastor no lo obligará a hacerlo. Tal vez quede en silencio al lado de la cama y luego lea una porción bíblica muy breve, ore y se vaya.

Debemos tener presente que a veces un paciente que está en estado comatoso es capaz de oír y comprender lo que se dice en su presencia. Con frecuencia el oído es el sentido que sigue funcionando. El pastor, en presencia de un paciente comatoso, no debe decir cosas que no deban alcanzar los oídos del moribundo. Por ejemplo, en presencia de una mujer que se hallaba en estado de coma, una amiga exclamó: «¡Cómo ha cambiado su aspecto! ¿Qué harán sus hijos? ¡Ay de ellos!» Aunque la paciente comatosa no pudo contestar, escuchó todo y después, cuando se recuperó, contó cómo le dolieron esas palabras.

A veces el pastor puede comunicar compasión tomándole la mano al moribundo o poniéndole la mano sobre el hombro. Cuántas veces Jesús ponía su mano sobre los enfermos comunicándoles así amor y sanidad. Sobre todo, el consejero tratará de ayudar al enfermo de muerte a depositar su fe en Dios y a darse cuenta de que está con él.

3. **Pérdida y congoja**: La congoja es un sentimiento universal. «Las estadísticas sobre la muerte son muy impresionantes», observa George Bernard Shaw, «muere una persona por cada una que existe». Puesto que produce congoja el fallecimiento de un ser amado, todos nosotros la experimentamos tarde o temprano.

La aflicción, sin embargo, no se limita a la muerte de otra persona. Puede nacer cuando uno pierde un miembro del cuerpo, cuando se rompe un romance, cuando hay separación entre los cónyuges, cuando termina una amistad o cuando uno pierde algo que le es importante, como un puesto o una posesión. La congoja resulta de la pérdida de algo o de alguien con el cual la persona se identifica. Parece que ha perdido algo de sí misma, y obviamente la pérdida es irreversible.

La intensidad de la aflicción varía según la relación de la persona apesadumbrada con el difunto, los lazos sentimentales, el nivel económico y social del fallecido, su edad y sexo, y la manera en que murió. Por ejemplo, si una joven con niños pierde a su marido, le afecta en muchos aspectos, mientras que el hermano carnal del muerto solo sufre emocionalmente. Las viudas de edad avanzada también sufren intensamente, pues por regla general, su vida entera ha estado ligada a la de su marido. Dado que las mujeres por lo general, viven más años que los varones, tres de cada cuatro esposas experimentarían la pérdida de sus cónyuges. La aflicción es un problema agudo para las viudas.

a) El proceso de enfrentarse a la aflicción. Al contrario de la creencia de muchas personas, la expresión de dolor es algo normal y muy útil. Si reprime o demora su expresión, el individuo será perjudicado emocionalmente en el futuro; tal vez sufra depresión crónica u otro problema, como la postración nerviosa. Hay dos maneras de expresar la aflicción: llorar y hablar. Los creyentes bien intencionados que dicen: «No llores, sé valiente, pues los hijos de Dios no lloran», o bien «Olvida el pasado y empieza tu vida de nuevo», impiden que la persona satisfaga una necesidad importante de su vida.

El apóstol Pablo no dijo solamente «No os entristezcáis», sino «No os entristezcáis como los otros que no tienen esperanza» (1 Tesalonicenses 4:13). Los creyentes lloran, sí, pero sus lágrimas brillan con la esperanza de la resurrección. Jesús mismo lloró ante la tumba de Lázaro (Juan 11:35) y dijo en el sermón del monte: «Bienaventurados los que lloran, porque ellos recibirán consolación». Las lágrimas alivian: son capaces de ahuyentar la tristeza y restablecer la calma. Según verificaron médicos e investigadores alemanes, las lágrimas influyen también en la cura de enfermedades y en la convalecencia. Dios nos ha provisto las glándulas lacrimales como «válvulas sentimentales» para aliviar la presión de la aflicción. Conviene que hasta los varones lloren cuando se sienten apesadumbrados.

La segunda manera de expresar la congoja es verbalizando los sentimientos. Así sale buena parte de la amargura y hace posible que se aplique el bálsamo a las heridas emocionales. El pastor debe escuchar atentamente. El enlutado quiere relatar cada vez más los detalles minuciosos de los últimos acontecimientos de la vida del difunto, sus palabras finales y sus virtudes. Tiende a pasar por alto todos los defectos y debilidades de él y recordar solo sus logros. Eso es necesario para aliviar los sentimientos y para comenzar a aceptar la realidad de su pérdida.

Erick Lindemann, profesor de siquiatría de la universidad de Harvard, investigó las reacciones de los dolientes cuyos parientes murieron en un trágico incendio en un club. Observó que el acongojado debe proceder paso a paso por lo que se llama «la obra de la aflicción». Para aceptar la perdida de un ser allegado y para reanudar la vida normal, se requieren congoja y duros trabajos. En la obra de la aflicción, la persona apesadumbrada tiene que ser liberada de la «servidumbre al difunto», para que pueda vivir con un «concepto del difunto», es decir, vivir una vida positiva aceptando las reminiscencias, las penas, los gozos y la tristeza relacionados con el finado. Lindemann cree que ningún doliente se escapa del proceso ni se pone en libertad hasta que haya pasado por la obra de la aflicción.[10]

Los principales sustitutos de la «obra de la aflicción» serían negarse estoicamente a sentir congoja; fantasear que todavía la persona vive; hacer esfuerzos para olvidar al extinto; ingerir drogas o bebidas alcohólicas para aliviar la pena, y ocuparse en muchas actividades para no pensar en la pérdida: todos estos subterfugios no surten efecto. Son reacciones morbosas ante el dolor; más bien demoran la recuperación emocional de la persona y pueden llegar a producir graves problemas emocionales.

b) Las etapas de la aflicción y la orientación pastoral. El doliente suele pasar por un período de congoja que puede durar de tres meses hasta un año. Se divide en tres etapas.

(1) La fase de la crisis. Esta comienza con la noticia del fallecimiento y dura hasta el funeral. Cuando la muerte ocurre repentinamente, afecta al ser amado como un golpe de martillo; experimenta sorpresa y entorpecimiento. Dice: «Oh no, no puede ser». Suele sentir como si estuviera a punto de desmayarse, o a menudo rompe en llanto. Parece que no puede aguantar el pensamiento. Por eso los médicos con frecuencia les avisan a los parientes que el estado del paciente se ha empeorado notablemente. Es su manera de disminuir el impacto y preparar a las personas para recibir la noticia del fallecimiento. El llanto provee un alivio de la emoción y no debe ser impedido.

El pastor debe visitar de inmediato a las personas apesadumbradas para acompañarlas. No es necesario hablar mucho, sino estar con ellas y comprender su pesar. Conviene asegurarles que el Señor comprende y comparte sus sentimientos. La lectura de una porción breve de la Biblia como: «En toda angustia de ellos él fue angustiado», o el conocido pasaje de Isaías 61:1-3, y una breve oración pidiendo que Dios las consuele puede ayudar. Pero sobre todo, la presencia y la comprensión de un pastor amado las consuela.

Un creyente doliente cuenta su experiencia de cuando murió uno de sus hijos:

> Yo estaba sentado, sumido en el estupor de la aflicción. Alguien vino y me habló acerca de la manera en que obra Dios, de por qué sucedió la muerte, y de la esperanza de la vida de ultratumba. Habló sin pausar. Me dijo cosas que yo sabía que eran verdad.
>
> No me consoló nada. Yo quería que se fuera, y por fin se fue. Luego vino otra persona y se sentó a mi lado. No habló. No me preguntó nada acerca de cosas que llevarían a una conversación; solo se quedó sentado allí a mi lado por una hora o más; me escuchaba cuando le decía algo y me contestaba brevemente. Luego dijo una oración sencilla y se fue.
>
> Quedé conmovido, consolado. No quería que se fuera.[11]

Cuando un ser amado muere, los enlutados quieren que sus amigos estén presentes y se consuelan al saber que no están solos. Es importante que los miembros de la iglesia los visiten, los escuchen y los ayuden con las faenas de la casa. Aunque los que acompañan a los dolientes piensan que no conviene hablarles acerca de la muerte, a menudo es el único tema que les interesa. Desean relatar lo que pasó el día antes del fallecimiento o cómo ellos mismos reaccionaron ante la noticia. Repiten los detalles varias veces, y les sirve de ayuda que los escuchen con empatía. El velorio proporciona una oportunidad para que tanto los dolientes como los amigos estén juntos para condolerse y conversar acerca del difunto y de la pérdida.

Collins observa acertadamente que «el funeral es una ceremonia para beneficio de los vivos, no de los muertos».[12] Tiene muchos propósitos. Obliga a las personas a reconocer que el ser amado ha muerto en verdad, pues pueden ver el cadáver; es una desagradable realidad que habrá que reconocer tarde o temprano. En segundo lugar, el funeral proporciona la oportunidad de que los dolientes expresen su pesar juntos en un ambiente en que es normal hacerlo. También provee a los sobrevivientes una lección de que la vida terrenal es pasajera y todos son mortales. En las palabras del salmista: «Enséñanos de tal modo a contar nuestros días, que traigamos al corazón sabiduría». Muchos individuos que parecen estar indiferentes a las cosas espirituales, piensan en la salvación al contemplar el fin de otros. Finalmente, el funeral le da a la comunidad la oportunidad de expresar su aprecio por el difunto y su condolencia a los dolientes.[13]

(2) La fase crucial. Es la etapa que, por regla general, dura tres meses o más. La congoja es más intensa en las primeras seis semanas. En este período, el doliente debe debilitar y romper los lazos emocionales con el pasado y las expectativas para el futuro relacionadas con la persona que ha fallecido. Es doloroso pero necesario. Al igual que el protagonista del libro *Los viajes de Gulliver*, que yacía en el suelo atado por las mil cuerdas y estacas de los liliputienses, así el doliente también está atado por mil lazos emocionales a la persona finada.

Las semanas que siguen al funeral son caracterizadas por mucho llanto, profunda añoranza por la persona fallecida, pesar por faltas de consideración tenidas con ella en tiempos pasados y preocupaciones por las cosas que recuerdan al ser perdido. Durante esta temporada quizá haya insomnio, pérdida del apetito, trastornos digestivos, inquietud, irritabilidad general y estallidos de ira. A veces hay períodos de desesperación silenciosa y una sensación general de futilidad.[14] A menudo el doliente sufre una depresión tan profunda que teme perder la razón. También, con frecuencia, se siente aislado, pues los parientes y amigos que lo visitaban antes y después del funeral, ahora han dejado de venir: están ocupados en sus propios asuntos.

El consejero que está dispuesto a pasar tiempo con los dolientes, puede ayudarlos. Debe seguir apoyándolos con su presencia y animar a los otros creyentes a que los visiten de tiempo en tiempo. Los miembros de la iglesia deben invitar al deudo a cenar con ellos con frecuencia, pues por regla general, se sentirá más triste en la tarde. También pueden mostrarle su solicitud haciéndole favores, como invitar a sus hijos a participar en las actividades de recreación. La consideración y la atención especial le hacen sentirse amado, y así se consuela.

En segundo lugar, el pastor debe darles a los deudos la oportunidad de verbalizar sus sentimientos de culpabilidad y hostilidad. A veces la persona apesadumbrada se acusa a sí misma. «Si le hubiera llevado al médico a tiempo, no habría muerto», o bien «Ojalá que lo hubiera tratado con más cariño». A veces las personas se sienten culpables porque deseaban que el individuo se muriese, o porque le tenían aversión. Los sicólogos observan que a menudo algunos dolientes tratan de apaciguar su conciencia consiguiendo un funeral lujoso o una tumba impresionante para el difunto.

Los sentimientos de hostilidad también se pueden manifestar en este período. El doliente quizás se enoje contra la vida, contra la muerte, o aun contra Dios mismo. Por lo general, es una reacción contra el finado. Una mujer joven cuyo marido falleció en un accidence automovilístico exclamaba: «¿Por qué me abandonó? Oh, Jorge, ¿cómo puedo vivir sin tenerte a mi lado?» A veces el doliente expresa su hostilidad contra Dios criticando al pastor o a los otros creyentes.

El consejero animará al deudo a expresar sus sentimientos. No discutirá con él ni lo censurará. Por ejemplo, si critica al médico, el pastor dirá simplemente: «Creo que el médico ha hecho todo lo posible». En casos de verdadera culpa, el pastor procurará llevarlo a la confesión ante Dios para que reciba perdón y paz.

(3) La fase de la readaptación. La persona afligida tiene que reincorporarse nuevamente a la vida a pesar de que el ser amado ya no lo acompaña. Si es viuda, debe buscar a otras personas que puedan ofrecerle la protección y la compañía que su relación anterior le brindaba.

C. S. Lewis, conocido escritor evangélico, habla acerca de la «pereza de la congoja». A veces es necesario animar al afligido a que busque empleo o a que participe en actividades normales, pues tiende a estar inactivo. Las actividades no deben ser distracciones para que el doliente no piense en su pérdida, sino deben ser el resultado de haber pasado por la obra de la aflicción.

¿Qué diremos de los niños cuyo padre ha fallecido? A menudo es difícil explicarle a un niño que alguien a quien ama ha muerto. «Un niño de menos de cinco años no comprende el carácter definitivo de la muerte, ni sabe en qué forma esta lo afectará»[15] A veces algunos parientes bien intencionados tratan de suavizar el impacto de la noticia diciendo: «Tu padre se puso a dormir y no se despierta», o «Se ha ido en un largo viaje y no retornará». Estas explicaciones no surten buen efecto. La primera puede producir ansiedad en el niño en cuanto al acto de dormirse, y la segunda puede producir resentimiento o sentimientos de rechazo. ¿Por qué nos abandonó papá? Es mejor hablarle al niño con franqueza acerca de la muerte y señalarle lo que nos enseña la Biblia.

El trabajo del consejero tiene muchas facetas y es muy importante. Para tener éxito, el pastor mismo tiene que comprender el carácter de los problemas humanos y saber cómo ayudar a los demás. Es el deseo del autor de este estudio que el lector, por medio de estas páginas, haya aprendido los principios fundamentales que le ayudarán a cumplir más adecuadamente su ministerio.

Notas

1. Russell L. Dicks, *Pastoral work and personal caunseling*, 1964, p. 93.
2. Kemp., *Learning about pastoral care, op. cit.*, p. 137.
3. Collins, *Orientación sicológica eficaz, op. cit.*, p. 147.
4. *Ibíd.*, pp. 147,149.
5. *Ibíd.*, p. 149.
6. Las observations de Elizabeth Kübler-Ross son tomadas de obras secundarias: Joanne E. Bernstein, *Loss and how to cope with it*, 1977, pp. 87-89 y Collins, *Orientación sicológica eficaz, op. cit.*, pp. 150-153.
7. Collins, *Orientación sicológica eficaz, op. cit.*, p. 153.
8. Bernstein, *op. cit.*, p. 13.
9. Collins, *Orientación sicológica eficaz, op. cit.*, p. 154.
10. «Grief» en *Christian Medical Society Journal*, otoñof 1974, tome V, número 4, p. 6.
11. *Ibíd*, p. 12.
12. Collins, *Orientación sicológica eficaz, op. cit.*, p. 159.
13. C. Charles Bachman, *Ministering to the grief sufferer*, 1964, pp. 85-89.
14. *Collins, Orientación sicológica eficaz, op, cit., p. 155.*
15. *Ibíd.* pp. 160,161.

BIBLIOGRAFÍA SELECTA EN ESPAÑOL

Bayly, Joseph, *Cuando me golpeó la muerte*, Editorial Caribe, 1974.

Brant, Henry, y Landrun, Phil, *Cómo mejorar mi matrimonio*, Editorial Vida, 1977.

Collins, Gary, *Hombre en transición*, Editorial Caribe, 1978.

Orientación sicológica eficaz, Editorial Caribe, s.f.

Personalidades quebrantadas, Editorial Caribe, 1978.

Christenson, Larry, *La familia cristiana*, Librería Betania, 1978.

Dobson, James, *La felicidad del niño*, Editorial Vida, 1978.

Atrévete a disciplinar, Editorial Vida, 1969.

Escobar, Samuel, *Irrupción juvenil*, Editorial Caribe, 1978.

Giles, James E., *La psicología y el ministerio cristiano*, Casa Bautista de Publicaciones, 1978.

Grinberg, León, *Culpas y depresión*, Buenos Aires, Editorial Paidós, 1964.

Grounds, Vernon, *El evangelio y los problemas emocionales*, Editorial CLIE, s.f.

Hamilton, James D., *El ministerio del pastor consejero*, Casa Nazarene de Publicaciones, 1975.

LaHaye, Tim, *Cómo vencer la depresión*, Editorial Vida, 1975.

LaHaye, Tim y Beverly, *El acto matrimonial*, Editorial CLIE, 1976.

León, Jorge, *Lo que todos debemos saber sobre la homosexualidad*, Editorial Caribe, s.f.

Psicología pastoral de la iglesia, Editorial Caribe, 1978.

Psicología para todos los cristianos, Editorial Caribe, 1976.

Lewis, C. S., *El problemas del dolor*, Editorial Caribe, 1977.

Little, Gilbert L., *Tensión nerviosa*, Editorial Moody, s.f.

Narramore, Clyde M., *Enciclopedia de problemas sicológicos*, Logoi, 1971.

Psicología de la felicidad, Logoi, 1971.

Narramore, Clyde y Ruth, *Cómo dominar la tensión nerviosa*, Editorial Caribe, 1978.

Nordtvedt, Matilda, *Por el túnel de la depresión*, Editorial Vida, 1977.

Osborne, Cecil G., *Psicología del matrimonio*, Logoi, 1974.

Pearlman, Myer, *El niño y el adolescente*, Editorial Vida, 1959.

Strous, Richard L., *Hijos confiados y cómo crecen*, Editorial Betania, 1975.

Nos agradaría recibir noticias suyas.
Por favor, envíe sus comentarios sobre este libro
a la dirección que aparece a continuación.
Muchas gracias.

Vida@zondervan.com
www.editorialvida.com

Printed in the USA
CPSIA information can be obtained
at www.ICGtesting.com
LVHW05153321
0724
785408LV00008B/100